KB175031

정치사상은
민족을 초월할 수 없다

정치사상은
민족을 초월할 수 없다

| 일석 최능진 평전 |

정창현 지음

一

石

역사인

민족이 우선이다

국가의 운명은 끊어졌다가도 몇 번이고 갱생할 수 있으나 민족이
죽으면 민족도 국가도 재건할 수 없사오니, 하루 빨리 우리국가
내에서 민족상잔 전을 정리하는 것만이 장래 자존을 위한 애국
운동이오니 명찰해 주시기 바랍니다.

－〈최능진 선생이 사형선고를 앞두고 군사법원에 보낸 유서〉 내용 중에서

미국에서 흥사단 가입과 국제청년회대학 유학

1920년 미주 흥사단 연차 총회를 마치고 기념 촬영한 최능진

1918년 흥사단 입단 무렵 최능진

국제청년대학 유학시절의 모습

1929년 미국 매사추세츠주 스프링필드 시에 있는 국제청년회대학(International YMCA College) 졸업앨범 속 일석 최능 진. 일석은 축구부, 코스모플리탄 클럽, 레슬링부 등에서 활동했다.

숭실전문학교 교수 시절

1931경 숭실전문학교 교수진 모습

1931년 숭실전문학교 문과 6회 졸업앨범 속 최능진의 모습(맨위 왼쪽).

– 숭실전문학교 축구부와 함께한 일석. 뒷줄 오른쪽에서 5번째가 최능진이다.

1932년 전조선축구대회에서 우승한 숭실학교 축구부가 기념촬영하고 있다.

동우회 활동과 체포

1931년 제1회 동우회 하기 수양회 기념 사진. 맨 앞줄 왼쪽부터 이영학, 김병연, 이인수, 김동원, 이광수, 박선제, 유기준. 가운데 줄 왼쪽부터 김배혁, 조명식, 노준탁, 김윤경, 정재호, 백영엽, 유상규, 오익은. 맨 뒷줄 왼쪽부터 주요한, 김기만, 최능진, 이종수, 박원규, 장리욱, 채우병, 전재순, 김용장

최능진이 수양동우회 기관지 『동광』에 기고한 글

1937년 6월 체포돼 서대문형무소에 수감됐을 때 찍은 최능진의 수형 사진(1937년 11월 12일).

출감 후 가족과 함께

1938년 7월 최능진이 보석으로 풀려난 후 몇 달 뒤에 찍은 가족사진. 왼쪽이 장남 최필립, 가운데가 둘째 최봉립, 오른쪽이 셋째 최만립이다.

미군정 경무부 수사국장 시절

1945년 12월 7일 경무국 수사부 선서식 장면. 최능진은 당시 수사부장으로서 선서식을 진행했다.
〈중앙신문〉 1945년 12월 8일자

▲ 1946년 8월 러치 미 군정장관으로부터 공로장을 받은 후 악수하고 있는 최능진 수사국장(가운데). 맨 왼쪽은 군정장관 통역관 시절의 최희송(崔熙松).
▶ 미 군정장관 표창장을 받은 미 군정 고문관 킹 중령과 함께 한 최능진 국장.

1946년 봄 중앙청 앞에서 기념촬영을
한 최능진 경무부 수사국장(가운데)과
김세준 수사국 총무과장(오른쪽)

1946년 초 미군정의 미군 간부들과 함께
한 최능진 수사국장.

1946년 지방 순례

미 군정청 경무부 수사국장 시절의 최능진. 경찰진용 강화를 위해 최능진 국장은 1946년 5~6월 지방시찰을 하였다. 사진은 전남 시찰 중 구례 화엄사를 방문했을 때 찍은 것이다. 왼쪽부터 전남군정장관 공안담당 '빳터' 소령, 박명제 제8관구경찰청장, 최능진, 홍순봉.

최능진 경무부 수사국장이 1946년 대구를 방문해 현지 경찰간부들과 기념촬영하고 있다.

서재필 박사 대통령 추대운동

1947년 3월 30일 서울운동장 특설링에서 경기를 마친 정복수 선수와 함께 기념촬영. 오른쪽 2번째부터 최능진, 안재홍 민정장관, 정복수 선수, 양근환 독립지사, 김병문 고아원장. 앞쪽 어린아이는 최능진의 장녀인 유치원생 최화선이다.

1948년 6월에 제출된 서재필 박사 대통령 출마요청서들. 김대중 전 대통령(당시 민주독립당) 이 1948년 5월 25일에 작성한 서재필박사 대통령 출마 촉구 요청서(오른쪽).

국회의원 좌절과 억울한 죽음

1948년 5월 총선에 출마한 최능진의 선거 전단지.

유서를 넣은 봉투

1951년 2월 12일 대구형무소에서 가족 앞으로 남긴 최능진의 유서

군법회의 앞으로 남긴 유서와 변론서

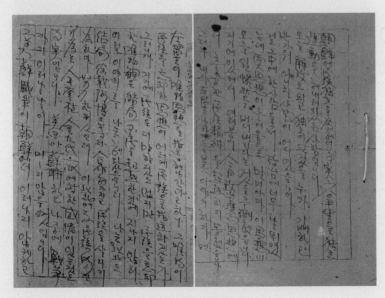

1951년 2월 12일 군법회의 앞으로 남긴 유서와 변론서

9년 만에 치른 장례식

1960년 9월 19일 서울 명동 대성빌딩에서 열린 최능진 선생 추도회에서 한경직 목사가 추도사를 하고 있다. 추도회에는 한근조 민주당 의원 등 많은 인사들이 참석했다.

1953년에 조성한 최능진의 묘와 묘비

1960년 9월 17일 양주군 광적면 가납리에 묘소를 이장하고 새로 세운 묘비.

1960년 9월 최능진의 묘 이장을 마치고 촬영.
왼쪽부터 최봉립, 이풍옥 여사, 최필립, 최자립, 최화선

1954년 삼남 최만립이 미국 유학가기 전 최능진의 추모식에 모인 가족들.
1번째 줄 최봉주, 이풍옥 여사, 둘째줄 최봉국, 황성도, 최화선, 최애인, 최
봉신의 부인. 셋째줄 오른쪽부터 최봉전, 최필립, 최봉립.

|차 례|

시대를 앞서 간 민족주의자의 도전과 좌절

일석 최능진은 비운의 민족주의자였다. 그는 3·1운동을 전후해 항일독립운동에 뛰어든 집안에서 태어났다. 이러한 집안의 분위기 속에서 일석은 어린 시절부터 나라 사랑과 민족 사랑의 정신을 이어받았고, 재미대한국민회, 흥사단, 동우회 활동을 통해 안창호의 독립사상을 실천하는데 힘썼다.

지금까지 일석은 주로 해방 후 이승만에 맞섰다가 정치적 탄압을 받아 억울하게 희생된 인물로 평가받았다. 그러나 그는 최초로 미국에서 선진 체육학을 전공한 한국체육계의 선각자였고, 해방 후 친일경찰 청산을 실천하며 민주경찰의 초석을 놓기도 하였다.

일석은 1917년 미국으로 유학을 떠나 매사추세츠주 스프링필드시에 있는 국제청년회대학(International YMCA College, 현재의 스프링필드대학)에서 체육학을 전공했고, 청년 시절 육상과 구기 종목에서 특출한 재능을 보였다. 졸업 후 1929년 12년간의 미국 생활을 마치고 귀국해 평양 숭실전문학교 교수로 재직했으며, 재직시절 심혈을 기울여 학생들에게 육상, 수영, 축구 등을 가르치며 독립정신을 불어넣었다. 특히 축구명문인 숭실전문학교 학생들 중심으로 평양축구단을 결성해 1932년에는 '경평 축구'의 창건자가 되었다. '경평 축구'는 경성과 평양의 축구선수들이 평화와 화합을 통해서 청소년 축구선수들의 역량을 과시하며 민족정신을 고취하기 위한 운동이었다.

일석은 어린 시절 안창호 선생의 독립사상에 감화를 받아 흥사단에 가입하였고, 1930년부터 동우회 활동을 하면서 '무실역행(務實力行)'을 통한 독립운동에 뛰어들었다. 동우회는 겉으로는 심신 수련단체를 표방했지만 내면적으로는 서울과 평양의 민족주의 인사들의 접촉 공간이자, 독립을 목표로 은밀하게 활동한 항일단체였다. 1937년 일석은 일제가 조작한 '동우회사건'으로 체포되어 서대문 형무소에서 2년 동안 옥살이를 하였다.

일석은 옥살이 이후 국내 활동에 제약을 받자 만주로 넘어가 중국과 국내를 오가며 경제사업을 했고, 이를 통해 안창호 선생의 유지와 독립의 의지를 끝까지 실천하고자 노력했다.

일석은 1945년 해방 후 잠시 건국준비위원회 평남지부의 치안부장을 맡아 활동하다 월남해 바로 경찰에 투신하였다. 미군정하에서 경무부 초대 수사국장이 된 일석은 친일경찰 청산에 적극 나섰다. 미군정이 치안 유지를 명분으로 일본 경찰 출신을 대거 등용하자 이를 용납할 수 없었고, 친일경찰은 일선에서 물러나야 한다는 주장을 굽히지 않으면서 당시 경찰수뇌부인 조병옥 경무부장, 장택상 수도경찰청장과 정면충돌하기도 하였다. 이로 인해 친일 경찰 청산을 주도하던 일석은 오히려 친일경찰의 반격을 받아 1946년 12월 파면되었다.

경찰에서 파면된 일석은 정치권에 뛰어들었다. 그는 좌우 어느 쪽에도 치우치지 않는 중간파였다. 그는 1947년 말부터 남한지역만의 단독선거가 구체화 되자, 이를 반대하고 김구·김규식 중심으로 추진된 남북협상세력과 뜻을 같이 하였다.

1948년 5.10총선거가 다가오자 일석은 동대문 갑구에 출마해 무투표 당선을 노리던 이승만에게 소신있게 도전장을 냈다. 친일 잔재를 청산하고 민족의 분열을 막는 것만이 조국을 위한 길이라고 믿었고, 일신의 안위와 영달을 위해 정치 지배층에 붙지 않고 고독한 실천의 길을 선택한 것이다.

선거를 통한 이승만 낙선 노력이 수포로 돌아가자 일석은 1947년부터 비밀리에 추진해온 '서재필 대통령 추대운동'을 본격화 하고, 서재필 대통령 추대위원회 부위원장을 맡아 직접 100만 인 서명운동을 주도하였다. 하지만 서재필이 대통령 출마를 포기하면서 일석은 또 한 번 정치적 좌절을 맛봤다.

이러한 정치적 도전은 단순히 정치 실패로 끝나지 않고 정치 보복으로 이어졌다. 1948년 8월 이승만 정부가 출범한 지 채 두 달도 지나지 않아 일석은 대한민국 정부 전복을 시도했다는 이른바 '혁명의용군사건'으로 체포되었다. 억울한 누명이었고, 정적에 대한 명백한 공작정치의 서막이었다. 일석은 재판과정에서 억울함과 부당함을 호소했지만 소용이 없었고, 3년 6개월의 비교적 가벼운 형(?)을 언도받는다.

1950년 6월 25일 전쟁이 발발하자 대법원에 상고한 상태에서 일석은 서대문형무소가 열리면서 출옥한다. 이후 그는 공산당 치하에서 숨어 다니는 어려운 조건에서도 김구·김규식 계열의 민족주의 인사들과 비밀리에 접촉하며 전쟁 중단과 유엔을 통한 평화통일 추진을 주장하였다.

그러나 9·28수복으로 다시 서울에 국군이 진주하자 그는 군·검·경 합동수사본부에 체포되어 바로 군법회의에 회부되었고, 모든 절차는 비밀리에 진행되었다. 일석은 유치장에 수감되어 있는 동안 건강이 악화되어 신음하다가 1951년 1·4후퇴 때 대구로 이송된다. 그해 1월 20일 비밀리에 설치된 군법회의에서 사형이 선고됐고, 선고 후 한 달도 되지 않은 2월 11일 가족도 모른 채 대구 인근 야산에서 총살되었다.

일석은 군법회의에 남긴 유서에서 "근 60 평생을 오직 우리 민족의 독립을 위하여 해내 해외로 투쟁해 오던 몸으로, 이제 독립한 대한민국의 반역자와 또한 사상적으로 될 수 없는 공산주의자인 좌익이라는 죄명으로, 아무 증거 없는 일부 군인들의 감정으로 된 재판의 결과로 최능진의 일인의 생명이 끊어지는 것쯤은 별 큰 문제가 아니 되지마는 군인이 정치에 직접 간섭하는 것은 역사를 통해서 민주국가 운명의 불길을 말함"이라고 경고하고, 자신은 "대한민국의 반역자가 아닌 것만은 잘 인증해 주시기 바란다"라고 썼다.

그의 회고대로 평생을 해내 해외에서 독립운동에 투신했지만 해방된 조국에서 친일세력에 의해 '대한민국의 반역자'로 총살된 것이다.

일석의 일생은 안창호 선생의 '무실역행(務實力行)', 민족사랑의 정신을 이어받아 독립운동과 민주경찰의 수립에 힘썼고, 생의 마지막 순간까지 조국의 평화를 이루고자 노심초사하였다.

이러한 일석의 뜻이 65년이 흘러서야 명예회복이 되고, 역사의 정의가 바로 세워졌다. 그러나 여전히 갈 길이 멀다.

체육계 선각자로서의 일석, 독립운동가로서의 일석, 민주경찰의 사표로서 일석의 사상과 행적이 재조명되고 재평가되어야 할 것이다.

이 책이 새로운 발걸음의 출발점이 되길 기대한다. 이 책은 국내외에 흩어져 있던 자료, 그동안 알려지지 않은 문헌과 사진을 정리하고 분석해 일석의 일대기를 재조명하는데 주력하였다. 이러한 성과를 초석으로 불의와 타협하지 않은 보수주의자의 사표로, 진정한 민족주의자의 한 사례로 일석이 자리매김 되길 기원한다.

2020년 4월 1일
일석최능진기념사업회

선친에 대한 독립유공자 서훈이 마지막 소원

1951년 2월 11일 아버님이 대구의 한 야산에서 총살되셨을 때 우리 가족은 부산에서 피난생활을 했고, 나는 고등학교에 다니고 있었다. 당시 우리 가족은 선친의 죽음을 전혀 몰랐다. 아버님의 억울한 죽음을 안 것은 그로부터 1년이나 지난 뒤였다.

남은 가족들에게 엄청난 충격이었고, 동시에 큰 좌절이었다. 내란음모죄로 사형을 당한 아버님을 가진 자식들의 처지나 그런 남편을 가진 어머님의 심정은 하늘이 내려앉은 듯 깜깜하였다. 주위 사람들은 쉬쉬하며 우리 가족들을 대했고, 우리는 '역적의 가족'이 되어 죄인 아닌 죄인으로 살아갔다. 그래도 이를 악물고 슬픔을 참아내며 인고의 세월을 버텼다.

1954년 9월 운 좋게 미국 유학이 성사돼 미국 땅을 처음 밟았을 때가 떠오른다. 그때 나는 성공이 무엇인지는 정의하기 어려웠지만 열심히 공부해 꼭 성공해서 선친의 위업을 계승해 조국의 평화통일에 몸을 바치기로 결심하였다.

아버님의 나라사랑, 민족사랑 정신은 항상 나를 이끌어주셨고, 깨우쳐 주셨다.

1980년 대한올림픽위원회(KOC)의 명예총무가 되어 86아시안게임, 88올림픽, 2002년 월드컵 유치를 위한 스포츠외교에 뛰어들었을 때도 선친의 보이지 않는 손이 나를 그 길로 인도하는 것 같은 생각이 들었다.

그 후 대한체육회 부회장, 대한올림픽위원회 부위원장으로 대규모 국제대회를 유치하는 역사적 순간의 현장에 내가 있었다는 사실이 무엇보다도 자랑스럽다. 내가 스포츠를 사랑하며 스포츠와의 인연을 숙명처럼 여기고 남다른 애정을 보인 것은 어렸을 적 기억 속에 선친의 스포츠에 대한, 특히 축구에 대한 열정을 직접 느끼며 자란 덕분이라 여긴다.

그 사이에 우리 사회도 민주주의 발전이 이루어졌다. 사필귀정(事必歸正)이랄까? 아버님이 돌아가신 지 65년이 흘러 가족들이 낸 재심 청구가 받아들여져 2016년 6월 대법원에서 무죄가 확정되었다. 법원 판결로 선친의 한을 풀었고 명예회복이 이루어졌다. 사법 정의가 바로 세워진 것에 대해 대단히 고맙게 생각한다.

그러나 선친의 명예회복은 온전하게 이루어지지 않았다. '대한민국의 반역자'라는 누명은 벗었지만, 그의 독립운동 유공자 서훈 신청과 친일경찰 청산 노력에 대한 그 평가 작업은 아직도 미완의 과제로 남아 있기 때문이다.

그런 점에서 이 책은 선친의 일대기를 통해 그의 애국활동과 민족사랑의 정신을 재조명하는 하나의 작은 씨앗이다. 이 씨앗에서 꽃이 피고 열매가 맺어 선친의 애국과 민주주의 정신이 재평가받기를 고대하고 바랄 뿐이다. 또한 가족의 입장에서 보면 하루속히 선친에 대한 독립유공자 서훈이 이뤄지기를 소원한다.

이 책을 준비하고 편집하는데 많은 분들이 도움을 주셨다. 특별히 이명춘 변호사, 이은숙 일석최능진기념사업회 사무국장, 전 중앙일보 기자였던 김재명, 정창현 님의 노고에 깊은 감사를 드리며, 어려운 출판사정에도 흔쾌히 출간해 준 한정희 대표에게도 고마움을 전한다.

2020년 3월 1일
최능진 셋째아들 최만립 배상

'정치적 명예회복'을 넘어
'역사적 복권'으로 이어지길 기대

박태균 | 서울대학교 교수

　일석 최능진은 현대사연구가들 사이에서 일찍부터 주목받은 인물이다. 그의 특이한 이력 때문이었다. 그는 1945년 8월 해방직후 평안남도 건국준비위원회 초대 치안부장으로 활동하다 월남했지만 좌우합작과 친일경찰 숙청에 상당히 적극적인 행보를 보였다. 일반적으로 '월남인사'들이 극단적인 반공과 친일 옹호의 길을 걸었던 것과 비교된다.

　그는 1937년 '동우회사건'으로 함께 옥고를 치른 조병옥 당시 경무부장에 맞서 친일행적이 있는 인사의 경찰간부 등용에 반대하는 입장을 견지하였다. 특히 1946년 11월 20일 한미공동위원회에 제출한 보고서에서 국립경찰을 "북한에서 공산주의자들에 의해 축출된 부패한 경찰관들을 포함해서 일본의 훈련을 받은 경찰과 반역자들의 피난처"라고 지적하고 "경무부는 부패했으며 인민의 적이다. 이러한 정세가 계속되면 한국인의 80%가 공산주의 쪽으로 돌아설 것"이라고 비판해 파문을 일으키기도 하였다.

　다소 과장된 표현일 수도 있다. 그러나 그는 경찰조직 보호를 위해, 입신양명을 위해 상층부의 의견에 동조할 수도 있었지만 현장 조사에 기초해 '진실'을 있는 그대로 진술하였다. 그의 주장은 개인 차원의 의견이 아니었다. 당시 미군정도 경찰들의 친일경력과 권력 남용을 대중적 불만의 핵심요인으로 지적했기 때문이다.

그는 당시 고위 경찰관 중 친일경찰 배제를 주장한 유일한 인물이었고, 이러한 주장이 빌미가 되어 수사국장에서 파면되었다. 그렇다고 당시 남한지역을 통치하고 있던 미군정과 불편한 사이도 아니었다. 그가 미군정과 적대적인 관계였다면 미군정의 초대 수사국장에 기용되지 않았을 것이다.

필자가 미국 하버드대학에서 발굴한 '버치보고서'에도 그가 여러 차례 등장한다. 레너드 버취 중위는 주한미군사령관 존 하지 중장의 정치고문으로 활동한 인물이다. 버치는 1947년 7월 여운형이 암살된 직후 경찰서장들의 모임에서 김규식, 여운형, 안재홍 등의 암살에 대한 토의가 있었다는 내용의 문서를 받았다.

이 문서의 작성자가 바로 최능진이었다. 그는 경무부 수사국장 시절 미군방첩대(CIC)와 긴밀하게 공조수사를 진행했고, 1946년 수사국장에서 파면된 뒤에도 미군정과 밀접한 연계를 가지고 있었다. 미군정 문서에 따르면 하지 사령관과도 최소 한 차례 직접 만난 것으로 보인다.

수사국장에서 파면된 뒤 그는 중간파의 김규식, 일제강점기 미국에서 독립운동에 참가한 후 귀국한 좌우합작위원회 참가 인사들, 조봉암이 주도한 민주주의독립전선의 핵심 인사들과 교류를 하며 정치적 행보를 함께 했다. 우익인사였지만 이승만과 한국민주당과는 다른 길을 걸었던 것이다. 이러한 활동이 1948년 5·10총선거에서 무투표당선을 노리던 이승만에 맞서 같은 지역구에 출마하는 것으로 이어졌다.

이것이 직접적인 빌미가 되었는지는 더 연구해봐야겠지만 그는 전쟁 중에 '이적죄'로 체포돼 1951년 처형당했다. 그리고 65년이 흐른 2016년 6월 대법원은 그의 '이적죄'에 대해 무죄를 확정됐다. 그의 죽음이 '정치적 타살'로 공식 인정된 것이다. 이제는 해방직후 그의 활동뿐만 아니라 우리나라 최초로 미국에서 체육학을 전공한 선각자로서, 흥사단을 배경으로 동우회 활동을 한 독립운동가로서 최능진의 진면목이 다양한 각도에서 연구되어야 할 시점이다.

최능진의 파란만장한 일생에 비하면 그의 사상과 활동에 대한 연구는 거의 없는 편이다. 어쩌면 현대사의 주류가 아닌 아웃사이더였기 때문일지도 모른다. 해방 후 좌·우익의 극심한 대립 속에서 '중간파'는 주류가 되지 못하고 설자리를 잃었다. 극우파는 이들을 '기회주의적 친공산주의자'로 몰아붙였고, 극좌파는 이들을 '회색적 기회주의자'로 비판했다. 최능진을 비롯한 중간파가 추구한 '좌우합작을 통한 민족통일론' 역시 당시의 역사적 상황에선 현실화되기 어려웠던 '이상주의'로 치부되었다. 중간파의 몰락은 한국 현대사의 굴절과 패배를 상징하는 사건일지도 모른다.

분단된 지 75년이 지났지만 지금도 좌우와 남북을 가르는 이념논리가 우리 사회에 드리워져 있고, 중간파가 설 자리는 좁게만 다가온다. 그러나 여전히 분단을 극복하고 통일을 달성해야 하는 염원과 과제가 남아 있다는 점에서 한국현대사 속에서 중간파들이 추구했던 가치는 재조명될 충분한 가치가 있다.

비록 '비극적 결말'로 끝났지만 해방정국에서 특별한 위치를 차지하고 있는 좌우합작파 정치인으로서 최능진의 사상과 역할도 구체적으로 탐구할 필요가 있다.

또한 해방직후 '친일경찰의 후예'라는 오명을 씻기 위해 누구보다도 경찰의 숙정에 앞장선 최능진의 활동은 민주경찰의 역사적 정체성을 새로 정립하려는 경찰에게도 사표가 될 만하다.

민주주의는 다양성이 존중되는 사회이다. 다른 사상과 정책을 가졌다고 해서 탄압을 받는 시대는 과거의 유물이 되어가고 있다. 민주주의 국가에서 다시는 억울한 정치적 희생양이 있어서는 안 된다는 역사적 성찰을 위해서도 최능진의 행적은 재조명되어야 할 것이다.

이러한 점에서 유가족들이 소장하고 있던 자료와 새로 발굴된 문서 등을 토대로 '일석 최능진 평전'이 출간되는 것은 매우 뜻 깊은 성과라고 평가할 수 있다. 이러한 작업이 최능진에 대한 '정치적 명예회복'을 넘어 독립운동가로서의 '역사적 복권'으로 이어지길 기대해 본다.

1. 기독교 집안에서 태어나다

1897년 10월 12일 고종은 문무백관을 거느리고 원구단(圜丘壇)에 나아가 황제 즉위식을 거행하였다. 이와 동시에 황제와 정부는 조선의 국호를 '대한제국'으로 고쳐 내외에 선포하였다. 대한제국의 성립은 대한이 자주독립국가임을 내외에 거듭 재천명한 것이며, 자주독립의 강화를 국내와 세계에 알린 역사적 사건이었다.

그러나 1895년 청나라와 일본 사이의 전쟁에서 일본이 승리한 후 조선의 운명은 풍전등화(風前燈火)와 같았다. 청일전쟁을 거치면서 조선은 뿌리 깊은 청국의 종주권에서는 벗어났으나, 역으로 일본 제국주의의 침략 대상으로 바뀌었다.

전제군주제를 고집하는 수구파와 입헌군주제를 주장하는 독립협회 사이의 갈등도 커졌다. 독립협회는 1898년 3월 10일 서울 종로에서 우리나라 역사상 처음으로 1만 여명의 시민들을 모아 만민공동회를 개최하고 대한제국의 자주독립 강화 등을 결의하였다.

고종 황제는 의회 설립까지 주장하고 나선 독립협회를 해체하고, 대한제국의 정치체제를 전제군주제로 굳히기 위해 1899년 8월 17일 「대한국국제(大韓國國制)」를 제정, 공포하였다.

대한제국의 정책 중 가장 큰 문제점은 대외정책이었다. 대한제국의 집권 수구파는 당시 국제열강의 세력균형이 형성된 조건 속에서 대외적으로 엄정 '중립'을 선언하였다. 그런데 독립을 수호할 수 있는 자기의 실력을 기르는 데 총력을 집중하지 않고, 강대한 제정러시아에 의뢰하는 성향을 보였다. 그 결과 대한제국은 제정러시아에게 여러 가지 이권을 강탈당했으며, 여기에 반발하는 일본을 무마하기 위해 이권을 넘겨줘야 했다. 일본은 대한제국을 침략하여 지배하에 두기 위해서는 러시아와의 일전이 불가피하다고 보고 전쟁준비에 국력을 총동원하였다. 러일전쟁이 다가오고 있었다.

일석 최능진은 이처럼 대한제국 운명이 경각에 달렸던 때에 태어났다. 그는 1899년 7월 29일 평안남도 강서군 성태면 연곡리 743번지에서 부유한 지주이자 기독교도인 아버지 최경흠과 어머니 이경수 사이에서 칠남매 중 여섯째로 출생하였다. 위로는 두 명의 누님과 능찬, 능현, 능익 등 세 명의 형님이, 아래로 여동생(능도) 한 명이 있었다.

당시 연곡리 일대에서 수성 최씨 일가는 여러 대에 걸쳐 집성촌을 이루고 살았다. 『강서군지』에 따르면 최능진 집안은 조선시대 때 평남 강서군에 세거하면서 농사를 지어온 중지주 집안이었다. 임진왜란 때 선조가 이 집에 머문 일화가 전해온다. 선조가 '의주 몽진'을 갔다가 환궁할 때 비가 많이 내리자 하루를 머무르면서 극진한 대접을 받은 후 일정의 세금을 면제받았다는 이야기다. 이 일화는 그 지역에 세운 비석에 기록되어 있다고 하는데 당시 두 달 넘게 머무른 김 씨 집안이 인근에 있었지만 비석에는 하루를 지낸 최 씨 집안이 더 자세하게 언급되어 있어 불만이 있었다고도 한다.

최능진 일가는 일찍부터 독실한 기독교 집안이었다. 이들 대부분은 인근에 있는 반석교회(班石敎會)를 다녔다. 최능진의 당숙이자 집안의 가장 큰 어른인 최명흠은 반석교회의 집사였고, 최명흠의 장남 최능섭도 이 교회의 집사로 있다가 1917년 장로로 선출되었다. 3·1운동 당시 최능진의 친형인 최능찬, 최능현도 이 교회의 장로였다. 일가 모두가 반석교회 교인이었던 셈이다. 같은 연곡리 출신으로 3·1운동 때 사천시장 만세시위를 주도한 조진탁(曺振鐸, 1867~1922)도 한때 이 교회의 장로를 지냈다.

반석교회는 이 지역에 설립된 최초의 교회였다. 1890년 마펫 선교사는 평양에 선교부를 설립한 후 1896년 방기창 조사를 대동하고 강서군을 순회하던 중 반석교회를 설립하였다. 교회가 계속 부흥되자 1917년 평양노회로부터 장로 2명 가택 청원을 받고 공동의회에서 투표한 결과 최능섭, 최기락 집사가 장로로 선출되었다.

강서군은 동쪽으로 대동강을 사이에 두고 대동군·중화군과 마주보고 있으며, 남쪽으로 용강군, 서쪽으로 서한만(西韓灣), 그리고 북쪽으로 평원군과 서로 접하고 있다. 일제 말기인 1944년 통계에 따르면 인구는 약 14만 3687명이었다. 성태면의 인구는 1만 명 정도였다. 대동강을 낀 평야지대로 고구려시대 이래 평양과 관계 깊은 지역으로 강서무덤을 비롯해 고구려시대의 벽화무덤이 발견됐다.

〈최능진 가계도〉

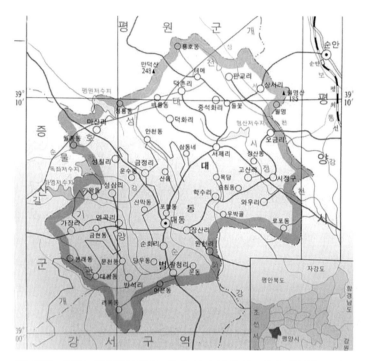

최능진이 태어난 연곡리와 반석교회가 있던 반석리는 현재 평안남도 대동
군으로 행정구역이 바뀌었다.

연곡리는 원래 평양부 의흥부 김려대방의 지역으로, 벼루처럼 생
긴 골짜기에 있는 마을이라 하여 연곡리라고 하였다. 1896년에 평양
부 김려면 연곡리로 되었고, 1914년 행정구역 폐합 때 김려대면
의 성일리·문필동·대마리의 각 일부를 병합하여 성태면 연곡리로
되었다.

강서군 최초의 근대식 학교로는 1900년에 설립된 강서공립소학교
(德興國民學校의 전신)가 있었다.

1834년 동진면 탄포리에 정로교회, 강서면 암저리에 학동감리교회
가 설립되는 등 군내 각지에 교회가 설립되면서 교회에서 학교를 세

워 국민계몽을 담당하였다. 1935년경에는 다른 군의 사립학교는 2, 3 개교 정도로 쇠퇴했으나, 이 군에는 안창호가 설립한 점진학교(漸進學校)를 비롯해 20개교나 있었는데, 그것은 강서군민의 특별한 교육열 때문이었다고 볼 수 있다.

당시 강서군에서는 성태면을 중심으로 천주교, 성암면을 중심으로 안식교가 활발했고, 천도교도 여러 개의 포교소를 두고 있었다. 2일과 7일장으로는 강서면 덕흥리의 군내장(郡內場)과 반석면에 서는 사천장(泗川場)이 유명했다.

신민회 활동의 중심지

강서지역은 1876년(고종 13) 개항이후 일찍이 개화되어 안창호(安昌浩)를 비롯한 많은 선각자가 나왔고, 양기탁(梁起鐸)·손정도(孫貞道)·조만식(曺晩植) 등 민족지사를 배출해 독립운동에 기여한 고장이기도 하다.

최능진 일가는 신민회 인사들과 평소 교류가 있었고, 최능진 자신도 안창호를 비롯한 신민회 인사들의 영향을 받고 자랐다.

신민회는 1907년 4월 안창호(安昌浩)의 발기로 양기탁(梁起鐸)·전덕기(全德基)·이동휘(李東輝)·이동녕(李東寧)·이갑(李甲)·유동열(柳東說)·안창호 등 7인이 창건위원이 되어 창립된 비밀결사조직이었다.

노백린(盧伯麟)·이승훈(李昇薰)·안태국(安泰國)·최광옥(崔光玉)·이시영(李始榮)·이회영(李會榮)·이상재(李商在)·윤치호(尹致昊)·이강(李剛)·조성환(曺成煥)·김구(金九)·신채호(申采浩)·박은식(朴殷植)·임치정(林蚩正)·이종호(李鍾浩)·주진수(朱鎭洙) 등 쟁쟁한 인물들이 여기에 참여했다.

신민회에는 크게 다섯 개의 세력이 결집하였다. 첫째는 『대한매일신보 大韓每日申報』를 중심으로 애국계몽운동을 전개하던 세력이며, 둘째는 상동교회(尙洞敎會)를 중심으로 애국계몽운동을 전개하던 세력이다. 셋째는 서북 지방과 서울 등지의 신흥 시민 세력이고, 넷째는 무관 출신으로서 애국계몽운동을 전개하던 세력이며, 다섯째는 미주에 있던 공립협회(共立協會) 세력이다.

주목할 점은 다섯 개 집단 인사들이 지역 연고나 활동 면에서 몇몇을 제외하고는 거의 모두 서로에 대해 잘 알고 있었다는 것이다. 즉, 국내에서는 동학에서 출발한 김구 등 몇 명과 미주 지역의 몇 사람을 제외하고는 모두가 독립협회(1896~1898)의 청년 회원들이었다.

독립협회가 자주·민권·자강운동을 전개하던 시기에 그들은 주로 만민공동회운동에 앞장선 청소년들이었다. 그러나 1905년 이후에는 각자 관련 분야에서 국권 회복을 위한 실력양성운동으로 애국계몽운동을 전개하였다. 신민회는 이들 다섯 개 집단이 중핵이 되어 만든 국권회복 운동단체였다.

안창호·이강·임준기(林俊基) 등은 1906년 말~1907년 초의 연휴 기간에, 미국 캘리포니아주 로스앤젤레스에서 안창호가 생각해 낸 대한신민회를 조직하기로 합의하였다. 그리고 「대한신민회 취지서」와 「대한신민회 통용 장정」을 초안하였다.

그들은 이 결사의 목적에 비추어 미주에서 이 단체를 세우는 것은 의미가 없다고 판단하고 본국에서 이 단체를 만들어야 한다는 데 합의하였다. 본국에 파견할 대표로 결정된 안창호는 1907년 1월 20일경 샌프란시스코를 출발, 동경을 거쳐 1907년 2월 20일 서울에 도착하였다.

안창호는 귀국 후 『대한매일신보』 주필 양기탁을 방문하고 신민회 창립을 제의하였다. 안창호는 신민회를 비밀결사로 창립하자고 제안했고, 양기탁은 처음에 공개 단체로 창립하기를 희망하였다. 합의가 이루어지지 않아 즉각 창립에 들어가지 못했다가, 결국 양기탁이 비밀결사 조직에 동의하여 창립이 추진되었다.

양기탁은 당시『대한매일신보』주필과 국채보상기성회의 총무로서 국권회복을 위한 애국계몽운동의 유력한 지도자였다. 때문에 국내의 애국 인사들과 긴밀하게 유대 관계를 지속하고 있었고, 민중으로부터도 큰 존경을 받고 있었다.

반면에 당시의 안창호는 비록 개인적인 역량은 뛰어날 수 있어도 국내의 애국계몽운동 세력 안에 자기의 기반을 가지고 있지 못하였다. 이 때문에 안창호는 독립협회와 만민공동회 때의 동지인 양기탁을 중심으로 하여 1907년 4월 초 신민회를 창립한 것이다.

최초의 부서는 당수에 해당하는 총감독을 양기탁이 맡고, 총서기에 이동녕, 재무는 전덕기, 집행원은 안창호가 담당했다. 다른 창건위원들은 각 도의 총감을 맡았다.

신민회 창립 후 창건위원들은 즉각 자기의 영향력 안에 있는 인사들을 신민회에 가입시켜, 1910년경 회원 수는 약 800명에 달하였다. 이는 당시의 영향력 있는 애국계몽운동가들을 거의 모두 망라한 숫자였다. 비밀결사 신민회는 한말의 지도적 인사들이 거의 모두 회원이 됨으로써, 전국적 규모의 막강한 영향력을 가진 애국계몽운동 단체가 되었다.

회원의 입회는 매우 엄격하게 심사해서 이루어졌다. 회원은 애국사상이 확고하고 국권 회복과 독립운동에 몸을 바칠 결심이 굳건한 인사에 한해 엄선하였다. 신민회 입회 때는 예식이 있고, 회원의 책임에 대한 서약이 있었다. 서약의 내용은, 회원의 생명과 재산을 신민회의 명령에 의해 국권 회복에 바치기로 한다는 것이었다.

신민회 조직의 사회적 기반은 105인사건 때 재판받은 인사들의 직업별 분포에서도 볼 수 있듯이, 신흥 시민층과 신지식인층에 기초를 두고 있었다.

105인사건 때 판결을 받은 122명의 신민회 회원의 직업별 분포를 보면, 상업이 31.97%, 광공업이 5.74%로서 시민층이 전체의 37.71%를 차지하고 있으며, 지식층은 교사가 22.95%, 학생이 15.57%로 38.52%를 차지하고 있다. 즉, 시민층과 신지식층이 전체의 76.23%를 차지하였다. 그밖에도 농업이 5.74%, 종교인과 공무·자유업이 각각 4.92%, 노동자가 1.64%이며, 기타 불명이 6.55%였다.

이것은 주로 시민층과 시민층의 지지를 받는 신지식인층이 중심이 되어 신민회가 조직되고 운동이 전개되었음을 보여준다. 일제는 1911년 1월 안악군을 중심으로 하여 황해도 일대의 애국적 지도자 160여 명을 검거하였다.

또한, 1911년 9월에는 소위 '데라우치총독 암살음모사건'이란 것을 날조, 신민회 평안남북도지회 회원을 비롯해 전국의 애국계몽운동가 700여 명을 검거해 온갖 고문을 가하고, 그 중 105명에게는 실형을 선고하였다. 이 과정에서 국권회복을 목표로 비밀결사가 신민회라는 이름으로 결성되어 있었음이 드러나, 신민회는 일제에 의해 해체되고 만다.

안창호, 황사선 등 신민회 관련자들은 이후 최능진의 삶에도 직간접적으로 영향을 미치게 된다.

숭실중학교 입학

최능진은 성태면에서 태어났지만 소학교는 이웃인 반석면 반육리에 있는 반석학교(盤石學校)를 다녔다. 반석학교는 도산 안창호가 1899년 강서군에 세운 점진학교의 영향을 받아 세워진 학교였다. 점진학교는 강서에서 민간인이 세운 최초의 사립학교인 동시에 남녀공학을 실시한 최초의 소학교였다.

안창호는 한말의 침체된 국운 속에서 자아혁신과 자기개조를 통해서 민족혁신과 민족개조를 이룩하려면 무엇보다도 교육이 제일이라고 보아 고향에 점진학교를 설립하였다. 반석면에는 반이리에 삼덕학교(三德學校), 반육리에 반석학교(盤石學校), 상사리에 양덕학교(養德學校) 등이 각각 설립되어, 점진학교의 교육체제를 본받아 항일독립정신을 고취하면서 많은 인재를 배출하였다.

최능진은 어려서 한문을 공부하다 1907년 4월 반석소학교에 입학했다. 1914년 봄 소학교를 졸업한 그는 평양으로 가 숭실중학교 2학년에 편입했다. 그보다 한 살 어린 조형신(曺亨信, 조진탁 장로의 아들)도 반석소학교를 거쳐 숭실중학교를 다녔다.

숭실중학교는 1897년 미국 북장로교 선교사 베어드(Baird,W.M.)가 평양에 설립한 미선계의 교육기관이었다. 설립 당시 처음 가르치던 학과는 성경·한문·수학·음악·체조였다. 그 뒤에 도덕·사민필지(士民必知)·만국통감(萬國統監)·지세략해(地勢略解)·천문(天文)·논리(論理)·생리(生理) 등도 가르쳤다.

첫 입학생은 13명에 불과했지만 1905년에는 160명으로 늘었고, 1906년에는 2년 과정의 대학부도 개설되었다. 최능진이 입학했을 때 숭실중학교는 4년제로, 1년 3학기제로 운영되었다.

"중학교는 3월 말 학기를 마칠 때 모두 356명이 출석했는데 그중 271명이 장로교인이었고, 85명이 감리교인이었다. 3월에 33명이 졸업했는데, 그중 13명이 감리교인이었다. 감리교 학생들은 전원 3월 말에 학교를 떠났는데, 그 자리를 4월에 신입 장로교 학생 148명이 채웠다. 그래서 봄 학기엔 모두 337명이 출석했다."[1]

---

1) 「Annual Report of the Board of Foreign Mission of the Methodist Episcopal

1915년 숭실중학교 14회 졸업앨범의 일부

　그는 1914년에 입학해 4학기를 마쳤다. 당시 교사로는 변인서(邊麟瑞, 숭실 3회), 김선두(金善斗, 숭실 4회)를 비롯해 김형재(金亨哉), 김인준(金仁俊), 김성호(金成鎬) 등 숭실 출신들이 활동했다.

　숭실 재학 시절 그는 김예진, 임이걸, 조형신 등과 선후배로 인연을 맺었을 것으로 보인다.

Church], 1915, 284쪽

조선국민회의 태동

최능진이 숭실중학에 입학했을 때 이 학교에는 반일비밀결사인 조선국민회가 결성되고 있었다. 대표적으로 임이걸은 당시 숭실중학을 기반으로 결성된 조선국민회에 가입해 활동했다.

조선국민회는 1914년 하와이국민회 활동을 하다가 귀국한 장일환(張日煥)이 김형직, 배민수 등 숭실학교(崇實學校) 재학생과 졸업생 그리고 만주, 중국지역 운동세력과 연계된 백세빈(白世彬), 노선경 등이 주축이 되어 1915년에 조직한 항일무장 기독교비밀단체였다.

조선국민회 결성에서 주도적 역할을 담당한 장일환은 숭실중학을 졸업한 후 1914년 9월 미주 하와이에서 독립운동의 중심적 지도자로 큰 영향력을 가진 박용만을 만났다.

장일환은 박용만과 협의를 거쳐 국내에 청년단체를 조직하고 국내외가 상호 협력하여 국권회복운동을 전개하기로 결의하였다. 1915년 4월 비밀리에 귀국한 장일환은 1차로 하와이 국민회원으로 활동하다 앞서 귀국한 강석봉(姜錫奉)·서광조(徐光朝)와 접촉하였다. 이어 1915년 겨울 2차로 중국 안동현에서 활약하고 있던 백세빈을 만나 박용만과 협의된 계획을 전하고 동지로 포섭하였다. 당시 백세빈은 안동현에서 국내와 중국 및 미주지역과의 연결거점 역할을 담당하고 있던 인물이었다.

이어 장일환·강석봉·서광조·백세빈은 비밀결사조직에 관해 협의하고 우선 운동에 필요한 자금조달방법과 운동근거지를 간도지역에 구축해 장래에 대비한다는 방침을 결정하였다. 그리고 회원 각자가 비밀리에 조직확대 및 동지규합에 힘쓰면서 조직기반을 다지는 작업에 주력하였다. 그 뒤 1917년 3월 23일 평양 신양리에서 장일환 등 10여 명이 모여 조선국민회를 정식 결성하였다.

조선국민회의 조직구성을 보면 회장에 장일환, 통신겸 서기에 배민수·안동현 백세빈, 경상도·전라도·황해도구역장으로 오병섭·강석봉·노선경을 각각 임명하였다.

조선국민회는 국내 조직 확대와 아울러 해외의 독립운동 세력 특히 하와이 국민회와의 긴밀한 연계를 모색하였고, 중국 간도지역으로 조직 확대를 계획하였다. 이런 점에서 조선국민회는 국내에서 조직된 비밀

숭실중학 시절의 장일환

결사이면서도 하와이 국민회나 하와이 국민군단과 깊이 관련된 조직으로서 일면 국내지부적인 성격을 띤다.

회원은 일반회원과 준비회원으로 구분하고 있다. 조직의 운영은 매년 봄에 정기적인 회의를 개최하기로 정하고 조직의 비밀보장을 위해 평양신학교 및 숭실학교가 개교하는 시기를 이용키로 하였다. 조직운영에 필요한 경비는 각 회원이 각출하는 회비로 충당하며 그 외 별도로 운동자금모집에 대한 계획을 수립하였다. 회원상호간에 사용할 암호와 비밀문서 작성요령까지 마련해 두었다.

일제가 파악한 조선국민회의 구성원은 20~30대 초반이 대부분이고 10대도 4명이나 포함된 독립의식이 확고한 청년들이었다. 학력은 숭실대학 출신 5명·숭실대학생 2명·숭실학교 출신 4명·숭실학교 학생 4명, 그 외 평양신학교 출신자 1명·경성 연희전문학교 학생 1명·군산 영명중학교 학생 1명 등이다. 회원 대다수가 숭실학교 관련 인

물로 이들이 조직을 이끌어 가는 데 주된 역할을 담당한 것이다.

특히 회원들간의 단결의지를 공고히 하면서 조국독립을 위해 목숨까지 바칠 의지를 표명코자 혈서를 써서 맹약하는 청년도 다수 있었다. 즉 배민수(裵敏洙)·김형직·노덕순(盧德淳) 등은 식지(食指)를 잘라 '대한독립'이라 혈서하고, 다른 청년은 '결사(決死)'라고 혈서하기도 하였다.

조선국민회는 1918년 2월 경 일제당국에 발각되어 25명은 체포되었으며 장일환·김형직 등 12명의 중심인물은 재판에 회부되어 최고 3년형까지 받게 되었다. 비록 조선국민회가 일체 측에 의해 발각되어 해산되기는 했으나 결사의 조직기반은 잔존하여 3·1운동 당시 평양 중심의 시위운동에서 주된 역할을 담당하였다. 또한 배민수, 이보식, 임이걸 등 조선국민회 회원들은 출옥 후 각자는 고향 등으로 돌아가 3·1운동을 주도하였다.

최능진이 숭실중학교 재학생과 교사를 중심으로 결성된 조선국민회와 어떤 연관이 있는지는 확인이 되지 않는다. 다만 조선국민회 조직에 직간접적으로 숭실학교와 연계가 된 인물이 많아 일정한 영향을 받았을 것이다. 특히 조선국민회의 활동계획 중에 미국 망명이 포함돼 있었다는 점은 주목된다. 또한 조선국민회 간부 중 김일성의 부친인 김형직은 최능진의 형 최능익과 평양신학교 동기였고,[2] 임이걸은 최능진과 숭실중학 친구였다.

---

2) 최능익은 김형직과 평양 신학교 동기여서 1970년대에 여러 번 북에 초청받았지만 가지 않았다고 한다.

중국을 거쳐 미국 유학

최능진은 숭실중학생 3학년 때인 1915년 11월 중국 상하이(上海)로 건너가 다음 달에 난징(南京, 남경) 금릉대학(金陵大學) 중학부 어학과에 입학하였다. 그가 신학부에 들어가려다 어학과에 입학한 것은 금릉 대학의 학부가 통합되면서 신학부가 없어졌기 때문이다.

당시는 기개가 있는 청년들이나 비밀결사 사이에서는 독립운동을 하기 위해, 힘을 기르기 위해 일본이나 중국, 미국으로 건너가 공부해야 한다는 생각이 유행처럼 번지고 있던 시절이었다. 이러한 흐름은 1904년 김인식(金仁湜)이 작사·작곡하고, 학교에서 가르친 '학도가'의 가사에서도 나타난다.

> 1. 학도야 학도야 저기 청산 바라보게
>   고목은 썩어지고 영목은 소생하네.
> 2. 동방의 대한의 우리 청년 학도들아
>   놀기를 좋아말고 학교로 나가보세.

이 노래는 1905년 평양의 서문 밖 소학교에서 연합운동회가 열렸을 때 처음으로 발표되었고, 이후 전국적으로 널리 불리게 된다.

최능진이 유학을 결심하게 된 배경에는 당시 청년층들의 분위기와 일제의 사립학교 탄압정책이 깔려 있었다.

1915년에 조선총독부는 개정사립학교규칙(改正私立學校規則)을 시행하여 기독교 사립학교에 대한 탄압을 시작했다. 1915년 샌프란시스코에 온 후 대한인국민회 새크라멘토지방회에서 최능익, 최능진 형제와 함께 활동한 조득린(후에 목사)은 그해 9월 16일자 『신한민보』에 「한국 현시 정황」이라는 글을 통해 고향을 그리워하는 한인 동포들에게 한국

1913년 조선중앙기독교청년회 제1회 학생연합 대사경회에 참석한 여운형(맨 앞줄 오른쪽). 당시 여운형은 평양신학교에 다니고 있었는데 여름 방학이라 강사로 참석한 것으로 추정된다.

상황을 전했는데, 당시 사립학교의 상황에 대해 다음과 같이 기록했다.

"조선 총독부는 한국 백성의 한국 혼을 박멸하고 일본 정신을 고취하는데 이는 악독한 압제보다 더욱 매서운 것이었다. …사립학교 자격을 기본금 1천원 이상, 생도 50명 이상, 교수실 10간 이상, 운동장 3백 평 이상, 교사 4인 이상으로 하고, 학과 정도는 보통지식에 국한하여 군 주사나 헌병 보조원의 자격에 제한하였고, 총독부 지정 교과서를 사용토록 하였다."

이러한 일제의 정책에 반발한 많은 기독교 사립학교가 타격을 입었고, 숭실중학도 그 여파를 피해갈 수 없었다. 더 이상 국내에선 제대로 된 학업을 이어갈 수 없음을 느낀 학생들 중 상당수가 유학을 떠났다.

최능진은 처음 중국으로 갈 때부터 중국에서 어학을 배운 뒤 미국으로 갈 의도였을 가능성이 크다. 일제 당국도 중국에 조선인 유학생이 증가한 이유가 조선인 교육열에 그 원인이 있기도 하지만 상하이나 난징 방면에서 영어를 익힌 다음에 북미로 도항할 목적을 가진 조선인 학생이 많다고 분석하였다.

당시 난징에는 기독교 사립명문이었던 금릉대학과 그와 동일 재단이 운영한 금릉신학, 금릉중학과 같은 학교들이 있었고, 새로운 문물과 사조를 받아들이기 적당한 지역이기도 했다. 금릉대학에는 1914년 입학한 몽양 여운형이 수학하고 있었고, 셋째 형 최능익도 중국에서 활동하고 있었다. 최능진이 금릉대학을 유학지로 선택한 것은 형 최능익과 여운형의 영향이 미쳤을 것이다.

최능익은 최능진보다 열 살 위로, 강서 출신의 안창호, 김창준(33인 대표) 등을 비롯해 평안도지역의 기독교인들과 폭넓게 교류하고 있었다.

여운형은 최능익보다 세살 위로 경기도 양평 출신이지만 서울 승동교회 전도사로 활동했고, 1912년 평양의 장로교회연합 신학교에 입학해 2년간 수학하면서 최능익 등과 교류했을 것으로 보인다. 여운형은 금릉대학에서 공부하면서 난징과 상하이 지역의 조선인들을 사귀었고, 중국으로 유학 오려는 조선인 학생들의 중국 입국을 도와주면서 신망을 얻어 그 지역 조선인 거류민 담당자가 된다.

한편 최능진의 재종질(7촌 조카)인 최봉주(崔奉周, 1895~미상)도 숭실중학교 3년을 수료하고 20세 때인 1915년경 중국 상하이로 망명해 명강중학에 재학하며 여운형과 교류하였다.

최능진이 여운형과 교류한 사실은 동우회사건 재판기록에 다음과 같이 기록돼 있다.

> "명치(明治) 43년 한일합방(日韓倂合) 당시부터 이미 민족의식이 깊었으며 대정(大正) 4~5년(1915~1916년) 즈음 상해(上海)에서 형 최능익(崔能益) 및 전 조선중앙일보 사장 여운형(呂運亨) 등으로부터 민족주의 선전을 받고 혁명의식이 깊어졌다. 조선인이 참으로 행복을 얻으려면 조선으로 하여금 대일본제국의 굴레에서 이탈시켜 국권을 회복하여 조선을 독립국으로 되게 하여야 한다고 생각하고 그 실행운동도 …(원본판독불가)… 결의를 갖게 되었으며"

최능진이 수학한 금릉대학은 미국의 기독회·북장로회·감리회 등 개신교 계통의 지원을 받았으며, 학생 중에는 미국 영사의 증명을 받거나 중국인 성명을 사용하여 미국 유학을 떠나는 사례가 종종 있었다. 최능진도 난징 생활 중에 미국유학의 가능성을 접했고, 그 기회를 활용해 미국 유학을 단행하였다.

후에 최능진은 "아무 준비한 것도 없이 욕망은 있었으나 확실한 목적도 없이 내가 사는 조선사회도 모르고 가지어야 할 조선적 리상도 가지지 못한 철없는 십육세 소년으로 해외류학을 시작하엿습니다"라고 회고했다.[3]

---

3) 『동광』, 1931년 2월호

금릉대학 중학부 어학과를 마친 최능진은 1917년 2월 1일 잠시 귀국했다 6개월 뒤인 1917년 8월 마침내 미국 유학길에 오른다. 금릉대학 동기인 변준호도 1917년에 8월 30일에 샌프란시스코에 도착했다. 변준호는 이후 최 씨 형제와 정치적 행보를 함께 하는 동지가 되었다.

미국에 도착한 최능진 등은 곧바로 상륙하지 못하고 천사도(Angel Island)에 있는 해관검사소에서 신체검사와 신원 보증을 받았다. 신체검사에서 이상이 있으면 병원 치료 후 다시 상륙 허가를 받아야 했다. 당시 상하이에서 출발한 도미 유학생 대부분은 정식 여권을 갖고 있지 못했기 때문이다. 다행히 최능진이 도착한 시점에 미국 입항자들은 당시 대한인국민회 북미지방총회로부터 신원 보증을 받을 수 있었다.

대한인국민회는 1909년 미주 본토와 하와이의 한인단체가 통합한 조직으로, 본토에는 북미지방총회가, 하와이에는 하와이지방총회가 산하에 설립되었다. 북미지방총회 총회장은 1913년부터 이대위(李大爲)가 맡고 있었다.4) 이대위 총회장은 고향이 같고 동갑이던 안창호의 전도로 기독교에 입교했고, 1903년 샌프란시스코에 온 후에는 학교를 다니며 국민회의 창립회원으로 참가하였다.

대한인국민회에는 중앙총회가 존재했지만, 미주에서 국민회의 실제활동은 북미지방총회를 중심으로 이루어지고 있었고, 중앙총회는 여러 지방총회를 관할하는 상징적인 성격이 강하였다.

이대위는 중등학교와 대학을 미국에서 마쳐 미주 생활 10년 만에 한인 가운데 몇 안 되는 대학졸업자(샌프란시스코대학 역사학 전공)가 되었고, 한인교회의 목사로 시무하면서 미주 한인단체의 총회장으로 미주 한인사회를 이끄는 지도자의 위치에 있었다.

---

4) 최기영, 『잊혀진 미주 한인사회의 대들보 이대위』, 역사공간, 2013

클레아몬트 한인학생양성소 교사들과 함께 한 도산 안창호. 앞줄 왼쪽
부터 김관흥, 윤필선, 오임하, 두 번째 줄 왼쪽 임초, 곽림대, 길천우
(길진형), 뒷줄 왼쪽 황사용, 이대위, 안창호 (1915~1916년 경)

그는 샌프란시스코 지역이 아닌 미주 전체를 대표하는 지도자로
교포의 권익보호에 앞장섰다. 이를 위해 이대위는 1914년 4월 한인국
민회 북미지방총회를 미국정부 법인으로 신청해 허가를 받았다.
북미지방총회가 법인등록을 하게 되면서 중국을 통해 미국에 오는
유학생들이나 동포들의 보증을 정식으로 설 수 있게 되었다. 실제로
나라를 빼앗겨 여권도 없이 미국에 온 한인들에게 '영사관' 역할을 맡
게 된 것이다.

이대위 총회장은 동양에서 온 배가 입항하면 항구에 나가 한국인
이 승선하였는지 확인하고, 한국인이 있으면 다음 날 천사도에 가서
이민국 관리들에게 한국인의 상륙을 위한 교섭을 벌였다.

1915년경 미국에 도착한 음악가 이성식의 글은 당시 이대위의 활
동을 잘 소개하고 있다.5)

"본국을 떠나 중국 땅을 지나 지금으로부터 한 15년 전에 신도학생이라는 이름으로 여행권도 없이 알몸으로 상항에 두려움을 안고 닿았습니다. 배가 닿고 보니 같이 온 동양 사람들 중 청인(淸人)이나 일인은 잘 났든 못 났든 정부를 대표하는 공사나 영사가 있지만 넝쿨 떨어진 호박과 같은 놈은 나뿐입니다. 어쩔 줄 모르고 두리번거리노라니 어떤 검은 갓 쓰고 검은 옷 입은 납작한 키 작은 동양 사람이 가깝게 와서 건네는 말이 "한인들이십니까?" 합디다. 죽었던 부모가 살아온다면 이에서 더 반가우리까. 대답은커녕 너무 반가워서 눈물이 핑 돕디다.

자세히 다시 보니 잘 아는 내가 소학교 다닐 때에 수학을 가르치던 선생인 국민회 북미지방총회장으로 시무하시던 고 이대위 선생입니다. 어렸을 때 떠나셨으니 자라나는 아이들을 못 알아보시고 나의 부친님 말씀을 하니까 아십디다. 이튿날 천사도에 있는 이민국 관리들이 마치 육해군 세력을 가진 나라 정부가 보낸 대사처럼 이대위 씨 입에서 떨어지는 말을 믿고 여행권이 있건 없건 관계치 않고 내려놓으니, 청인이나 일인 같이 정부가 있는 사람들도 여행권을 제 나라 정부에서 가지고 왔지만 잔말이 많은 모양인데 거침없이 우리를 들여보낼 때에 나는 대한인국민회가 정부 잃은 우리 백성에게 정부같이 힘 있는 단체라고 알았습니다."

이성식은 이대위를 만났을 때 부모가 살아온 것과 같은 반가움을 느꼈다고 표현하였다. 아마도 2년 뒤에 샌프란시스코에 입항한 최능진이 이대위 총회장을 만났을 때도 이성식의 심정과 다르지 않았을 것이다. 1910년대 미국에 입국하고자 하는 학생이나 한인들에게 이대위는 누구보다 고마운 은인이었다. 더구나 최능진의 입장에서 이대위는 고향 선배이자 존경하는 안창호의 동지였다.

미국에 도착한 최능진은 형이 자리를 잡고 있던 '삭도'(새크라멘

---

5) 『신한민보』, 1930년 2월 13일

1920년 미주 흥사단 연차 총회를 마치고 기념 촬영한 최능진

토)로 갔다. 당시 최능익은 대한한국민회 지방회장 김홍균이 세운 새크라멘토의 한인 기숙사 감독으로 있었고, 최능진은 박이근 등 7명과 함께 이 기숙사에서 생활하였다.

최능진은 1917년 11월 캘리포니아주 새크라멘토시 링컨소학교에 입학하여 다음해 6월 4학년과정을 마쳤다.[6] 학비를 벌기 위해 방학 중 농장에서 일하기도 한 그는 1918년 11월에 캘리포니아주 버클리소학교 7년생으로 편입하였다.[7] 당시 그는 대한인국민회 북미총회가 설립 운영하던 '버클리한인학생양성소'의 기숙사에서 지냈다. 이 기숙사에는 대학생으로 황진남, 강영각, 최두환, 김정은 등이 있었고, 어학생과정을 밟던 최희송도 함께 생활하였다.[8]

이즈음 그는 황사선(黃思宣) 전도사의 집에서 흥사단에 입단하였다.

---

6) 『신한민보』, 1918년 3월 21일.
7) 「북미총회 관하 류학생 됴샤표」, 『신한민보』, 1918년 7월 8일.
8) 『신한민보』, 1918년 9월 26일. 한인 학생을 양성하기 위해 설치된 '버클리한인학생양성소'의 설비와 경비는 북미총회에서 담당했고, 학생들은 숙식비로 1년에 100달러를 냈다.

흥사단의 입단절차는 18세 이상의 조선인 남녀이고, 단의 취지 목적에 찬성하는 사람으로, 단원 2명 이상의 추천이 있어야 한다.

이를 통해 볼 때 최능진은 최능익과 황사선의 추천을 받아 흥사단에 입단한 것으로 보인다.

황사선은 신민회 회원으로 활동하다 '신민회사건'이 발생하자 상해를 거쳐 여권도 없이 1913년 4월에 샌프란시스코에 도착해 이후 상항(LA)교회 권사를 거쳐 전도사로 활동하고 있었다. 그는 1920년 목사 안수를 받았고, 1930년에는 안익태를 위해 작은 음악회를 마련해주기도 했다.

최능진은 흥사단에 입단한 형 최능익의 권유로 도산 안창호 선생을 만나고 나서 입단을 결심한다. 숭실중학 선배이자 후에 동우회사건으로 함께 구속되는 장이욱(張利郁)도 1917년 미국에서 안창호를 만난 후 흥사단에 가입했다. 동우회 사건에 대한 일본 재판부의 판결문에 따르면 "대정 6년 8월 말경 미국 샌프란시스코 황사선 집에서 형인 최능익의 권유로 흥사단이 궁극적으로 조선의 독립을 목적으로 조직된 결사임을 알면서도 이에 가입하였다"라고 기록되어 있다.

단우 이력서에 따르면 1918년('건국기원 4251년') 12월 27일에 입단한 것으로 기록돼 1년 정도 차이를 보이고 있는데, 이는 이력서와 지원서, 추천자의 보증서를 지역 동우회에 제출하면 본부의 명책에 등록하고 번호의 교부를 받아 단원으로 되기 때문에 일정한 시간적 차이가 발생한 것으로 추정된다.9)

---

9) 흥사단의 입단절차는 "18세 이상의 조선인 남여로서 본단의 취지 목적에 찬성하는 자, 단원 2명 이상의 추천이 있으며 이력서, 지원서 및 추천자의 보증서에 입단금 10원을 첨가하여 소재한 지역 동우회에 제출할 시 본부의 명책에 등록하고 번호의 교부를 받아 단원으로 된다"고 규정돼 있다.

第八十九團友 崔能鎭(최능진) 履歷書

出生時 紀元 四二三二(1899)

年 七月 二十九日
出生地 平南 江西郡 星台面 硯谷里 연곡리 七四三
居生地 自四二三二年 至四二四七年 出生地
自四二四七年 至四二四八年 平壤府
自四二四八年 至四二五〇年 中國 南京(난징)
自四二五〇年 一月 至 六月 中國 上海
自四二五〇年 七月 北美 加州(캘리포니아)
職業 自四二三八年 至四二四七年 學業 磐石小學校 卒業
自四二四七年 至四二四八年 仝 崇實中學校

自四二四八年 至四二五〇年 仝 中國 南京(난징) 金凌大學 語學科
學藝 中學三年級
宗教 耶穌教(예수교)
團軆 培達學友會
最長技能 運動
所肯 演說
家族 父 敬欽(경흠) 已故
母 李氏 敬洙(경수) 年六十一 家內治理
現住 平南 江西郡 星台面 硯谷里 七四三
娣 崔氏 年四十三
兄 能贊(능찬) 年四十
兄 能賢(능현) 年三十七
兄 能益(능익) 年二十九
娣 崔氏 年二十五
妹 能益(능익-능도의 오기) 年十五
入團日 建國紀元 四二五一年 十二月 二十七日[삭도(새크라멘토)]

2. 3·1운동의 격랑 속에서 가족이 흩어지다

최능진이 미국에 온지 2년 뒤인 1919년 3월 1일, 국내에서는 3·1운동이 전국적으로 벌어졌다. 3·1운동은 서울과 평양에서 거의 동시에 준비되었다.

서울의 3·1만세시위

3·1운동 직전인 1919년 2월 고당 조만식은 교사로, 교장으로 만 6년간 봉직하였던 오산학교를 사직하였다. 평안도 일대를 거점으로 기독교계의 3·1운동 거사 준비를 총지휘하던 남강 이승훈과의 묵계하에 독립선언 후 상하이로 망명하여 독립운동을 전개할 계획이었다.

3·1운동을 앞두고 오산학교는 은밀히 찾아오는 외지 사람들의 발길로 부산했다. 1919년 새해를 맞아 도쿄에서 유학 중이던 오산학교 졸업생 서춘이 남강을 찾아왔다. 그는 스승인 남강에게 제1차 세계대전 종전에 따라 소집된 파리강화회의 개최를 둘러싼 국제정세와 도쿄 유학생의 동정을 알렸다.

그 무렵 파리강화회의에 김규식을 대표로 파견하기로 결정한 상하이 신한청년당의 선우혁 또한 은밀히 국내로 잠입하여 평안도 기독교계의 지도자인 남강을 찾았다. 그리고 2월 초순에는 오산학교 제1회

졸업생 김도태가 오산학교 일로 상의할 일이 있으니 급히 상경하기 바란다는 최남선의 편지를 가지고 서울에서 남강을 찾아왔다.

최남선의 편지를 받은 남강은 2월 11일 상경하여 계동 김성수의 거처에서 정주 출신인 현상윤의 소개로 송진우와 만났다. 송진우가 천도교 측에서 기독교 측과 함께 독립운동을 전개하기를 원한다는 의사를 전달하자, 남강은 쾌히 승낙하고 그 길로 남대문 밖 세브란스병원으로 갔다. 거기서 남대문밖교회 조사 함태영과 병원 제약주임 이갑성을 만난 남강은 그들에게 송진우와의 교섭 전말을 들려주고 참여의사를 확인한 뒤, 기독교계의 세력 규합을 위해 장로회 평북노회와 도사경회가 열리고 있던 선천으로 직행하였다.

2월 12일 선천에 도착한 남강은 평북노회 참석을 위해 함께 유숙하던 정주교회 목사 김병조와 같은 교회 장로 이명룡에게 서울에서 진행 중인 독립운동의 전말을 전하고 참여를 내락받았다. 그리고 선천의 가장 유력한 인물인 북교회 목사 양전백을 찾아가 서울에서 진행된 사실을 보고하고 동참의사를 확인하였다. 남강을 비롯해 양전백·김병조·이명룡·백시찬(선천 북교회 장로)·홍성익(북교회 장로)·유여대(의주읍 동교회 목사) 등 평안북도 장로교계 지도자들은 2월 13일 저녁 선천 양전백 목사의 집에서 모임을 가졌다 천도교 측과 함께 독립운동을 전개하는 데 의견의 일치를 본 그들은, 양전백·김병조·이명룡·유여대를 독립청원 대표자로 정하였다.

이어 평양에 도착한 남강은 비밀보장을 위해 병을 칭탁하고 평양 기독병원의 전신인 기홀병원에 입원하여 평소 친분이 있었던 손정도 목사와 만났다. 손정도는 고당과 숭실학교 동창이었는데, 그의 소개로 2월 15일 기홀병원에서 남강과 남산현교회(감리교) 목사 신홍식, 장대현교회(장로교) 목사 길선주, 그리고 안세환(태극서관 총무)이 모임을 가졌다. 이 자리에서 길선주 목사는 선우혁이 평양에 다녀간 뒤로 기독교학교를 중심으로 독립운동이 추진되고 있음을 보고하였다.

평안도 일대 기독교계의 세를 규합한 남강은 신홍식 목사와 함께 2월 16일 밤차로 상경하여 이튿날 송진우와 두 번째 만남을 가졌다. 그런데 송진우가 운동 일선에서 한 발을 빼고 최남선과의 면회도 쉽지 않아 천도교 측의 준비 상황에 대해 알 길이 없게 된 남강은 한때 기독교계의 단독거사를 생각하였다.

남강은 2월 20일 밤 서대문 협성학교에 있는 박희도의 집에서 오화영·정춘수·오기선·신홍식·박희도 등 감리교회 지도자들과 만나 기독교계 단독으로 거사를 하는 데 의견의 일치를 보았다. 이 모임에서 오화영은 개성과 춘천 방면, 정춘수는 원산 방면, 그 밖의 사람들은 서울에서 동지를 규합하기로 하고, 박희도·오화영 두 사람에게 독립청원서 및 포고문과 통고문의 기초를 맡겼다. 그리고 이튿날 오전 남강은 남대문밖교회로 함태영 조사를 찾아가 전날 회의 내용을 말하고 서울 일대 장로교 측의 동지규합 방안을 논의하였다.

이렇게 기독교계 단독의 독립운동 거사가 모색되던 2월 21일 오후 남강의 숙소를 찾은 최남선이 천도교 측 대표 최린과의 만남을 주선하면서 상황은 다시 급반전하였다. 그날 밤 남대문 밖 세브란스병원 구내 이갑성의 집에서 다음날 오전 2시 무렵까지 장로회 측에서 이승훈·함태영·이갑성·안세환·김세환·김필수·오상근이, 감리회 측에서 박희도·오화영·신홍식·오기선·현순이 참석한 가운데 장로회·감리회 양 교단 지도자 연석회의가 열렸다. 이 자리에서 남강을 비롯한 참석자들은 천도교 측과의 합작을 다시 결정하고, 천도교 측과의 교섭위원으로 남강과 함태영을 선정하였다.

남강과 함태영은 천도교 측의 최린과 독립운동의 일원화 문제를 협의한 뒤, 2월 23일 남대문밖교회 함태영의 집에서 재차 연석회의를 소집하였다. 이승훈·함태영·안세환·박희도·오화영·오기선 등 이 자리에 모인 기독교계 대표들은 독립운동 방식은 천도교측 주장대로 독립청원이 아닌 독립선언을 하기로 결정하였다.

이어 남강과 함태영은 2월 24일 최린과 함께 송현동 천도교 중앙총부를 방문하여 손병희와 회담을 갖고 독립운동의 일원화 문제를 확정지었다. 그리고 독립선언서와 청원서의 초안작성 및 출판에 관한 책임은 천도교 측이, 선언서의 배포 발송은 천도교 측과 기독교측이, 일본 정부와 귀족원·중의원 양원에 청원서를 제출하는 것은 천도교 측이, 일본 위정자들과 담판할 교섭사의 파견과 미국 대통령 및 강화회의 대표에게 탄원서를 전달하는 일은 기독교 측이 각각 담당하기로 역할을 분담하였다. 독립선언서에 서명할 민족대표는 천도교 측과 기독교 측에서 각기 십수 명씩 선정하고, 불교계에도 참가를 요청하여 연명하기로 하였다.

이튿날인 2월 25일에는 천도교 측의 최린과 기독교 측의 함태영이 실무회담을 갖고 3월 1일 오후 2시 파고다공원에서 독립선언식을 거행하기로 결정하였다. 이어 최린이 계동 유심사 사옥으로 한용운을 찾아가 불교계의 참여를 내락받음으로써 천도교계와 기독교계, 불교계로 이루어진 민족대표 33인의 밑그림을 완성하였다.

이와 같이 거족적인 독립운동으로서 3·1운동은 기독교 측의 이승훈과 천도교 측의 최린을 양대 축으로 하여 추진되었다. 따라서 남강 이승훈이 설립한 오산학교 또한 그 태풍의 영향권에서 자유로울 수는 없었다. 비록 남강이 자신이 설립하고 가꿔온 오산학교를 독립운동 거사 과정에 직접 개입시키지 않았다해도, 그의 그러한 움직임을 누구보다 먼저 감지한 것은 오산학교의 식구들이었다. 고당이 오산학교 교장 자리에서 물러난 것은 그에 대한 대응으로 3·1운동 이후를 겨냥한 포석이라 할 수 있었다.

3월 1일 오후 2시 서울에서는 당초 예정했던 파고다공원이 아닌 인사동에 있는 요리점 태화관에서 민족대표 33인 가운데 29인이 참석한 가운데 독립선언식이 거행되었다. 거사 전날 저녁 가회동 손병희의 집에서 가진 상견례 자리에서 만일의 사태를 우려한 민족대표들이 장소를 파고다공원에서 태화관으로 옮긴 때문이었다. 한편 당초 예정했던 파고다공원에서도 학생과 시민들이 운집한 가운데 독자적인 독립선언식을 거행하고 만세시위에 돌입하였다.

평양의 3·1만세시위

서울과 비슷한 시각 평양에서도 만세시위운동이 일어났다. 이날을 맞아 평양의 기독교계와 천도교계 지도자들은 1919년 1월 승하한 고종황제의 추도식을 갖는다는 명목으로 사람들을 모았다. 추도식은 장대현교회(장로교회) 옆 숭덕학교 교정과 남산현교회(감리교회) 뜰, 그리고 설암리 천도교회에서 각각 열렸다.

추도식을 마친 뒤 그 자리에서 곧바로 독립선언식이 거행되었다. 장대현 집회에서는 숭덕학교 윤원삼 교감의 발의로 김선두 목사가 기도를 하고 정일선 목사가 독립선언서를 낭독한 데 이어 강규찬 목사의 연설이 있었다. 그리고 미리 준비한 수천 장의 독립선언서와 태극기가 군중에게 배포되었다. 남산현 집회에서는 김찬응 목사의 사회로 주기원 목사가 선언문을 낭독하고 박석훈 목사가 연설하였다.

독립선언식을 마친 뒤 군중은 태극기를 손에 들고 대한독립만세를 외치며 평양거리를 누볐다. 장대현에 모인 3천 명의 군중은 관후리 골목을 지나 종로통을 거쳐 남대문(보통문)으로 행진하였고, 남산현에 모인 2천 명의 군중은 영창여관 골목을 통과해서 경찰서 앞을 지

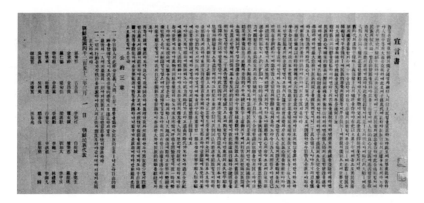

나 일본인들이 사는 신시가를 거쳐 평양역으로 몰려갔다. 만세 소리에 거리의 상인들이 상점 문을 닫고 시위행렬에 뛰어들었고, 여인네들도 그 뒤를 따랐다. 남녀노소와 신분 계층을 뛰어넘어 모두가 하나되는 순간이었다.

총검을 앞세운 일본 관헌의 탄압에도 시위는 시내 각처에서 그날 밤까지 그칠 줄 몰랐다. 특히 학생시위는 새 학기를 맞는 4월까지 계속되었고, 상인들의 철시투쟁도 1주일 이상 계속되었다. 숭실대학생 이보식과 숭실중학의 이겸호·이인선·이양식 등은 비밀리에 등사판『독립신문』을 인쇄 배포하며 독립운동의 불씨를 지펴나갔다. 독립만세의 불길은 평안도 각지로 퍼져나가, 고당의 원적지인 강서군 모락장에서는 일본 헌병의 무차별 발포로 유혈봉기의 끔찍한 참극까지 빚어졌다.

평양의 만세운동 소식을 강서에 전한 것은 조진탁 장로의 아들 조형신이었다. 그는 반석학교를 졸업하고, 평양 숭실중학교를 거쳐 평양 숭실전문학교에 진학하였다. 1919년 3월 1일 평양에서 일어난 3·1운동에 참여했던 조형신은 곧바로 고향 반석교회로 돌아왔다. 그는 3·1운동 소식과 독립선언서를 가지고 왔고, 조진탁 장로는 이튿날 반석교회의 지도자인 최능진의 둘째형 최능현과 백이옥(白履玉)·송현근(宋賢根) 등을 만나 반석·원장 두 교회가 중심이 되어 3월 4일을 기하여 원장교회의 합성학교(合成學校)에서 만세운동을 전개하기로 결의하였다.

3월 2일 심응무(沈應武)도 민족대표 33인이 발표한 조선독립선언서를 원장리 예수교회당에 전달하였다. 이를 본 임이걸(林利杰)은 고덕린 등과 함께 3월 4일 원장 장날을 이용하여 만세시위를 일으키기로 협의하였다.

대동군 금제면 원장리는 평양 서쪽으로 약 50리 지점에 있으며, 원장에서 모락장(沙川)까지 약 25리에 위치하고 있었다. 이 두 곳은 다른 군이지만 각기 면사무소 소재지이며, 5일 만에 한 번씩 서는 장날에는 서로 왕래가 잦았다. 또한 기독교 장로교파 소속 반석·원장교회는 각각 수백 명씩의 신도를 갖고 있었다. 두 교회는 3월 4일 원장리 장날 오전 10시에 합동으로 독립만세운동을 벌였다.

한편, 반석교회 최능현 장로와 모락장교회 송현근 목사는 김해진(金海鎭)의 집에 교회 간부를 소집하여 거사를 준비하였다. 최능진의 종백숙부인 최명흠의 손자 최봉주는 젊은 동지들인 최봉성, 조형신 등과 함께 송현근 목사 등의 준비와는 별도로 시위운동을 준비하다가 나중에 합류하였다.[10]

그런데 헌병 보조원에게 발각되어 김해진을 비롯한 10여 명이 검거되고, 송현근은 반석교회 조진탁의 집으로 피신하는 상황이 발생하였다. 최명흠의 장남인 반석교회 최능섭 장로는 "헌병에게 쫓기던 세 명의 청년을 집에 숨겨두고 사천만세시위 준비를 계속하도록 모든 편이를 제공"하였다.[11]

---

10) 『강서군지』 1987년판

3월 4일 오전 10시 원장리에서도 계획대로 독립 만세 운동이 진행된다. 시위는 먼저 원장교회 차병규(車炳奎) 장로의 기도, 지석용(池錫湧) 장로의 독립선언서 낭독 등의 순서로 진행하였다. 이후 임이걸 등이 예수교회당 앞에 모인 군중 수천 명과 함께 '조선독립만세'를 부르며 장터를 향해 행진하자, 최명흠(崔明欽)도 함께 만세를 불렀다. 참가자들은 모두 양 손에 태극기를 들고 대한독립만세를 부르면서 행진을 시작하였다. 이 때 최능현과 송현근은 모락장의 시위운동은 사전에 발각되어 계획이 좌절되었음을 알렸다. 그리고 그들은 지금 동지들이 헌병대 유치장 안에 갇혀 있으니 구출하자고 호소하였다.

이런 사실을 알게 된 군중은 반석면 상사리를 향해 시위행진을 하였다. 그러나 모락장에 거의 도착해서 고갯길을 막 넘으려는 참에, 주변 숲속에서 이들을 기다리고 있던 일본군이 총격을 가하여 앞서 가던 청년들이 하나 둘씩 쓰러졌다. 이 때 순국한 사람은 함병하(咸炳河) 등 13명이었고, 중경상자는 40여 명에 달하였다.

이에 격분한 군중은 돌과 맨주먹으로 일본군에 대항하자, 모락장은 삽시간에 전쟁터를 방불케 하였다. 이에 형세가 불리하다고 생각한 헌병주재소장 사토(佐藤)와 헌병 보조원 2명은 달아나고 말았다.

그러나 시위 군중은 달아나는 그들을 쫓아가 살해하였지만, 사토의 아내와 어린애는 약한 아녀자라 하여 살려주었다. 그런데 사토 아내는 즉시 강서에 있는 평양헌병대 본부로 달려가 이런 사실을 알렸다.

이에 일본 헌병대는 즉시 현장으로 출동하여, 400명을 검거하여, 20일간 고문한 끝에 대부분 증거 불충분으로 석방하였으나, 49명은 평양 검사국에 송치하였다. 이곳의 3·1운동은 경기도 수원군 향남면

11) 『강서군지』 1967년판

제암리 참변과 함께 대표적인 유혈 참극의 하나였다.

1919년 3월 4일 모락장을 사이에 두고 이웃하던 사람들이 독립만세를 외치며 비폭력 평화시위를 펼쳤다. 하지만 헌병 발포라는 공권력에 의한 폭력 행사는 평화시위는 물론 마을 공동체를 무참히 짓밟아 버리고 말았다. 시위에 나선 형제가 모두 총에 맞아 죽은 집도 있었고 급히 몸을 피하는 바람에 그날 이후 아버지, 아들, 형제의 얼굴을 다시는 보지 못하게 된 가족들도 있었다. 단 하루 만에 세상이 달라진 것이다.

체포된 시위대원들을 강서와 평양의 두 경찰서에 나누어 구금해 놓고 가혹하고도 야만적인 고문을 연일 계속했다. 그리하여 피검자 중 최능진의 종백숙부 최명흠은 평양경찰서에서, 김점현(金漸鉉)은 강서경찰서에서 순국했다. 이때의 고문이 얼마나 혹심하였던가를 짐작할 수 있다.

> "반석교회가 만세 사건으로 인하여 대 환난을 당하게 되어 교인은 사처(四處)분산(分散)하고 제직(諸職)은 태반이나 재감(在監)되고 혹 사망하여 일시 비(悲)이 막극(寞極)하더니 후부여전(後復如前)하였다."

당시 상황을 기록한 「조선예수교장로회 사기」의 내용은 일제의 탄압이 얼마나 혹독하고 집요했는지를 짐작케 한다.

3·1운동 초기 가장 '공세적 시위'로 평가되는 모락장시위에서 최능진 일가는 주도적으로 참가한다. 대표적으로 시위 후 평양헌병대에 체포되어 심문을 받던 중 고문과 악형을 이기지 못하고 옥중에서 순국한 최명흠은 강서군 수성 최씨 집안의 종손으로 최능진의 종백숙부(5촌)이다.

1919년 8월 사천독립만세운동 관련자 50명에 대한 1심 판결이 평

양지방법원에서 있었다. 이 재판에서 최능찬(崔能贊, 1881~1932년)은 15년을 선고받는다.[12]

반석교회 장로였던 최능찬은 최능진의 맏형으로, 그해 12월 6일 고등법원에서 '살인·방화·소요 및 보안법위반 혐의'로 징역 15년형이 확정되어 복역하다 '반신불수'가 되어 병보석 되었다.

〈최능진 일가의 3·1운동 참가〉

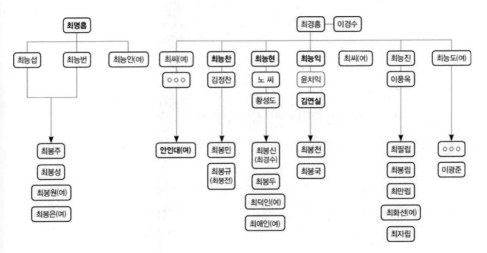

진하게 표시된 인물은 독립운동 서훈자. 최명흠의 손자 중 최봉주는 최능섭의 아들이 확실하지만 나머지 3명은 최능섭의 자녀인지 최능번의 자녀인지 확인되지 않음.

---

12) 사형 윤상열(尹相悅), 서영석(徐永錫), 무기징역 황대운(黃本雲), 징역 15년 최능찬(崔能贊), 임대술(林元述), 안상맹(安相孟), 차병규(車丙奎), 이현(李鉉), 김선항(金善恒), 이규승(李奎昇), 양희언(梁希彦) (『매일신보』, 1919년 8월 15일, 8월 19일자)

둘째형인 최능현의 사망 기사(『동아일보』 1933년 8월 24일)

"최능찬은 역시 동생 능현과 함께 사천 사건에 가담하여 1심에서 사형, 복심에서 무기징역을 받고 평양형무소에서 복역하다가 반신불수가 되어 수 년 전 집행 정지로 출옥되어 있는 중이며 실제 최능진 씨는 연전 미국에서 돌아와 숭전 교수로 있다가 최근 사직하고 실업에 종사하는 중이라 한다."[13]

3월 4일 시위 주도 후 최능찬은 몸을 피해 집 근처 산 속에 숨어 지냈으며 모친이 날라주는 밥을 먹으면서 은신하였다. 당시 최능찬 선생의 부인은 임신 중이었다. 일본 헌병들은 최능찬의 아내가 임신 중이라 멀리 가지 못했을 것이라고 판단하고, 일대를 샅샅이 뒤진 끝에 그를 체포

---

13) 『동아일보』, 1933년 8월 24일. 동아일보는 최능찬이 출옥 중이라고 보도했으나 그는 1932년 5월 26일 별세하였다.

하였다. 그는 이 때문에 누구보다 고문을 심하게 당했다고 한다.

반석교회 장로인 둘째 형 최능현(崔能賢, 1887~1933년)은 다행히 몸을 피한다. 그는 평양 인근 용악산에 숨어 지내다 중국으로 망명 후 만주 목능현(穆能縣) 등지에서 교육활동에 힘썼다. 그는 중국으로 가는 도중 평남 경찰부 경부에게 발각되자 격투 끝에 질주하는 기차에서 뛰어 내려 걸인으로 변장하고 북간도에 갔다가 거기서도 신변의 위협을 느껴 북평을 거쳐 남경으로 갔다.[14]

그는 만주지역에서도 신변의 위협을 느껴 1932년 남경 중앙육군군관학교에 입학하여 정경호(鄭京浩)·최동호(崔東昊)·연원명(延圓明)·박남파(朴南波) 등과 교류하면서 민족주의 사상에 공명하여 독립운동에 헌신하였다. 그러나 불행하게도 윤봉길과 함께 폭탄투척 연습을 하던 중 사고로 1933년 8월 순국한다. 동아일보에도 그의 부고 기사가 실렸다.

"3·1 운동 당시 평남 강서군 사천 사건의 거두로 상해 등지에 십 수 연간 망명해 있던 최능현 씨(52)가 돌연히 지난 18일 별세하였다는 소식이 21일 평양부 창전리 그 실제 최능진 씨에게 왔다고 한다. 최능현 씨는 사천 사건 당시 평양지방법원에서 궐석판결로 사형 선고를 받고 해외에 망명하여 북간도-북경-남경-상해 등지로 전전하면서 십 수 연간 민족운동을 계속하던 이로서…"[15]

최능진의 3남 최만립에 따르면 최능현은 상하이에서 윤봉길 등과 함께 시장에 좌판을 펼쳐놓고 장사를 위장해서 독립운동 거점 역할을

---

14) 최능진의 막내딸 최화선은 "만주로 가는 기차에서 검문을 피하던 최능현은 기차 밖으로 뛰어내렸고, 그런 최능현을 돌본 여성은 독립운동하는 여성(황성도)이었다. 후에 결혼하여 딸 둘을 낳았으나 큰 딸은 폐병으로 사망하고 작은 딸은 지금 미국에서 살고 있는 최애인이다"라고 증언하였다.
15) 『동아일보』, 1933년 8월 24일.

하였는데, 좌판 밑에 폭발물을 숨겨놓고 연습하다가 남폿불이 딸에게 옮겨 붙는 걸 막다가 폭탄에 불이 붙어 폭발하는 바람에 화상을 입고 즉사했다고 한다.

최능현의 장남 최봉신(崔奉信, 1911~1948?)도 숭실중학교 재학 중에 만주로 간 부친의 부름을 받고 국외로 탈출한 후 중국 국민당 정부의 군관학교를 졸업하고 포병소사로 임관해 대좌가 되어 중일전투에 참가하였다.16)

또한 최능진의 동생 최능도는 만세시위에 참가했다 체포돼 3개월 징역형을 살았다. 그는 출옥 후 모든 형제가 독립운동 하느라 흩어지자 가옥을 지키기 위해 고향집에 남았다.

이외에도 최능진의 재종질(7촌 조카)이자 최명흠의 손자인 최봉성은 만세시위 맨 앞줄에서 독립만세를 외치다 다리에 총상을 입었고, 조카(최능익의 차남) 최봉국도 시위 중 손에 총상을 입었다.

최능진 일가의 상하이 임시정부 지원 활동

최능진 일가의 독립활동은 여기서 그치지 않았다. 3·1운동의 산물로 상하이에 임시정부가 수립되자 최능진 일가는 임정과 연결돼 군자

---

16) 동아일보 보도에는 최봉신이 최경수로 나온다. "최능현 씨의 가정은 현재 강서군 성태면 연곡리에 그 부인 노 씨(49)가 아들 봉주(11)를 거느리고 있다 한다. 딸 둘은 이미 출가하였고 장남 경수(23) 군은 부친을 따라 상해에 가서 군관학교를 마치고 현재 장개석군의 사관으로 있다고 한다. 고향에 부인 노 씨가 데리고 있는 아들 봉주는 최능현이 궐석 사형 판결을 받은 후 대동군 용악산 속에 숨어서 활동하는 때에 잠시 관헌의 눈을 피해 가족을 상면하는 때에 부부간에 생긴 아들로 부자상면도 못한 터이라 한다." 기사 속 아들 봉주는 최봉두이다. 『동아일보』, 1933년 8월 24일.

금을 모아 보내는 활동에 적극 나섰다. 최능진 일가는 대한독립청년단과 대한애국부인청년단, 대한독립일신청년단 등에 가입해 비밀활동을 이어갔다. 이들 단체는 임시정부와 연결된 대한국민회의 지부 성격을 띠고 있었고, 숭실중학 출신의 김예진(金禮鎭)이 이끈 조직이었다.[17]

상하이 대한민국임시정부는 1920년 1월 특파원, 조사원, 선전대의 기능을 하는 최일선 활동 조직이자 전위 세력으로 의용단(義勇團)이란 비밀 조직을 만들었다.[18] 임시정부는 원격으로 국내 행정을 장악하고 독립운동을 지휘하기 위해 연통제와 교통국 조직을 국내에 만들었는데, 이와 함께 실제 의열 투쟁도 병행하기 위해 의용단을 만든 것이다. 자금을 모으고 전달하는 과정에서 충돌과 무력이 뒤따르기 마련이기 때문이었다.

의용단은 임시정부의 국내 행정력을 실천하는 비밀 행정조직이자 이를 뒷받침하는 비밀 경찰조직 또는 의열투쟁 기관을 종합한 기능을 하였다. 이러한 의용단의 활동 목표는 1920년 1월 3일 신년 축하식에서 내무총장 안창호가 밝힌 독립운동 방략과 비슷하다. 독립 전쟁을 앞두고 이에 필요한 정신과 군사적 통일, 재정 안정, 군사적 준비, 선전 활동을 펴나가야 하는데 그 기능을 수행할 조직이 곧 의용단인 셈

---

17) 김예진은 1916년 숭실중학교를 졸업하고 이듬해에 평양 숭실전문학교에 입학하였다. 그는 1919년 3·1운동 때 만세 시위로 붙잡혀 6개월간 옥고를 치른 후, 만주로 건너가 독립단(獨立團)에 가입하였고, 여러 차례에 걸쳐 평안남도의 대동·중화·강서·진남포 등지를 내왕하면서 군자금을 모금하는 활동을 하고 있었다. 김예진에 대해서는 한도신 기록,『꿈갖혼 옛날 피압흔 니야기-격랑의 역사를 헤쳐온 여성독립운동가 한도신 회상기』, 민족문제연구소, 2016 참조. 한도신은 김예진의 부인이다.
18) 「의용단취지서」는 "의용단은 임시정부가 주도하여 만들었고, 임시정부의 정책이 국내에서 실현될 수 있도록 하는 단체"임을 밝혔다

이고, 여기에 안창호의 뜻이 고스란히 담겼다.

〈의용단 취지서〉

세계의 조류는 파괴와 건설의 기운에 즈음하여 새 생명, 새 활력을 띠고 대 윤전을 시작하고 있다. 우리 민족은 역사의 권위로 민족의 충성으로 10년의 어두운 감옥을 부수고 황야에서 부르짖는다. 지금 산하의 부침과 민족의 영고(榮枯)가 눈앞에 있고, 자유의 낙원과 비참함에 빠져있는 기로에 서있다.

민족적 역사적으로 영생영멸의 심판을 받는 데에 즈음한 우리들은 조상의 유업을 위해, 그리고 자손의 영복을 위해, 저승의 충혼을 위해, 옥중의 동지를 위해, 세계의 평화, 인류의 문명을 위해, 반만년 조상으로부터 전수받은 피로써 강산을 씻고 새 일월 새 천지를 여는 것은 우리의 정당한 권리이다. 마땅히 행해야 하는 의무이다.

작년 3월 1일 독립선언이 있었고 4월 11일 임시정부가 성립된 국면에서 여러 사람들이 고생하여 만반의 시설과 준비를 매일 진행해 왔지만 여전히 국가는 적의 유린 아래에서 능욕당하고 동포는 적의 철망 속에서 신음하고 있다.

아아, 충의를 가진 사람 누가 밤낮 칼자루를 쥐고 분개하는 마음이 없으며 하나를 얻기 위해 자기를 버리는 마음이 없겠는가. 그렇지만 혹은 교통과 전달의 불편에 의해서, 혹은 얼굴은 알지만 마음을 알지 못하는 관계로 서로를 모르는 채 어두운 속에서 모색해 경로가 달랐다.

이와 같이 국가를 걱정하고 세상을 개탄하는 사람들은 서로 모여 일치하자. 생각해보면 영락한 감이 있으나 비록 작은 힘이나마 탄식하는 것보다 낫지 않겠는가.[19]

의용단 조직은 안창호의 주도로 이루어졌다. 안창호는 국내에 대한 정보활동을 위해 지방선전부를 조직하면서 아울러 의용단을 조직

---

19) 국가기록원, 『판결문에 담긴 대한민국 임시정부의 국내 활동』, 2019, 154쪽

했다. 그러나 의용단 조직에 전면적으로 나서지는 않았다. 다른 부서 일에 간섭하거나 권력을 남용한다는 오해를 피하고자 했던 것이다. 그래서 의용단 조직에는 손정도 임시의정원 의장, 김철 교통차장 겸 총장 직무대리, 김립 국무원 비서장, 윤현진 재무차장, 김구 내무부 경무국장, 김순애(김규식 부인) 등이 앞장섰다.

의용단 본부는 상하이에 두고 국내에 지단(支團)과 분단(分團)을 설치해나갔다. 국내에 조직을 설립하는 임무는 총무 김석황(金錫璜)이 맡았다.

임시정부는 의용단을 결성한 뒤 김석황을 국내로 파견하여 조직을 확대시켰다. 그는 1920년 4월 중순 상하이에서 국내로 들어와 단원을 모집했다.[20]

이때 김석황은 평양에서 김예진을 만났다. 김예진은 김석황과 함께 상하이로 가서 임시정부의 지령을 받고 다시 귀국하여 의용단 평남지단을 조직하고 서무부장이 되었다.

그는 우선 3·1운동 1주년을 기념하기 위해 최봉민(崔鳳敏), 박성식(朴聖植) 등과 함께 격문을 지어 시내에 뿌리는 활동을 하였다.

이와 함께 김예진은 숭실중학교 후배인 최봉주, 조진탁 목사의 아들 조형신 등을 매개로 조직 확대에 나선다. 김예진은 최능진 일가와 아주 가까운 사이였다.

최능진의 재종질이자 최명흠의 장손인 최봉주는 사천만세시위 이후에도 독립운동 활동을 이어갔고, 대한독립청년단을 결성한 후 총무

---

20) 모집 대상은 만 15세 이상 45세 이하의 대한민국 남녀로 제한했다. 의용단에 입단하려면 2인 이상의 소개와 이사부의 동의가 필요했다. 단원 수는 평양의 5백여 명, 경성의 1백여 명, 황해도 각지의 수백 명을 합하여 1천여 명에 이르렀다고 한다. 국가기록원, 『판결문에 담긴 대한민국 임시정부의 국내 활동』, 154쪽

로 활동하고 있었다.[21] 김예진은 이 청년단의 고문을 맡고 있었고 단장은 조형신이었다.

원래 대한독립청년단은 1919년 8월 평양에서 대한민국 임시정부를 후원하기 위해 기독교 장로인 박승명의 주도로 결성된 대한국민회(大韓國民會)의 산하 단체로 만들어졌다. 대한국민회는 기독교 장로파를 중심으로 민족역량을 모으고 이를 기반으로 평안남도 일대를 중심으로 황해도·경상남도·전라남도 일부에 각 지회를 비밀리에 조직하였다. 이 과정에서 대한국민회는 지회 조직을 효과적으로 운영하기 위하여 별도의 청년조직으로 대한독립청년단을 조직하였다.

김예진과 최봉주는 대한애국부인청년단 결성에도 주도적 역할을 맡았다.

최봉주와 조형신은 사립학교 교사 안인대(安仁大, 1897~미상), 최영반(崔靈磐) 등에게 권유해 평안남도 강서군 성태면 반육리(班六里)에서 '국민향촌회(國民鄕村會) 여자부'라는 비밀결사를 조직하였다. 이 조직은 남자부와 연락하면서 회원을 모집하고, 군자금의 모집, 독립사상과 배일사상을 선전하는 문서를 배포하는 활동을 수행하였다.

이들은 이 조직을 기반으로 독립정신을 고무하고 독립운동에 필요한 자금을 모금하자는 취지의 내용이 담긴 격문을 각 가정에 보내는 등의 활동을 전개하였다.

김예진과 최봉주는 1920년 4월 '국민향촌회 여자부'를 대한애국부인청년단으로 조직을 확대 개편하였다. 단장에 최영반, 서기에 안인대, 재무에 고유순을 선출하였고, 평안북도 지방의 북장로파 여자신도들이 동참하였다.

---

21) 최봉주는 1920년 9월 임시정부 산하 대한광복군 내무부 기밀과장 김진준과 만나 비밀결사 조직과 군자금 모집에 대해 논의했다고 한다. 『동아일보』, 1922년 6월 4일.

〈최능진 일가의 3·1운동 참가와 서훈 상황〉

이름	출생	관계	3·1운동 참가	이후 활동	서훈
최명흠		종백숙부	시위 참가	옥중 순국	건국훈장 애국장
최능섭		재종형	시위 참가		
최능번		재종형	시위 주도		
최능인		재종동생		대한애국부인청년단 활동	
최봉주	1895~미상	재종질	시위주도	대한애국청년단 활동. 농촌계몽운동	
최봉성		재종질	시위참가. 총상		
최봉원		재종질	시위 참가	대한독립여자청년단 활동	
최봉은		재종질	시위 참가	대한독립여자청년단 활동	
최능찬	1881~1932	첫째 형	시위 주도. 15년형		건국훈장 독립장
최능현	1887~1933	둘째 형	시위 주도.	중국 망명, 독립운동	건국훈장 애족장
최능익	1889~1976	셋째 형	미참가(재미)	미주 대한인국민회 활동	건국훈장 애국장
최능도		동생	시위 참가	3개월 징역	
노씨		둘째 형수		대한독립여자청년단 활동	
김연실	1898~미상	셋째 형수	시위 참가. 징역 6개월	인성학교 교사, 미주 대한 여자애국단 활동	건국훈장 애족장
최봉신	1911~미상	조카	시위 참가	국민당 중앙육군군관학교. 중일전투 참가	
최봉국		조카	시위참가. 총상		
안인대	1897~미상	조카딸		대한독립여자청년단 활동	건국훈장 애족장

　　이들은 단원들과 긴밀한 연락을 취하면서 평안도 지방의 유지들로부터 모금한 독립운동자금을 김예진을 통하여 상하이에 있는 대한민국 임시정부에 보내는 한편 상하이의 대한적십자회와 연결하여 적십자활동을 펼쳤다. 그러나 1921년 3월 안인대를 비롯한 많은 단원들이 일본 경찰에 체포됨으로써 활동이 크게 위축되었다.

　　1921년 3월 강서경찰서는 '대한애국부인청년단사건'으로 군자금 모집 격문배포 활동 등의 혐의로 관련자들을 체포했다.[22) 최능진의 조카(첫째 누님의 딸) 안인대는 9개월의 옥고를 치렀다.[23)

대한애국부인청년단사건으로 최봉주뿐만 아니라 최능진의 6촌 동생인 최능인 (崔能仁, 1903~미상), 재종질인 최봉원 (1899~미상), 최능진의 둘째 형 최능현의 부인 노씨 등이 단원으로 활동하다 체포되어 고초를 당했다.[24) 그러나 안인대 외에는 독립유공자 포상을 받지 못하였다.

이 보다 앞서 최능진의 재종질인 최봉은(崔奉恩)은 대한애국부인청년단 서기로 활동하며, 대한민국 임시정부에 보내는 군자금을 모집하는 활동을 하다 1920년 10월경 체포되었다.

"[京城 특전] 평안남도 강서경찰서에서는 평양에 근거를 두고 전 조선에 걸쳐서 독립사상의 선전 음모를 기도하고 있는 대한부인청년단이라 칭하는 비밀결사가 있음을 탐지하고 즉시 활동한 끝에 단장 이재은 (李載恩, 50세), 부단장 장재생(張載生, 54세), 재무계 최시현(崔視弦, 41세), 서기 최봉은(崔奉恩) 외 수명의 부인을 체포하고 목하 조사 중이다. 이 단은 단원에게서 입회금으로서 1원을 징수하고 또 회비로서 매달

---

22) 이 사건으로 최봉주는 4년간 옥고를 치렀고, 출감 후에는 평양신학교 졸업한 후 전도사로 3년 봉직했고, 이후 목사로 14년간 봉직했다. 그러나 최봉주는 평양노회 목사로 하다 기독교계의 신사참배 동의한 행적 등으로 독립유공자 포상에서 제외된 상태다. 경성지방법원 검사국, '基督敎徒의 指導狀況' 〈治安狀況 (昭和 13年)〉제44報~제47報 (발신일 1938년 10월 15일)

23) 『강서군지』(1987년 판)에 따르면 안인대는 "70평생을 처녀독신으로 기독교여전도사로 반석교회에서 봉사했고, 기미만세시위에 여성지도자로 활약하다가 동지 조신도 여사와 같이 진남포형무소에서 2년간 옥고를 치른 여성지도선각자"라고 기록돼 있다.

24) 1921년에 작성한 대한독립여자청년단 검거기록에는 당시 최봉주는 27세, 최능인 19세, 안인대 24세, 최봉원 23세로 기록되어 있다. 대한애국부인청년단은 대한독립여자청년단으로도 불렸다.

30전(錢)씩을 강요하여 상해 임시정부에 송금하고 또 결사대를 만들어 군자금 모집 및 불온사상의 선전, 독립원의 원조 등을 하려는 것으로서 일당 중에는 공직자, 명문 등의 처와 딸들도 섞여 있다고 한다.”25)

1920년 6월 김예진은 강서군 반석리에서 대한독립일신청년단을 조직하였다.26) 단장은 김경하(金景河), 부단장은 최봉국(崔奉國)이 맡았다. 이들은 첫째 신문 등 독서를 장려하여 지식을 계발하고, 둘째 조국에 헌신하며, 셋째 일제가 조작한 일체의 법규를 부인하고 민족자주독립정신에 부합하는 법규를 제정하고, 넷째 절대 비밀을 지키며, 다섯째 결사의 비밀을 누설하는 자는 죽음에 처한다는 강령을 정하였다.

대한독립일신청년단은 장덕진(張德震)·안경신(安敬信) 등과 함께 평안도일대에서 임시정부와의 연락, 군자금 모금, 임시정부 간행물의 배포 등 활발한 활동을 전개하였다.

특히 이들은 일본경찰을 습격하고, 평안남도 도청에 폭탄을 던지는 등 과감한 활동을 펴기도 하였다.27) 불행히도 1921년 5월 일본경찰에 탐지되어 단장 이하 단원 24명이 잇달아 붙잡힘으로써 일신청년단은 해체되었다.28)

이처럼 최능진 일가는 민족주의 성향이 강하였고, 3·1운동에 대다수가 참석하였으며, 이후에는 상하이 임시정부 산하 의용단과 연결된

---

25) 「독립 선전한 婦人團 체포되다, 공직자나 명문도 일당, 결사대를 만들어 활동」, 『朝日新聞』(東京版), 1920년 10월 19일.
26) 대한독립일신청년단은 대한국민회의 지회로부터 발전된 것이다.
27) 이러한 활동은 임시정부 산하 의용단과 대한광복군총영의 연합작전으로 이루어졌다.
28) 주모자인 김예진은 중국으로 건너가 상하이 등지에서 활동하다가 1926년 일본경찰에 붙잡혀 평양으로 압송되었다.

대한인국민회에서 발행한 독립의연금 증서

반일단체에서 지속적으로 활동하였다. 이로 인해 일제의 탄압으로 다수가 옥고를 치렀고, 일가가 뿔뿔이 흩어지는 아픔을 겪었다.

미주에 전해진 3·1운동 소식

3·1운동 소식은 미국에 있던 최능진에게도 알려졌다.

서울과 평양 등지에서 일어난 3·1운동 소식은 중국 상하이에 있던 현순 목사가 3월 9일 안창호 당시 대한민국민회 중앙총회장에게 전보를 보내면서 미주사회에 처음 알려졌다.

대한인국민회는 즉시 국내 독립선언에 대한 후원방침을 협의하고, 3·1운동 소식을 국민회 주요 인사와 각지 지방회에 전보로 알렸다. 북미지방총회는 한인동포들에게 독립 소식을 속히 알리고자 기관지

격인 『신한민보』를 1주에 3회씩 발행하였다.

안창호는 먼저 이승만·정한경·서재필을 비롯하여 북미지방총회장 백일규와 각 지방회에 3·1운동의 소식을 전하고 향후 진행될 일에 협조를 부탁하였다. 그리고 『샌프란시스코 익재미너San Francisco Examiner』지와 『샌프란시스코 크로니클San Francisco Chronicle』지에도 알려 국내 3·1운동이 전 세계로 확산되도록 하였다.

3·1운동의 발발로 미주한인사회에는 열화와 같은 독립운동의 새 기운이 일어났다. 당시 대한인국민회를 중심으로 한 미주한인사회는 미국이 주도하는 파리강화회의를 한국 독립의 좋은 기회로 판단하여 이승만과 정한경을 한인대표로 선정하고 이들을 파리로 파견하는데 온 힘을 모으고 있었다. 그러나 미국정부가 한국문제를 일본의 국내 문제로 간주하여 한인대표들에게 여권 발급을 불허해 모처럼 일어난 독립운동의 열기는 침체되는 분위기였다.

이런 가운데 국내 3·1운동의 소식이 전파되자 미주한인사회는 기쁨의 충격과 함께 활기를 되찾았다. 『신한민보』는 3·1운동의 소식을 받은 충격을 "장쾌하여도 이렇게 장쾌하고 신기하여도 이렇게 신기한 일은 진실로 무엇에 비할 데 없으니 기쁨에 겨운 우리는 눈물을 뿌렸노라"라고 표현하였다.

안창호 대한인국민회 중앙총회장은 3월 13일 임시위원회를 개최하고 전 미주한인들에게 재미한인이 취해야 할 세 가지 방도를 향후 독립운동의 방침으로 의결하였다.

첫째, 개개인의 독립의 각오와 일치된 행동을 가질 것
둘째, 미국 각 언론 잡지나 종교계에 3·1운동 소식과 기독교 박해 사실 등의 한국사정을 미국 국민에게 알려 그들의 동정을 얻고 한인활동에 많은 도움을 얻도록 할 것

셋째, 이러한 일을 감당하기 위해 북미·하와이·멕시코 재류동포들의 재정공급의 책임을 질 것

이를 추진하기 위해 대한인국민회 중앙총회는 선전외교 활동과 국내외에서 전개되고 있는 독립운동을 응원하기 위해 재정공급을 미주한인의 가장 중요한 책무로 간주하였다. 그리고 3개조의 경제정책에 의거 의연금을 모금하기로 하였다.

① 이번 의연은 독립의연이라고 이름할 일
② 중앙총회로서 북미·하와이·멕시코 각 지방에 출장소를 두고 수전위원을 내어 중앙총회 재무로 하여금 직접 의연을 모집할 일
③ 북미·하와이·멕시코 재류동포는 전체가 독립의연의 의무를 지고 3월 이내에는 매명 평균 10원(미화 '달러') 이상을 내고 4월부터는 무슨 벌이를 하든지 매삭 매주일 혹 1년 수입의 20분의 1일을 내게 할 일

이에 따라 중앙총회 임시위원회는 북미·하와이·멕시코 각 지방에 특별위원을 파견하기로 의결하였다. 또한 중앙총회는 3·1운동 이후 독립운동을 체계적으로 추진하기로 계획하고 상해 특파위원(안창호·정인과·황진남), 하와이 특파위원(강영소·황사용), 재미 중국인 교섭위원(김영훈·홍언·강영각·임정구), 그리고 미주 각 지방에 수전위원들을 임명하였다.

재미 신문에 실린 가족의 비보

국내 3·1운동 발발에 미주 한인사회는 한편으로 '기쁨의 눈물'을 흘렸지만, 다른 한편으로는 고향에 있는 가족들의 안위 걱정에 노심초사해야 했다. 더구나 최능진으로서는 고향 사천시장의 만세시위 때 유혈충돌이 발생한 여러 명이 죽고 다쳤다는 소식이 들려오면서 근심이 더욱 깊어졌다.

최능진은 고향에 있는 둘째 누님에게 편지를 보냈다. 4월 누님이 여러 차례 편지를 보냈으나 그는 편지를 받지 못한 듯하다. 1919년 5월 17일자 『신한민보』에는 「최능현 장로의 헌신 활동」이란 제목으로 둘째 형님의 소식이 실렸다.

그는 8월이 되어서야 둘째 누님의 편지를 받고 고향의 가족들의 상세한 소식을 접할 수 있었다. 이 편지에는 국내 가족들이 겪은 고초가 생생하게 담겨 있는 사료이기도 하다. 이 편지는 『신한민보』 1919년 10월 4일자에 '사천시 독립군 참보의 후문 최능진 씨의 친족은 중역에 가산은 몰수'란 제목으로 전문이 실려 있다.

8월 15일에 쓴 이 편지를 받을 당시 최능진은 버클리학생양성소에서 생활하였고, 캘리포니아대학 부속병원에 입원해 수술을 받고 치료를 받고 있었다. 29)

편지 내용은 다음과 같다.

---

29) 『신한민보』, 1919년 7월 26일

"4월분에 세세한 편지를 수차 하였으되 금번 너의 편지에 보았다는 말이 없으니

어찌된 일인지 답답하다. 혹 중도에서 소실이 되었는가 의심하여 이에 다시 세세히 편지하노라.

3월 3일에 원당과 반석·사천·토악동·홀노리·한룡·독자동·배나무골·반3동 예수교도 밋 일반 전체 백성이 합하여 수삼천명의 군중이 원당 거리에서 집합하여 열심히 만세를 고창하고 원당으로 직행하여 사천에 당도한즉 사천 헌병 분견소에서 4명의 관리는 (   )하고 한번도 후유함이 업시 로소남녀에게 행하여 발포하니 본시 행진시에 전면에는 남녀 소학생이 섯섯는 고로 남학생 중에 봉국(능진군의 7쎄 된 족하 :최능익의 둘째아들-註)이는 손을 맞고 녀학생 중에는 별로 상함이 없고 장년 중에는 사상자가 30여명이었다.

불가불사차불피되어 일반민중은 사생을 불고하고 그냥 만세를 부르며 관리 4명은 그 만흔 사람에게 뭇매를 견디지 못하여 필경 목심을 받쳤다.

그러한 후에는 평양에서 군인이 각 촌락에 파견되어 남녀를 물론하고 포착하여 혹은 치고 또 넣고-지금까지 감옥에 있는 사람이 만타- 그런데 너의 당자동 형님(최능찬-註)은 3월21일에 포착되어 혹독한 악형을 당하고 지금까지 잔명은 부터 있어서 소위 재관을 하느니 무엇을 하느니 하면서 15년 징역을 선고하였으나 불복하였으니 장차 어찌될 모양인지 알 수 없다.

우리 반석교회의 직원은 하나도 없고 내익 집사는 잡혀가고 너의 5촌(최명흠-註)은 3월 23일에 잡혀가서 평양 경무감부에서 악행을 견대지 못하여 별세하였으니 비참한말을 어찌 다 하며 비통한 말을 어찌 다 말하랴.

반석학교는 아직까지 개학하지 못하고 교우는 칠팔십명식 모이고 반석교당 유리문창은 전부가 다 파손되고 종각이 다 깨지고 학교 문창이 다 깨어지고 저자들이 2층에 똥을 칠하고 김영기 목사의 된장

독에도 똥을 다 석고 김목사의 의복을 일일이 찢어버리고 원당교당
도 다 바수고 사천교당도 다 파괴되었다. 세상천하에 이런 일이 또
어데 있으랴. 참말 참혹하고 절통하다.

너의 가운데 아즈머니는 매를 마자 수삭동안이나 신고하다가 지금
에야 겨우 쾌차하엿다. 백명수 부인은 지금까지 쾌차치 못한 모양이
고 우리 집안 문내에 남자는 능번 장로(최능번=최명흠의 차남-註) 외
에는 다 몸을 피하엿고 봉성(최명흠의 손자-註)이는 다리가 총에 맞
았으나 과히 상치는 안었다(더러바림)

능도(최능진의 여동생-註는) 잡혀가서 지금 3개월 징역에 처하열
금고중에 있다. 너의 등백(최능현=최능진의 둘째 형-註)은 부지거처
로다. 그런데 3월 3일에 사천시에서 조선인의 가옥 3개가 소화되었는
데 지금 값이 6천원인데 그 이분의 일을 우리에게 받아내려고 저자
들이 운동하여서 현금 집행령이 실행된다.

내 몸은 평안하나 너의 형의 감옥에 있는 일과 지금 이 일(집행)로
인하여 평양 내왕하기에 심히 곤란하다.

고생스러운 것을 보아서는 너의 능익 형(능진군의 백씨. 현금 시카
고에 체제하여 교회일에 성력하는)은 오면 좋을 생각이 있으되 아직
까지 본국에 너무 분요하고 저 사람들은 그냥 자꾸 양민을 체포하니
너의 형이 나올까 염려로다. 그런데 저 사람들이 운동하는 집행을 당
하고 보면 우리 가산은 전부가 없어질 처지다. 너는 그만치 알고 있
거라. 이 편지를 너의 능익 형에게로 보내여 알게하고 봉민(ㅅ박글리
에 있는 능익군의 족하: 최능찬의 장남-註)도 그와 같이 된 사정을 알
게 하여라.

그런데 너의 서제방 5촌의 별세(최명흠-註)와 교당과 상한 것을 신
문에 좀 내어라. 또 한 가지 할 것은 저들이 우리 집에 와서 자전거와
너의 능익형이 보낸 사진을 압수하여 갖고 학교문부를 다 불살웠다.

할 수 있는 대로 간단히 회답하여라. 소목사네 집으로

평양부 경창리 2번지 1919년 8월 15일 모셔"

3. 청년혈성단 발기인으로 참가

3·1운동 발발 소식이 미주로 확산된 후, 미주 한인사회는 독립의 기운이 뜨겁게 타 올라 대한인국민회를 중심으로 선전외교활동과 독립의연금 모금활동에 집중하였다. 최능진도 작지만 2달러의 의연금을 냈다.

이러한 분위기를 맞이하여 김정진(이후 '김호'로 변경), 변준호, 최능진, 이초, 이용선, 장병훈, 한장호 등 23명의 재미한인 청년들이 '독립대사업'의 달성을 표방하며 청년혈성단을 조직하였다.[30]

최능진은 당시 샌프란시스코청년회에서 활동하고 있었고, 이 단체에는 이용선, 신윤국, 변준호, 송창균, 황사선, 황사용 등이 있었다.[31]

1919년 5월 발표한 「청년혈성단취지서」에 나타난 설립 취지를 보면 다음과 같다.

"본단은 국혼이 있는 충의용감의 열혈 남녀를 단합하여 죽고 삶에 함께 함을 맹약하고 우리 독립 대사업을 기어이 이루기로 목적을 정하

---

30) 청년혈성단의 발기자로 참여한 23명은 다음과 같다. 곽용주, 김도준, 김영, 김정진, 김창만, 이근영, 이상기, 이용근, 이용선, 이초, 명일선, 박중만, 변준호, 손경도, 송창균, 신윤국, 장기찬, 장병훈, 최능진, 최응선, 최자남, 한장호, 함계택. 『신한민보』, 1919년 5월 31일.
31) 『신민민보』, 1919년 5월 24일.

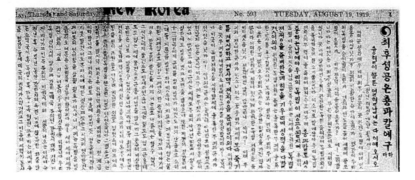

청년혈성단 가입을 촉구하는 황사선의 기고문. 『신한민보』 1920년 8월 19일

였나이다. 이러한 목적 아래 온갖 적당한 사업이면 무엇이든지 행하여
보자 함이외다.

본단은 이에 부르짖나이다. 재미동포여 우리는 둔한하였소! 우리는
또다. 이전 모양으로 지내지 못하겠소. 산업도 시국을 참조하여 경영하
시며 수학도 형편에 따라 행할지라. 지금부터 우리는 온 정신을 우리
독립대사업에만 써옵시다."(『신한민보』 1919년 5월 31일)

무슨 일을 하던 간에 우리 모든 역량과 정신을 결집하여 오직 한
가지 목적인 독립의 대사업을 이루는데 모든 힘을 다 할 것임을 맹약
한다는 것이다. 모두 혈성으로 반드시 독립을 되찾겠다고 맹약한 한
인 청년들이었다. 최능진도 함께 미국에 온 변준호와 발기인으로 참
가했다.

취지서를 발표한 청년혈성단은 활동 방침으로 4대 강령을 제정하였다.

① 새로 건설한 우리 공화정부를 위하여 혈성을 다 할 일
② 대한인국민회의 주의 방침에 복종하며 특별 공헌이 있을 일
③ 속히 우리 독립운동에 실용할 군사상·학술상 혹은 기예를 배우게

할 일

④ 우리 독립운동에 대하여 정의 인도를 무시하고 정신상이나 물질
상으로 살도하는 모든 해독물을 박멸할 일

청년혈성단은 대한인국민회의 주의와 방침에 복종하겠다고 함으로
써 대한인국민회 산하 단체로 존속하고자 하였다. 향후 독립운동에 사
용할 예납금을 모아 재정을 충실히 하기로 하였다. 그 방법으로 회원
중에 수학하는 자는 곧 임시 정학하고 그 비용을 독립운동에 바치기로
약정하였다. 그만큼 청년혈성단의 조직에 참가한 회원들은 한국의 독
립을 위해 모든 물질과 정성을 다 바쳐 헌신하겠다고 맹약한 사람들이
었다.

> "5천년 역사의 희생적 정신을 발휘하려고 분연히 일어선 청년혈성단
> 은 앞에 보도한 바와 같이 단원 모집을 위하여 청년 한장호 씨를 지방
> 순회위원으로 파견하여 약 1주일 내에 새크라멘토·맥스웰·윌로우스·
> 윌리엄스 지방을 순회하고 본월 16일에 본항에 회환하였는데 씨의 말
> 을 들건데 다수 동포의 동정과 찬성이 깊으며 20여명 청년의 입단자가
> 있었다더라."[32]

청년혈성단은 1919년 7월 14일부터 17일까지 3일간 버클리학생양
성소에서 발기인대표회를 개최하였다. 첫날인 14일 오후 8시 모든 단
원들이 상견례를 갖고, 내빈 이살음이 특별 연설을 한 이 대회에서 청
년혈성단은 규칙 제정 등 내부 정비와 대외활동을 준비하였다.

청년혈성단은 단장 황사선과 서기 신윤국으로 구성하였다. 1919년
8월 17일 다뉴바지방에서는 백인 남녀를 포함한 300여 명이 모여 대

---

32) 『신한민보』, 1919년 6월 17일

한인국민회 청년혈성단대회를 개최하기도 했다.

그러나 1919년 8월 이후 청년혈성단의 활동상은 나타나고 있지 않다. 혈성단에 참여했던 주요 단원들이 각자의 임무를 갖고 타지로 흩어지면서 단의 존재가 유야무야된 때문으로 보인다. 다만 혈성단 단원들은 이후 각자 독립운동의 길을 찾아 나섰다.

단원이던 이초와 이용선은 독립운동에 필요한 군사기술을 배우기 위해 1919년 8월 25일 레드우드비행학교에 입학하였고 뒤이어 한장호도 같은 학교에 입학하였다. 이들은 이후 상하이 대한민국임시정부 군무총장으로 선임된 노백린을 만나 1920년 2월 20일 개교한 한인 비행사양성소(일명 '노백린군단', '윌로우스 비행학교')의 교관으로 활동하였다.

4. 미국 유학생활

최능진은 1919년 새크라멘트시에 거주하며 샌프란시스코 한인청
년회에서 활동하는 한편 대한인국민회 샌프란시스코 지방회 활동도
병행하였다.[33]

1920년 3월 최능진은 특별한 경험을 한다. 대한인국민회 북미총회
주최로 열린 '새크라멘토구역 독립선언 제2년 경축예식'에 참석해 소
년대 대표로 합창을 한 것이다.

이날 10시 새크라멘토시 중심에 모인 대한인국민회 회원들은 1시
간 반 동안 비를 맞으며 시가행진을 하고, 2시에 경축식장에 모여 애
국가 부르고, 독립선언서와 임시정부 헌법을 낭독하는 것으로 행사를
시작하였다. 이어 소년대의 병창이 있었는데, 최능진은 명일선, 이용,
손리도, 김여택 등과 함께 '웅장한 합창'을 하였다.[34]

특히 행사 참가자들이 '고향생각'을 부를 때는 자신도 모르게 눈물
이 흘렀을 것이다. 이 행사 때 최능진은 노백린 임시정부 군무총장을
비롯해 대한인국민회 주요 간부 등을 두루 만날 수 있었다.

---

33) 1919년 12월 당시 최능진이 샌프란시스코 지방회 서기로 활동한 사실이 확인된
   다. 『신한민보』, 1919년 12월 2일.
34) 『신한민보』, 1920년 3월 16일.

(*Back Row:*) MC CABE   MERRILL   KARPOVICH   WOLFE   NABHOLZ   MAST   TSAKIRIS
              GRUNBERG   CLOUGH   HANDY   VINDAL   FOWLER
(*Middle Row:*) E. J. WILSON   R. W. JONES   NESTLE   H. D. PRICE   CHOY   PAINE   BURGE
               VIRKKUNEN   HOLTZE   R. L. YOCOM   HSU   O. K. BAKER
(*Front Row:*) DIAZ   MIYAZAKI   H. M. DEVENNEY   T. P. SMITH   MAREK   STRATON   MOHLER
               LACHMANN-MORCH   KRUEGER   NIILER   BURTON
Absentees: ALPHANSO   FIRST   HOLLOWAY   MUNN   OLDS   ZELVEYAN

Cosmopolitan Club

JAMES A. STRATON   .   . *President*   E. WINSLOW WOLFE   .   *Secretary*
FRANK M. MAREK   .   *Vice-President*   LEIF LACHMANN-MORCH   .   *Treasurer*

Representatives from the four corners of the earth bound together to promote international brotherhood—such is the Cosmopolitan Club. The past year has been one of steady progress and increasing usefulness on campus, and the membership is larger than ever before in the history of the organization.

International delegations were sent this year to the State Older Boys' Conference at Lowell and to the Springfield Older Boys' Conference at Trinity Church. The International Good-Will Deputation Team of the college is composed of Cosmopolitan members. Social events this year included a Christmas Party at which some members attended in native costume. The main feature of the club's program is in the by-weekly meetings around the dinner table where members and outside speakers acquaint each other with the life of their respective countries.

The countries represented at present are Armenia, Australia, Canada, Chile, China, Cuba, Czecho-Slovakia, Denmark, Esthonia, Finland, Germany, Greece, Italy, Japan, Korea, New Zealand, Norway, Russia, and the United States.

Eighty-five

미국 매사추세츠주 국제청년회대학 시절 '코스모폴리탄 클럽' 회원들과 함께 찍은 사진. 두 번째 줄 왼쪽에서 5번째가 최능진이다. 이 사진은 1929년 대학졸업앨범에 수록돼 있다.

그해 12월 학업의 꿈을 계속 이어나기 위해 미국 중서부로 가서 아이오와주 더뷰크(Dubuque)시에 있는 더뷰크대학 중학부(high school)에 입학해 1923년 6월 졸업하였다. 그리고 9월에 이 대학의 대학부 예비과에 입학해 1926년 6월까지 다녔다.[35] 방학 때는 농장에서 일하면서 공부하는 고단한 고학생의 일상이었을 것이다.[36]

최능진은 1926년 9월 이번에는 미국 동부로 가서 매사추세츠주 스프링필드시에 있는 국제청년회대학(International YMCA College)에 입학하였다.[37] 최능진은 원래 의사가 되려고 했지만 안창호와 여운형 등이 미국에 가서 체육을 공부하라고 권유하였고, 본인도 중국에서 있는 동안 민족의식이 높아져 독립을 위해서는 체육하는 사람이 필요하다고 판단하여 체육전문대학을 선택한 것이다. 이 대학은 1885년에 창설된 '국제YMCA훈련학교(International Trainingschool of the YMCA)'를 모태로 출발하였고, 1912년에 국제청년회대학(1954년 스프링필드대학으로 개칭)으로 이름을 바꾼 체육전문대학이었다.

당시 졸업앨범에는 그의 이름이 대니얼 초이(Daniel Nungchin Choy)로 나와 있다. 165cm의 다부진 체격의 최능진은 대학 시절 축구와 레슬링 팀에서 활동했고, 대학 대표로 경기에 나가기도 하였다.[38]

---

35) 『신한민보』, 1926년 6월 10일. 평남 출신으로 1912년 숭실중학을 졸업한 뒤, 일본을 거쳐 미국에 유학한 장이욱도 1917년 흥사단에 가입하고, 1925년 더뷰크대학을 졸업했다.

36) 1925년 당시 파악된 미국 유학생은 총 190명이었는데, 그중 평안도 출신이 70명이었다. 이전 졸업생은 106명으로 파악되었다. 1925년 9월 26일자로 창간된 '북미(北美)학생총회'의 기관지 『우라끼(The Rocky)』 창간호에 실린 「유미(留美)학생 통계표」와 「유미졸업생 일람표」 참조.

37) 『신한민보』, 1926년 19월 21일자에 최능진이 스프링필드에 있는 체육전문대학인 '국제청년회대학'에 입학한 것으로 나온다. 최능진이 그 동안 스프링필드대학을 나온 것으로 알려진 것은 이 대학이 1954년 스프링필드대학으로 이름을 바꿨기 때문이다.

또한 뉴욕시에 거주하는 신
성구, 김원준, 이무일, 김천
경 등과 함께 연극단에 참가
해 1주일간 미국 주요 도시
를 순회하기도 하였다.[39] 대
학 방학 중에는 LA에서 상
점을 운영하며 활동하던 최
능익의 집에 가서 지냈고,
'상항 한인교회'에 다녔다.

그리고 1928년 1월 26일
에는 뉴욕시에서 열린 '흥사
단 제14회 뉴욕대회'에 참석
해 '운동의 도덕적 영향'을
주제로 강연하였다. 이 대회
를 취재한 신한민보 임초군
기자는 "이 회의에서 가장
깊은 인상을 회중에게 남겨

미국 매사추세츠주 국제청년회대학 시절 축구부
와 레슬링부 동료들과 함께 한 최능진. 축구부
사진의 앞줄 왼쪽 첫 번째, 레슬링부 사진 맨
뒷줄 오른쪽 첫 번째가 최능진이다. 이 사진은
1929년 대학 졸업앨범에 수록돼 있다.

준 것은 최능진 군의 강연이다. 연구적 또는 과학적 운동 강연"이라며
"최능진 군의 강연은 1만 청중에게 무한한 감화를 주었고, 기자 자신
부터 운동에 더욱이 유의하기로 결심하였다"라고 보도하였다.[40]

1928년 3월 학기 필기시험을 마친 최능진은 뉴잉글랜드 각 주를

38) 1927년 1월 그는 미식 축구팀의 윙백(wingback)으로 대학 간 대항전에서 우승
   한 후 대학 운동장에서 오토바이를 타다가 넘어져 몇 달간 병원 신세를 지기도
   하였다. 『신한민보』, 1927년 1월 20일.
39) 『신한민보』, 1927년 5월 19일.
40) 『신한민보』, 1928년 2월 9일.

국제청년회대학 유학시절의 최능진.

돌아보기 위해 견학여행을 떠났다. 그 지역의 체육학교와 체육계를 시찰한 후 그는 "미국인의 체육 숭상은 무엇보다도 더 중대함을 알겠다"라고 소감을 밝혔다.[41]

그해 4월 그는 「육장군의 민족관」이란 제목으로 『신한민보』에 연재를 구상하였다. 그는 "우리 문명의 실패된 원인"을 규명하고, "오늘 우리에게 무엇보담도 체육이 필요함"을 강조하는 내용이었지만 중단됐다.[42] 스탠포드대학 대학원에 유학 중이던 숭실중학 후배이자 주요한(朱耀翰)의 동생인 주요섭(朱耀燮)이 최능진의 글에 대해 '조선 민족이 일본 민족보다 열등하다는 주장이며 앵글로색슨족 숭배자'라고 비판했기 때문으로 보인다. 이 비판에 대해 최능진은 다시 반박 글을 실었지만 연재는 중단하였다.[43]

1929년 6월 대학 졸업식을 마친 후 최능진은 6월 15일부터 나흘간 시카고에서 열린 '재미 유학생총회 중서부지방 연회(年會)'에 참석하였고, 16일에는 한인교회에서 보스톤대학 졸업생 박종만의 사회로 열린 '졸업생 축하회'에도 참석하였다.[44] 그해 졸업생 중에는 프린스턴대학을 졸업하고 후에 목사로 이름을 날린 김성락과 한경직도 있었다.

---

41) 『신한민보』, 1928년 4월 5일.
42) 『신한민보』, 1928년 4월 19일.
43) 『신한민보』, 1928년 8월 23일; 8월 30일.
44) 『신한민보』, 1929년 6월 20일; 6월 27일.

그후 최능진은 LA로 건너가 최능익의 집에 체류하며, 라성(LA) 대한국민회 지방회에서 주최한 초청강연회에 참석하기도 하였다. 그는 7월 31일 형과 형수(김연실)의 환송을 받으며 한국행 배편에 몸을 실었다.

『신한민보』 1929년 8월 1일자 동정 란에는 그의 귀국 기사와 '형의 환송 차 샌프란시스코 방문' 기사가 나란히 실렸다.

"기보한 바와 같이 매사추세츠 스프링필드에 있는 체육 대학의 전문을 필한 최능진 씨는 평양 숭실 대학의 운동 교수로 연빙되어 7월 31일 고리아 선편으로 귀국하였다더라."

"라성에 다년 거류하며 상업하는 최능익 씨는 금반 귀국하는 그의 계씨인 능진 군을 전별하기 위하야 그의 부인 연실씨와 어린 아들 하워드와 온 가족이 (…) 눈물로 작별하고 동일 오후에 회정하였다더라."

10여 년 동안의 재미(在美)생활과 흥사단 활동은 훗날 최능진이 이승만과 대결하다가 결국 '정치적 타살'을 당한 그의 삶에 있어서 상당히 중요한 의미를 지닌다.

흥사단원으로서, 나아가 고등교육을 받은 청년으로서 민주주의와 민족주의적인 이론체계를 나름대로 쌓아갈 무렵, 외교제일주의를 외친 이승만이 재미 한인사회에서 일으킨 각종 파쟁(派爭)에 대한 소식을 구체적으로 접할 수 있었기 때문이다.

최능진의 반이(反李)적인 성향은 이승만이 상하이 임시정부는 물론, 실력양상을 외치는 안창호(安昌浩), 박용만(朴容萬), 한길수(韓吉洙) 등과의 대립을 통해 벌이는 각종 파쟁적인 활동에 대한 비판의식에서 이미 싹텄다고 볼 수 있다.

실제로 그에게 정치적 영향을 크게 준 형 최능익을 통해 교류한 재미한인사회의 주요 인사들은 이승만의 노선과 행보에 대단히 비판적이었다. 해방 후 최능진과 정치행보를 같이 했던 김원용은 이승만을 "동포들을 폭력으로 억누르고 민족의 단결을 외치면서 실제로는 파벌을 조장하는" 인물로 묘사할 정도였다.[45]

결국 해방 후 격동기의 정치국면에서 '이승만은 안 된다'는 최능진의 인식은 미국사회에서 이승만을 관찰하면서 느꼈던 감정으로부터 싹텄다고 할 수 있다.

---

45) 1917년 미국에 온 김원용은 1930년 하와이로 이주하여 대한인교민단에 입단하였고, 미포(美布)대표대회의 미주대표로 분열된 한인단체를 부흥시키고 민족운동을 강화하는 데 힘썼으나 이승만을 지지하는 동지회와 마찰로 실패하였다. 1931년 하와이 대한인교민단의 기관지 『국민보』의 편집인이 되었으며, 교회재산과 교민단 회관을 매각해 동지회의 재정을 충당하려는 이승만에 반대하는 투쟁을 벌였다. 해방 후 10월 조국의 재건을 후원하기 위해 구성된 재미한족국내파견대표단의 부단장으로 28년여 만에 귀국하여, 1946년 12월 남조선과도입법의원의 의원으로 선출되어 법제·사법분과위원회 부위원장으로 1년 간 활동하면서 최능진과 교류하였다. 1948년 미국으로 돌아가 평생동지였던 김호(김종진)의 후원을 받아 1959년 『재미한인 50년사』를 발간하였고, 1976년경 사망하였다.

5. 친형이자 독립운동 동지 최능익

3·1절 기념식에서 열변을 토한 청년

"나는 사관학생 중 한 사람입니다. (중략) 나는 몇 날 전까지 교회 일을 보던 자이올시다. 동족의 속죄 구령에 힘을 다하는 일이나 총과 칼을 배우는 일이 다 하나님의 뜻에 합당한 줄로 생각하였습니다. 또는 여러분이 우리는 충의로써 우리를 도와주시면 감사하겠습니다만, 우리는 동포의 원조를 믿고 나선 사람이 아니고 우리 손으로 벌어 먹어가면서 우리의 책임을 다 하려 합니다. 우리 독립사업에는 죽는 일이 도리어 쉽습니다."[46]

1920년 3월 미국 새크라멘토에서 열린 3·1절 기념식에서 서른 한 살의 청년이 열변을 토했다. 그 청년은 독립전쟁을 위해 한인 비행학교에 입교한 24명의 청년 중 한명인 최능익이었다. 바로 최능진의 셋째 형이다. 그는 노백린 임시정부 군무총장과 함께 이곳에 왔다.[47]

최능익은 1916년 1월 조국의 독립과 항일투쟁을 목적으로 조카인 최봉민과 함께 미국으로 유학길에 올랐다. 그는 윌로우스시의 대학에 재학하던 중 1919년 9월 캘리포니아주 샌프란시스코에서 한인학생친

---

46) 『신한민보』 1920년 3월 12일
47) 『윌로우스 데일리 저널(Willows Daily Journal)』, 1920년 3월 1일

목회 유학생대표회가 개최되자 각 지방에 흩어져 있는 학생들과 학생회를 모아 미주 학생들의 친목과 항일민족의식 고취에 노력하였다. 그리고 노백린 주도로 한인 비행사학교가 설립되자 학생으로 입소하여 50여 명의 학생들과 함께 둔전병식 군대교련을 받으면서 항일무장투쟁 의지를 다졌다.[48]

월로우스 비행학교가 문을 연 1920년 2월은 1차 세계대전이 끝난지 불과 1년이 조금 지난 시점이었다. 열강에 침탈된 약소국의 독립 열기가 어느 때보다 높았고 국내에서도 상하이 임시정부가 탄생(1919년 4월 13일)하는 등 독립운동가들이 전열을 정비하던 무렵이었다.

국민군단과 항일 비행사학교

1920년에 들어와 '독립전쟁의 해'를 선포한 대한민국임시정부는 구체적인 독립전쟁의 방략을 검토하는 과정에서 '비행기대 편성'을 정부의 당면 방침으로 정하였다. 그리고 비행기대 편성을 위해 미주 대한인국민회와 흥사단원들에게 재정적 도움을 요청하였다.

임시정부의 비행기대 편성 시정방침의 소식이 동포사회에 전달되자, 임시정부 군무총장에 임명된 노백린은 대한인국민회 중앙총회장 윤병구와 함께 항일전쟁을 수행할 공군력을 키울 것을 대외에 포고하고 비행대군단 편성을 위한 비행사의 훈련, 교육에 착수하였다.

임시정부에 군단 창설의 임무를 위임받은 대한인국민회와 군무총장 노백린은 비행훈련을 지도할 교관을 초빙하고 비행학교의 실상을 파악하기 위해 캘리포니아 레드우드(Redwood) 비행학교를 방문하였

48) 최능익, 「전술이 필요하오」 『신한민보』, 1920년 3월 20일.

노백린 임시정부 군무총장과 한인 비행학교 교관들(1920년).
왼쪽부터 장병훈·오임하·이용선·노백린·이초·이용근·한장호.

다. 당시 레드우드 비행학교에 재학 중인 오림하·이용선·이초·한장
호·이용근·장병훈 등을 만나 비행학교 창설과 운영에 관한 의견을 나
누었다.

임시정부 산하의 비행군단 결성과 비행사 양성 학교설립을 위한
재정 대부분은 김종림이 담당하였다. '쌀의 대왕'이라는 별명을 갖고
있는 김종림은 비행기 3대를 구입하고 자신의 농장인 40에이커(1에이
커 1,224.204평) 규모의 땅을 비행훈련장으로 제공하였으며 활주로 건
설과 가솔린 탱크, 천막 설치 등 모든 시설 경비 일체를 전담하였다.

그 외에도 윌로우스 애국부인회와 윌로우스 한인들의 지원을 받았다. 그리고 비행군단 창립에 참여한 이들은 모두 41명으로, 이들은 농업에 종사하거나 상회를 운영하고 있던 실업가들이다.

교관으로는 레드우드 비행학교 교관인 미국인 브라이언트(Frank K. Bryant)가 초빙되었고 캘리포니아 교육국과의 협의를 통해 1918년 폐교된 퀸스학교의 시설을 사용할 수 있었다.

드디어 1920년 2월 연습용 비행기 2대와 교관단으로 역사적인 '한인비행사양성소'라는 이름의 한인 비행학교가 문을 열었다.[49] 한인비행사양성소의 영어명이 K.A.C(Korean Aviation Corp)였음은 비행학교가 임시정부 산하의 비행군단이었음을 시사한다.[50]

윌로스 비행학교는 1920년 7월 5일 동포 200여 명이 참여한 가운데 공식 개소식을 거행했고 오임하와 미국인 수석교관 프랭크 브라이언트가 시범비행을 선보였다.

이후 비행학교는 더욱 체계화된 시스템을 갖춰 나갔다. 편제상 비행학교(비행가양성소)의 상급기관이자 후원기관으로 일종의 회사인 비행가양성사를 뒀고 '비행가양성사 장정'까지 채택했다.[51]

초기 교관단은 노정민·박낙선·우병옥·오임하·이용선·이초 등 6인이었고, 1기 입학생은 최능익, 박희성 등 24명이었다.[52] 비행학교에

---

49) 윌로우스 비행학교는 1920년 2월 20일 설립됐다는 것이 정설이다. 하지만 현지 신문 '윌로스데일리저널(Willows Daily Journal)'은 2월 19일자에서 '한국인들 비행장을 갖는다'며 1면 톱기사로 비행학교 개설 소식을 상세히 전하고 있어 비행학교 설립 시점은 더 앞설 수도 있다.

50) 노백린 군무총장은 미국 언론과 인터뷰에서 "한인들에 의해 이곳에 설립될 비행학교는 1년 전 시작된 독립운동(3·1운동)의 연장선에 있으며, 궁극적으로는 일본과의 전쟁에 참가할 수도 있는 조종사들을 훈련시킬 목적으로 운영될 것"이라고 밝혔다. 『윌로우스데일리저널』, 1920년 3월 1일.

51) 『신한민보』, 1920년 8월 12일

52) 『신한민보』, 1920년 3월 19일자는 "노백린 각하가 경영하는 윌로우스 비행학교

처음 입교한 청년 24명은 정비사·학생·전도사·실업가 등으로 직업도 다양하였다. 그 중 박희성은 훗날 이용근과 함께 임시정부에 의해 비행장교로 임관돼 우리 정부가 임명한 비행장교 1호가 된다.

학교 운영비 역시 대부분 김종림의 사유 재산에서 지출되었고 비행학교에 사원으로 참여한 이들이 월례금 10달러씩을 의연하였다. 그리고 훈련생들에게 150달러의 학비가 부과되었으나 주로 김종림의 농장에서 직접 노동하며 받은 임금으로 학비를 충당하였다.

비행학교의 설립 목적은 독립전쟁에 대비해 비행대와 무선전신대를 편성하려는 것이었다.

"군무총장 노백린 각하의 지휘 하에 우리 재미한 청년들은 군단학교를 설립하고 전술과 비행술과 무선전신학을 공부하기 시작한 지 이미 3일이 지났습니다. 독립전쟁에 비행대와 무선전신대를 편성하려 하는 것이 우리들의 목적이외다. (중략) 작년 3월 독립운동을 비롯한 후 멀리 미주에 있는 우리 청년들은 공부도 못하고 자못 번민하는 중에 있었습니다. 그러나 비행대와 무선전신이 독립전쟁에 없지 못할지오. 또 금에 이러한 기관이 설립되었은즉 이를 학습하야 후일 독립전쟁의 한 부분을 담당함은 재미청년의 책임이라고 생각합니다."[53]

항공술을 배운 졸업생들은 의기가 충천하여 "도쿄로 날아가 쑥대밭을 만들자"고 호언하기도 했다.

그러나 최대 후원자였던 김종림의 벼농장이 1920년 11월 대홍수로 큰 피해를 입게 되면서 비행사양성소는 재정 조달이 어려워졌고, 1921년 4월 중순경 사실상 문을 닫고 말았다.

현재 대한민국 공군은 이 학교를 공식적으로 연원으로 삼고 있다.

에 나아가 비행술을 연습하기로 결심한 학생은 건강한 청년 24명"이라고 보도했다.
53) 『독립신문』, 1920년 4월 20일.

흥사단에 가입해 활동

최능익은 미국에 온지 1년 정도 지난 1917년 2월 5일 안창호의 권유로 흥사단에 입단한다(단우번호 60번). 그는 1918년 18일 제5차 흥사단대회에 참석한 것이 확인된다.[54] 이시기에 그는 대한인국민회 '맨티카 지방회'에서 서기로 활동하였다.

第六十團友 崔能益(최능익) 履歷書

出生時 建國紀元 四二二一(1888)年 十一月 二十四日
出生地 韓國 平南 江西郡 星台面 硯谷里 十四統 七戶
居生地 全郡 班石面 六里 磐石 二統 四戶
職業 前業 長老教會 助事 現業 勞働
學藝 中学科修業 神學校三年級 畢
宗教 耶穌教(예수교)
最長技能 幼年學生引導
所肯 雄辯
家族 母 李氏 敬洙(경수) 六十歲
兄 能贊(능찬) 三十八歲
兄 能賢(능현) 三十五歲
弟 能鎮(능진) 十八歲
妻 尹氏 致益(치익) 三十歲
子 奉天(봉천) 六歲
子 奉國(봉국) 四歲
入團日 四二五〇年 二月 五日

---

54) 흥사단 5차대회는 남부대회(LA단소, 21명)와 동부대회(워싱턴D.C. 40명)로 나눠 개최되었다.

캘리포니아주 월로스 지방의 대학을 다니던 그는 1920년 4월 지역 대표로 한인 학생총회 결성대회에 참가하여 발기자 모임을 결성하고, 미주 한인학생 들의 친목과 항일 민족의식 고취에 노력하였다. 한인 학생들에게 도산의 사상을 전파하는 활동에 힘을 쏟은 시기였다.

그후 한인 비행학교 입교, 새크라멘토에서 열린 3·1절 기념식 연설 등은 그가 본격적으로 독립운동에 뛰어들었다는 사실을 보여준다.

1922년과 1923년 최능익은 대한인국민회 북미총회의 부회장 출마를 위해 후보자추천선거에 나갔으나 낙선하였다. 그는 1924년 '북미 민립대학 기성회 후원회 평의원'으로 선출되는 등 대한인국민회에서 유력인사로 부상하였다. 당시 그는 LA에서 상업에 종사하고 있었다.

그해 8월 최능익은 흥사단원(단우번호 140)으로 활동하던 김연실과 약혼하고, 다음해인 1925년 9월 22일 결혼식을 올렸다. 김연실은 일찍부터 독립운동에 참가한 여성이었다. 그는 평양에서 교사로 있다가 3·1운동에 참여했고, 시위 혐의로 체포돼 징역 6개월의 옥고를 치른 후 임시정부가 있는 상하이로 망명해 대한애국부인회(회장 김순애)에 가입해 활동한다.

그는 독립전쟁 최전선에서 남자들과 동등하게 활약하고자 하는 포부를 안고 안창호를 만나 육군사관학교 입학의 뜻을 밝혔지만, 남자와 동학할 수 없는 형편이니 적십자병원에 들어가 간호원 수업을 받으라고 권고를 받고 적십자간호원양성소에 제1기로 입학해 졸업하였다.[55]

그후 인성학교 교사로 활동하다 1923년 미국으로 가 LA에 정착한 후 대한여자애국단 로스엔젤레스지부에서 군자금 모집 등의 활동을 하다 최능익을 만나 결혼하였다.[56]

---

55) 『안도산전서』, 삼중당, 1971, 628쪽.

이후 김연실은 대한인국민회와 대한여자애국단에서 꾸준히 활동하며 임시정부를 후원했고, 1960년대 초까지 북미총회에서 활동한 것이 자료로 확인된다.[57]

최능익은 대한인국민회 뿐만 아니라 흥사단 활동도 적극 참여하였다. 그는 1931년 흥사단 감사원으로 추천되었고, 1933년 LA단소에서 개최된 제20차 흥사단대회에서 캘리포니아의 6개반 중에서 1개 반의 반장으로 선출되었다. 반원은 김성권(金聲權) 외 6명이었다. 그는 1935년 무렵 흥사단 상항(LA)지회장으로 활동하였다. 당시 그는 당시 꽤 많은 양의 편지와 보고서를 도산과 흥사단 지도부에 썼다. 그 내용을 대략적으로 정리하면 다음과 같다.

- 흥사단 버튼(뺏지) 디자인 제안
- 단우들이 흥사단 버튼을 착용 하도록 본부에서 힘써 줄 것 요청
- 도산 안 창호(安昌浩)의 석방 소식 및 출옥 축하회 개최 안내
- 흥사단 대회 일자, 프로그램 기획 및 단대회 메달 디자인 제안
- 입단 문 답에 관련된 문의와 단우들의 최근 현황
- 의무금 납부 내역 및 재정 현황 보고, 모금활동 문제
- 지방 단 우회 경과 보고서

그는 흥사단의 각종 버튼(뺏지) 제작, 의무금 납부, 모금활동, 보고서 작성, 입단문답, 단대회 실무 등 행정업무를 꼼꼼히 살폈던 것으로 보인다. 또한 한 동안 단소에서 자취생활을 했을 만큼 흥사단과 밀접

---

56) 최능익과 김연실은 1930년대에 이혼하였고, 김연실은 김정은과 재혼한 것으로 보인다. 김연실은 2015년 건국포장에 추서되었으나 후손이 나타나지 않아 전달되지 못하고 있다.

57) 「동지총회의 一九六一년도 대표대회」『태평양주보』, 1961년 4월 14일. 김연실은 독립의 연금을 많이 낸 인물로 미주 독립운동가 사이에 알려져 있다.

한 삶을 살았다.

충칭 임시정부 지원 활동

최능익은 대한인국민회, 흥사단 외에 조선의용대, 조선민족혁명당 등 중국에서 활동하는 독립운동단체를 후원하는 활동에도 적극적이었다. 특히 그는 재미한인 내부에서 진보파의 입장을 반영해 한국독립당의 김구보다는 민족혁명당의 김규식, 김원봉을 후원하였다.

1937년 7월 중일전쟁 발발 이후 미국 본토의 한인들은 중국인의 대일전 승리를 기원하며 1937년 9월 12일 뉴욕한인연합중국후원회를 필두로 로스앤젤레스, 시카고 등지에 중국후원회를 결성하였다. 특정 목적을 위해 한시적으로 결성된 각지의 중국후원회는 일화배척운동과 의연금 모금활동 등을 전개하였다.

1938년 10월 한커우(漢口)에서 김원봉 주도로 조선의용대가 창설되자 미국 각지의 중국후원회는 조선의용대 후원을 위한 의연금 모금활동으로 전환하였다. 그리고 조직도 1939년 8월 27일 로스앤젤레스의 한인들에 의해 중국후원회를 해소하고 조선의용대미주후원회연합회의 설립을 대외에 공포하였다. 각지의 중국후원회는 1940년 4월 로스앤젤레스의 조선의용대미주후원회연합회로 결집하였다.

최능익은 1941년 8월 재미한인 단체들을 통합하여 역량을 집중시키고 항일독립운동을 강화하기 위해 설립된 재미한인사회 최대의 독립 운동 연합단체인 '재미한족연합위원회'에 가입하였다. 재미한족연합위원회 가입은 분열된 미주 한인들의 통합적 독립운동을 위한 것으로 안창호의 대공주의를 실천한 사례로 볼 수 있다.

1942년 6월 최능익은 김원봉으로부터 한 통의 서신을 받았다.

최능익 씨

태평양전쟁으로 인하여 우리의 통신이 지완하고 우리의 활동에도 불소한 영향이 미쳤습니다. 중국군사회의의 명령으로 조선의용대는 한국독립군과 연합하였는데 우리 의용대는 한국독립군 제일로군으로 인준하고 전일 한국독립군이었던 제이로군은 중국군사회의에 인준치 않았습니다.

중국군사회의에서 다만 본인이 부사령이 되었다고 공포하고 아직까지 총사령은 임명치 않았습니다.

조선민족혁명당 미주총지부 결성을 주도한 박상엽, 한길수, 최능익(오른쪽)

김원봉이 보낸 서신(6월 11일자)을 통해 조선의용대가 대한민국임시정부가 이끄는 광복군에 합류된다는 사실을 접한 조선의용대미주후원회연합회는 1942년 6월 30일 단체를 해소하고 조선민족혁명당북미총지부를 결성하였다. 새 단체의 결성은 과거 군사운동만을 후원하는 성격에서 벗어나 정치적으로 충칭 임시정부의 야당격인 민족혁명당의 주의와 정책을 적극 따르고 후원하겠다는 의지의 표명이었다.[58]

58) 홍선표, 『자주독립과 통일정부 수립을 위한 재미한인의 꿈과 도전』, 연세대학교출판부, 2011. 조선민족혁명당의 간부는 주석 김규식(金奎植), 총서기 김원봉, 비서처주임 신기언(申基彦), 조직부장 김인철(金仁哲), 선전부장 손두환(孫斗煥) 등이었다.

조선민족혁명당북미총지부의 초창기 구성은 회장(또는 위원장) 변준호, 총무 김강, 서기 곽림대, 재무 황성택·이득환, 정치부 신두식, 선전부 정득근, 조직부 등이었다. 조선민족혁명당북미총지부를 결성하고 주도한 최능익은 조직부장의 중책을 맡아 미국 내 진보적인 한인들의 조직화에 힘썼고, 민족혁명당에 대한 자금원조와 군사운동을 위한 군사금 모금활동 등에 주력하였다.

최능익은 1943년 10월 로스앤젤레스에서 조선민족혁명당 북미총지부의 기관지로 『독립(Korean Independence)』을 창간하였다.

그는 김성권(金聲權)·변준호·최능익·박상엽 등 17명과 함께 독립신문사를 설립하고, 국영문 4면으로 신문을 발간하였다. 이 신문은 국문기사는 순한글로 사진식자 조판을 하였고, 제4면은 영문판으로, 매주 수요일 발행하는 주간지였다.[59]

최능익은 1944년 8월 대한민국임시정부가 외교위원부를 개조할 때에 조선민족혁명당 미주지부 대표로 로스앤젤레스에서 열린 회의에 참여하기도 하였다.

2009년 4월 13일 그의 유해는 한국으로 봉환되어 대전 현충원에 안장되었다. 당시 유해 봉환식에 참석하기 위해 입국한 최능익의 셋째 아들 하워드 최(82) 씨에 따르면 그의 화두는 항상 대한독립이었으며, 1939년 태평양 전쟁 발발 직전 "일본에 전략 물자 수출을 중단하라"는 띠를 두르고, 미 연방 정부 건물과 일본 영사관 앞에서 시위를 벌이기도 했다고 한다.[60]

---

59) 『독립』은 12년 동안 계속 발행되다 1955년 폐간되었다. 1948년 대한민국 정부 수립이후에는 이승만 정부에 대해 비판적인 논조를 이어갔다.

60) 『조선일보』, 2009년 4월 14일. 하워드 최는 1945년 일본과 싸우기 위하여 미 해군에 입대하였으나 필라델피아에서 훈련을 받던 중 전쟁이 끝났다. 이후 한국전쟁이 발발하자 1951년 미 해군에 재입대하여 인천 앞바다에서 수뢰 탐지 작전에 참여하였다.

2009년 4월 13일 한국으로 봉환되어 대전 현충원에 안장된 최능익의 묘와 묘비.

해방 후 그는 이승만이 집권하자 국내에 들어오는 것을 포기하였다. 한국에 돌아오지 않고 계속 미주에서 생활하던 그는 1976년 처음으로 흥사단 국내대회 참가를 위해 고국 땅을 밟았다. 그것이 마지막이었다. 그는 그해 12월 22일 미국에서 세상을 떠났다. 1995년 건국훈장 애국장에 추서되었다.

6. 평양체육계의 중심인물이 되다

12년간의 미국 생활을 마치고 1929년에 귀국한 최능진은 모교인 평양 숭실전문학교에서 체육 교수로 있으면서 서양인학교 체육교사로도 활동한다.

그의 귀국은 당시 국내 지식인사회에서도 큰 관심거리였다.『동아일보』(1929년 10월 9일)에도 "만능 주장 선수 최능진 씨 귀국 - 12년 만에 금의환향"라는 제목으로 크게 보도될 정도였다.

> "조선 체육계를 지도할 한 개의 별은 나타났다! 그는 평양 출생의 최능진 씨로 씨는 미국 매사추세츠 주의 스프링필드 국제청년회 체육대학을 마치고 얼마 전에 귀국하여 방금 숭실전문학교 체육부 주임의 직에 있어 다수한 청년 학생들의 체육을 지도하고 있는데 (중략) 씨는 일찍이 평양숭실중학에 다니다가 15년 전에 중국 남경에 가서 어학을 공부하며 금릉대학에 다녔고 2년 후에 미국에 건너가 소학교부터 중학과 대학을 거쳐 전기 체육대학을 금년에 마쳤으며 미국에 있는 동안 사커와 미국 럭비는 물론, 배스킷볼과 테니스 등 만능선수로 다년 주장으로 활약한 우수한 체육가로 씨의 앞이 더욱 기대된다."

최능진은 "고국에 돌아오니 모든 것이 감개무량할 뿐이외다"라며 앞으로 체육 방면에 몸을 바치려 한다는 포부를 밝혔다.

숭전 교수 시절의 최능진. 1931년 숭전 문과 6회 졸업앨범.

그는 숭실전문에 자리를 잡은 지 몇 달 지나지 않은 1930년 1월 28일 동향인이자 평양 장대현교회 장로인 이인명(李寅明)의 여섯 째 딸 이풍옥과 백년가약을 맺었다.[61] 장인 이인명은 당시 금은방을 하고 있었다.

두 사람은 이풍옥의 외사촌오빠이자 최능진과 미국 버클리한인양성소에서 함께 지냈던 최희송(崔熙松)의 중매로 만났다. 이풍옥의 부친은 최능진과의 결혼을 처음에는 반대했다고 한다. 이풍옥이 이화여전 성악과에 재학 중이었고, 12년이나 나이 차이가 있었기 때문이었다. 그해 장남 최필립이 태어났다.[62]

---

61) 『신한민보』, 1930년 2월 20일. 이인명은 1930년 3월 31일 평양상업회의소 평의회 의원으로 선출되었다.

62) 호적에는 최필립이 1928년 평양에서 출생한 것으로 되어 있다. 최능진이 1951

1931년경 숭실전문의 교수진.

최능진이 숭실전문학교 강사로 활동할 당시 교장은 윤산온이었고, 함태영·김낙영·이인식·김동원·변인서 등이 학교 이사로 있었다. 그는 조영하, 박원규, 윤혜련, 김호식, 마두원, 강영환 등과 함께 근무했다.

귀국 당시부터 차세대 체육지도자로서 주목받은 최능진은 이후 숭실전문에서 3년 동안 후학을 양성하는데 힘을 쏟는 한편, 관서체육회와 평양축구단의 유력인사로 부상하였다.

조만식(曺晚植)을 회장으로 1925년 창립된 관서체육회는 한 지방의 체육회의 수준을 넘어선, 당시 경성의 조선체육회와 함께 조선체

년 국방경비법 위반으로 총살된 후 미국 유학을 가기 위해 여권을 내면서 호적을 새로 만들고 생년월일을 다르게 했기 때문이다. 호적을 새로 만들면서 부친의 이름도 '최능진'이 아닌 최능진의 호를 따서 '최일석'으로 했다.

숭실전문 축구부. 뒷줄 오른쪽에서 5번째가 최능진이다.

육의 쌍벽을 이루는 단체였다.

1934년 당시 관서체육회 조직은 회장에 조만식, 부회장에 조종완, 총무 김병연, 회계 송석찬, 상무이사 오기영, 이사 강증구, 조상증, 차재익, 지용은, 박윤상, 박인목, 최응천, 안창현, 최능진, 김만형, 한봉상으로 구성되어 있었다.[63]

관서체육회는 각 경기대회 실행부서로 축구부, 빙상부, 야구부, 씨름부, 수영부, 일광욕부, 농구부, 배구부, 탁구부, 육상부를 두었다.

관서체육회는 체육발전에 기여할 뿐만 아니라 연 1회에 걸쳐 기술과 성품 및 행동 등 기타 각 방면에 걸쳐 모범이 될 만한 선수를 선발하여 표창했는데, 1930년대 초 최능진은 강증구(姜增求)·차재일(車在溢) 등과 함께 추천인사로 활동했다.

---

63) 이학래, 『한국근대체육사 연구』, 지식산업사, 1990, 166쪽.

최능진은 또한 1932년 4월부터 1933년 3월까지 1년간 숭실전문의 축구 코치로 활동하며 숭실 축구단의 전성기를 이끌었다.

숭실중학과 숭실전문은 1932년 5월 관서체육회 주최로 평양에서 개최된 전조선축구대회에서 보성전문을 꺾고 우승했고, 다음해 조선체육회 주최로 서울에서 개최된 제14회 전조선축구대회에서도 우승을 차지하였다. 당시 평양 축구는 숭실에서 양성된 선수가 대부분이고, 연전, 보전 출신이 2~3명으로 조직되어 서울·평양 대항전(경평축구), 베를린 올림픽대회 예선대회 등에서 우수한 성적을 냈다. 그러나 1930년경부터 차차 고조되어 1933~1934년경 최고조에 달했던 숭실축구단은 일제의 탄압이 강화되고, 우수한 선수 4~5명이 졸업하면서 쇠퇴하기 시작하였다.

민족사학들은 학생들에게 민족의식을 심어주면서 축구를 지도했고, 그렇기 때문에 축구는 단순히 체력을 단련하는 운동 경기가 아니라 자주와 독립을 위한 정신교육이기도 했다.

1918년 평양 지역을 연고로 하여 창단된 무오축구단은 경성의 조선축구단과 함께 1920년대 조선축구의 양대 축이었다. 1929년과 1930년 경평전이 성황리에 치러지자, 지역을 기반으로 하는 보다 체계적이고 전문적인 조직의 축구단 설립 요구가 높아진다.

최능진은 1932년 김광신(숭실전문 체육교사), 송석찬(태평운동구점 사장) 등과 함께 평양을 대표하는 축구단 창단에 뜻을 같이하였다. 창단작업은 동경유학생축구단의 감독으로 활약하다 귀국한 최용순(최일)이 맡아 진행하였다. 마침내 1933년 1월 15일, 평양기독교청년회관에서 창립총회를 열고 평양축구단의 공식 창단을 선언한다.[64]

창단 당시 조직은 다음과 같다.

---

64) 『동아일보』 1933년 1월 28일.

총재(단장) : 최정묵(변호사)

고문 : 김건영, 이필상, 이석찬, 최능진, 정동규, 최응천, 송석찬, 차재일

전무 : 최일(평양부청 공무원)

상담역 : 장수부, 김성황, 손치민, 이덕인, 안기섭, 양동지, 김광신, 전기수, 오신겸, 조수증

간사 : 박의현, 한용호, 장병오

회계 : 한영택

서기 : 이정식

주장 : 이정식

선수 : 김성간, 김영찬, 박윤기, 한영택(이상 개인사업), 안수한(미곡상), 장병오(운송업),

김신복, 박의현(이상 숭실전),

송기수, 이정식, 정용수(이상 연희전문),

박인식, 이치순(이상 보성전문)

김영근(숭실중), 윤창선(강북중), 박영철(일본체육전문)[65]

당시 선수들은 무오축구단 및 당시 평양 일대의 학교인 숭실전문, 대성학교 출신들로 이루어져 있었으며, 선수들이 서기, 회계 등의 업무도 맡도록 하였다. 이와 함께 평양의 유지 및 재력가들을 고문, 상담역으로 끌어들여 재정을 맡게 하였다. 훈련은 주로 숭실전문이나 광성중 운동장에서 하였다. 평양에서 매우 인기가 많아 훈련 중에도 구경꾼이 들끓었던 것은 물론, 지역 유지들이 선수들의 저녁을 사려 해도 한 달 전에나 예약해야 가능했다고 한다.

평양축구단은 창단 후 첫 사업으로 1931년 이후 2년간 중단된 경평전을 다시 추진하였다. 1933년 4월, 평양축구단은 창단 직전이던 경성축구단(당시 팀명 전경성)을 초청하여 경기를 갖는다. 이후 1935년

---

65) 대한축구협회 편, 『한국축구백년사』, 라사라, 1986, 233쪽.

1932년 5월 숭실학교 축구 우승기념 사진

까지 진행된 경평전에서 평양축구단은 경성축구단과 함께 강력한 라이벌 구도를 형성한다.

경평전 이외에도, 1934년 가을 전조선축구대회 우승을 비롯하여 각종 대회에서 강팀으로 군림한다. 1935년부터 1937년 3년간은 매해 중국 천진으로 원정을 떠나기도 했는데, 이 때 각각 1승2패, 2승1패, 3승1패의 성적을 거둔다. 하지만 1930년대 후반에는 젊은 선수들을 신생팀들에게 빼앗기고 노쇠한 모습을 보여주며 큰 패배를 당하기도 한다.

평양축구단의 간부 및 선수들은 출신이나 활동 지역도 주로 평양 지역이었고, 꾸준히 단일화된 멤버로 출전하여 끈끈한 조직력을 과시했다.

평양축구단은 경성축구단과 함께 경평대항축구전 등을 통해 전국적인 축구붐을 이끌었으며, 해방 이후 각기 남북 국가대표팀의 모태가 되었다.

1932년 숭실중학을 졸업하고 숭실전문학교 농과에 입학한 박형렬은 "박영철 선생, 조영하 선생, 최능진 선생 등 명지도자들은 숭실의 체육사에서 빼지 못할 선생들이시다"라고 회고하였다.[66]

66) 『숭실대학보』 창간호, 1955, 120쪽.

7. 동우회 활동과 체포

계몽과 개척정신을 불어넣는 기고 활동

최능진은 1930년 안창호가 주도하던 동우회에 김병연, 오기영(吳吳永), 오익은(吳翊殷) 등과 함께 신입회원으로 가입했다. 이후 그는 체육과 동우회 활동을 연결시켜 동우회 기관지 『동광』에 정신 계몽을 위한 다양한 글을 기고하였다. 운동정신과 도덕에 대한 내용이었다.

『동광』 1931년 6월호에 기고한 「스포츠맨 쉽, 운동정신 급 도덕」이란 글에서 그는 "운동경기에 취미를 두신 여러분이나 운동가 자체로서의 우리 운동계에 대한 한탄이 이구동성으로 운동정신 及 도덕이 박약하다는 것"이라며 "좋은 정신과 도덕으로 그들을 인도하여 인격자 만드는 것은 교육"이라는 점을 강조하였다.

다음호인 『동광』 1931년 7월호에는 「정직, 운동정신의 요체」란 글을 통해 "정직한 정신과 실행하는 습관성이 없는 운동가들은 되는대로 된 운동군(運動軍)이요 결코 스포츠맨은 못 되겟다"라며 "운동장에서 뽈이나 차고 인격수양이 없다고 하면 그야 참말로 교육의 실패일 것이다. 이 점에 잇어서 각 학교에서는 운동경기를 학생들 끼리에 맡기여 두지를 말고 인격자 지도자를 택하여 운동장 교육의 목적을 달하기를 바란다"라고 당부하였다.

이 보다 앞서 그는 『동광』 1931년 2월호에 기고한 글에서는 "가옥 팔아 유학은 금물"이라며 유학가려는 학생들에게 "개척의 정신으로 농촌사회로" 들어갈 것을 권고했다.

"자기가 누구인지를 알아야 타인을 알수 잇으며 사회를 알수잇고 기(其) 관계를 각오(覺悟)할수 잇습니다. 자아(自我)를 아는 사람이라야 언어행동(言語行動)으로라도 외국인에게 조선인이 어떠한 민족인지를 알리울 수도 잇고 동정(同情)을 끄을수도 잇습니다.

자기도 모르는 사람에게 학식은 무엇하며 외국을 알아서 무슨 필요가 잇겟습니까? (중략) 금일 우리 경제상태에 처하여서 겨우 호구(糊口)나 하여갈 토지와 가대(家垈)를 팔아가지고 외국류학 가는 청년들을 필자는 반대합니다. 외국 유학함으로서 경제적 상대가치(相對價値, Equivalence)를 얻을 수 없거든 개척의 정신을 가지고 농촌사회로 들어갓으면 좋을까 합니다."

최능진은 1931년 2월호부터 1932년 3월호까지 매월 연재 글을 실었다. 그가 글을 기고한 『동광』은 1926년 5월 20일자로 창간된 종합지로, 안창호가 흥사단을 배경으로 1926년 1월에 조직한 수양동우회(修養同友會)의 기관지 성격을 띠고 발행되었다.

1931년 6월 안창호는 상해 흥사단 원동위원부 위원장의 자격으로 동광(東光)의 기사취급에 대하여 "동우회의 동광(東光)은 조선자치운동 혹은 참정권 요구운동과 같은 것에 찬동을 표하는 의미의 논문을 게재해서는 안되며 또는 사회주의반대의 논문을 게재해서는 안 되며 주의주장(主義主張)을 노골적으로 표시하라"라고 지시하였다.

편집 겸 발행인은 주요한(朱耀翰)이었고, 주요 필자로는 '당대의 지식인맥'이 망라됐으며 특히 미국을 비롯한 '외국 유학'을 한 인물이 많았다.

최능진이 수양동우회 기관지 『동광』 1931년
7월호에 기고한 글

최능진은 체육 관련 강연회에도 연사로 참가한다. 1933년 12월 28일에는 남포체육회 주최 추기 체육강연회에 참석해 '체육운동과 우리 대중의 보건 문제'란 내용으로 강연하였다.

동우회의 기관지 『동광』이 발간되던 시절 동우회의 국내 핵심인물은 주요한과 이광수였다. 최능진은 드러내놓고 활동하지 않았지만 『동광』의 주요 필자로 활동하던 시절에 동우회 활동에도 힘을 쏟았다.

당시 외국 유학을 마치고 온 주요 인사들은 부산에 상륙한 순간부터 일본 형사들의 미행을 받았다. 형사들은 어디를 가나 따라다녔고, 수업 내용도 일일이 감시하였다. 최능진도 이른바 '요시찰 인물' 명단에 올라 있었을 것이다.

최능진이 귀국한 후 평양에 돌아왔을 때 민족운동진영의 주요인사들은 신간회에 참여하고 있었다. 흥사단 계열인 동우회 인사들도 여기에 적극 참여한다. 핵심인사는 조만식이었다.

그는 "조국이 일제압박에서 해방되기까지는 전민족이 한데 뭉쳐 싸워야 한다"는 생각을 가지고 신간회에 참여했다. 조만식은 신간회 평양지회장을 맡으면서 평양지역의 민족주의 계열을 묶어내고 있었다. 1927년 12월 20일 설립당시 간부진을 보면 조만식 회장, 한근조 부회장 등으로 민족진영이 지회설립을 주도하였다. 신간회 조직이 중앙은 민족주의

최능진의 건강법

숭실전문(崇實專門) 코취 최능진
  一. 음식.
    1. 하절(夏節)에는 채식.
    2. 동기(冬期)에는 육식을 하되 될 수 잇는 한에서는 낙화성, 밤, 참기
       름 등으로 육(肉)을 대신함.
    3. 몸의 해를 주는 음식은 절대로 아니함.(술, 담배, 커피 등)
    4. 물 많이 마실 것.
  二. 잠 많이 잘 것.
    1. 10시전에 취침(就寢)할 것.
    2. 점심 후 20분 미만의 취침.
  三. 의복은 덥게 입으되 피부를 상케 할 것이나 공기호흡을 방해할 내의
     미착(內衣不着).
  四. 운동. 매일 땀 한번씩 흘릴 것.
  五. 매일 큰 우슴 2~3차 웃도록 노력.
  六. 매일 똥 한번은 반드시 눌 것.
     냉수 한 곱부

                                    (『동광』 제29호, 1931년 12월)

계열이 우위를 점하고 지방은 사회주의 계열이 우위를 차지하는 것이
일반적이었지만, 평양지회에서는 민족주의 계열이 다수를 차지하였다.

　　동우회 회원 중에서는 김성업이 평양지회장 및 전국대회 대표로,
김병연이 평양지회 부회장으로 활동하였다.

제1회 동우회 하기 수양회 기념 사진(1931): 맨 앞줄 왼쪽부터 이영학, 김병연, 이인수, 김동원, 이광수, 박선제, 유기준. 가운데줄 왼쪽부터 김배혁, 조명식, 노준탁, 김윤경, 정재호, 백영엽, 유상규, 오익은. 맨 뒷줄 왼쪽부터 주요한, 김기만, 최능진, 이종수, 박원규, 장리욱, 채우병, 전재순, 김용장

조만식과 수양동우회 계열은 서울에서 신간회 해소가 주류를 차지한 후에도 해소반대 투쟁을 최후까지 벌이며 민족단결에 대한 그의 신념을 실현해 보려고 하였다. 이를 위해 1932년 7월 조만식은 신간회 해소 반대파인 동우회 계열과 기독교 계열 인사들을 모아서 '건중회'를 조직하기도 했었다. 그러나 이 조직에 잡다한 인사들이 끼어드는 등 여의치 않자 조만식 이하 유력한 민족주의자들이 탈퇴함으로써 실패하였다.

민족운동의 구심이었던 신간회가 해소되고 중일전쟁이 예고되는 상황 속에서 조선의 미래는 보이지 않았다. 당시 상황을 조만식을 다음과 같이 진단했다.

"현하 우리사회는 무엇이라고 말할 수 없을 만큼 혼돈의 상태이어서 대중은 나아가려고 함에 목표가 없고 살아가려고 함에 의지가 없으며 일하려 함에 영도가 없어 그야말로 헤매고 방황하며 애쓰고 안타까와 할 뿐이다. 말하자면 우리 사회처럼 대중의 사회생활에 있어서 아무런 조직이 없는 사회는 천하에 또다시 없을 것이다."[67]

당시 상황을 정치적 구심점이 없기 때문에 전체 사회가 절망과 혼돈 상태에 빠져 있다고 보고 이를 극복하기 위한 중심기관의 조직을 구상한 것이다.

수양동우회는 1914년 5월 도미 중이던 안창호가 샌프란시스코에서 조직한 흥사단의 한국지부였다. 1922년 서울에서 박현환·이광수 등 11명이 수양동맹회를 결성하였고, 같은 해 평양에서는 김동원 등이 동우구락부(同友俱樂部)를 조직하였다. 양 단체는 1926년 수양동우회로 통합하였다. 그 뒤 미국의 흥사단본부, 상해흥사단원동위원부 및 수양동우회간에 규약개정에 성공했고, 1929년 흥사단과 수양동우회를 통일하여 회명을 동우회(同友會)로 결정하고 회원증원에 노력해 82명의 중견회원을 확보하였다.

당시 동우회는 의사부·이사부·검사부(심사부로 개칭) 3회체제로 운영되었다. 각 부를 이끈 인물들은 의사부장 김동원(1927~1931), 이사부장 정인과(1927~1929)·김윤경(1930)·이광수(1931~1933), 심사부장 김항주(1930~1932) 등이었다. 그리고 1928년 김성업(평양)·장리욱(張利旭, 선천)·김선량(金善亮, 안악) 등으로 조직위원회를 운영하고, 1929년에는 경성과 평양에 지방회를 두어 전국(제주도반 포함)에 13개의 반조직을 운영하였다. 1932년에는 3부 외에 주요한·김윤경·이용설 3인의 상무이사회를 운영하였다.

---

67) 조만식,「중심기관의 재조직」『신동아』 1936년 1월호

동우회는 1931년 2월 중앙위원회를 열고 회세(會勢) 확대강화를 위한 4개년 계획을 수립하였으나 1933년 안창호가 일경에게 체포됨에 따라 실행이 어렵게 되었다.

1932년 6월 도산이 국내로 송치된 후 동우회의 3회체제는 와해되었으나 이사장 이광수를 중심으로 비공식 집회를 계속하였고, 평양에서는 평양지방회(대표간사 최윤호)가 1937년 8월 8일까지 활동하였다.

동우회 단우들은 감옥에 갇힌 도산을 뒷바라지 했으며, 1935년 2월 10일 도산이 출옥한 후에도 김성업·김동원·오경숙(吳敬淑)·김용장(金庸壯) 등이 매월 생활비 200원을 후원하고, 오윤선·주요한·김동원 등도 도산을 초대하는 모임을 자주 주관하였다.

1930년 동우회에 가입한 최능진은 다음해 8월 17일 평양 오촌리 최응천(崔應天)의 집에서 열린 '동우회 제1회 하기 수양회'에 참석하였다. 6일 동안 열린 수양회에서 최능진은 내내 참석했고, 소년운동위원으로 선출되었다.

동우회는 회원 증원에 노력하여 변호사·의사·교육자·목사·저술가·광산가·기타 상공인 등 82명의 중견회원을 확보하였는데, 회원의 다수가 상당한 자산을 가지고 있을 뿐 아니라 지도적 위치에 있던 민족주의자들이었다. 특히 평양·선천지방의 기독교계의 실권을 장악하고 있던 회원들은 은밀하게 독립정신을 고취하고 민족운동을 전개하였다.

숭실학교를 떠나 실업계에 뛰어들다

숭실전문 체육주임으로, 동우회의 회원으로 활발하게 활동하던 최능진은 1932년 6월 갑자기 교사직을 사임하고 화학공업사를 운영하는 일에 뛰어들었다. 교육계 인사에서 실업계 인사로 변신을 꾀한 셈

이다.[68)

당시 동우회 회원 중 평양경제계에서는 김성업(1910년대 마산동자기회사·평양무역주식회사 지배인), 김동원(평안고무공업사), 오경숙(대성사·메리야스직조공장), 김항복(대성고무공업사), 오정수(조선곡물공업사, 만주곡물공업사) 등이 활동하고 있었다.

이외에도 신윤국, 김종덕, 김선량은 토지개간 사업을 했고, 이영학(李英學)은 석유판매상, 오익은(吳翊殷)은 지물도매상을 했다.

최능진은 왜 갑자기 숭실전문을 그만두고 돈 버는 일에 뛰어들었을까? 1936년 5월 최능익이 흥사단에 보낸 편지에 그 해답이 나와 있다.[69)

"국내동지들도 (안창호) 선생의 사업을 위하여 염려 중인데 세상 여론은 교육사업을 말하나 현하정세로 교육사업도 바로할 수가 없으니까 차라리 숨은 재정을 동(動)하게하여 경제사업으로 치부함이 좋겠는데 국내 민심이 도산(島山)에 실업착수는 그다지 믿질들을 않으니까 선생은 자원을 동하게 하고 그 앞에 실업을 할 줄 아는 동지들이 집합하여 수출입사업을 실현해서 선생의 활동무대를 이루웠으면 함이 많다고 합니다."[70)

1931년 만주사변이 일어나면서 일제의 교육통제는 더욱 심해졌고, 학교에서 '민족교육'을 실시하기는 사실상 불가능해졌다. 이러한 조건에서 최능익은 교육사업보다 경제사업을 뛰어들어 안창호 선생의

---

68) 오천석(吳天錫)은 1933년 미주유학생의 국내 활동을 소개하는 글에서 최능진을 교육계가 아닌 상업계 인사로 소개했다. 오천석, 「미주 유학생의 면영(面影)」 『삼천리』 제5권 제3호, 1933
69) 이 편지는 송종익이나 김병연에게 보낸 것으로 추정된다.
70) 1936년 9월 6일 「흥사단 제23 중서부대회」에서 최능익이 한 발언. 이 대회에는 임창모·박필·하희옥·나재원·한장호·한린성·강영승·강준성·황보익준·이일·최응호·조진환·이성식·최능익·김여택 등 14명의 흥사단원이 참석했다.

활동무대를 넓혀줘야 한다고 주장한 것이다. 그는 "현하 국내에서 유산가들이 수출입업을 하고자 하되 재외(在外)한 우리들이 신용할 만한 기관 한 곳을 실현못하였음으로 여지껏 내외가 두절되고 있다"며 "우리 흥사단은 이를 개척할 의무가 있다"고 강조하였다.

당시 최능진은 미국에 있는 형과도 긴밀하게 소통하고 있었고, 평양 경제계의 대부 김동원과 가깝게 지냈다.

흥사단(동우회)의 경제사업에 대한 관심은 일제기록에도 나타나 있다.

> "평양에 있는 동우회 간부 오윤선(吳胤善), 김동원(金東元) 등은 가까운 시기 광산열(鑛山熱)의 발흥(勃興)에 따르거나, 혹은 재벌이 조선 내에 진출하는 것 등 많은 것에 자극되어 민족적 입장에서 이 산업 방면에 영구적인 기반을 축설(築設)할 필요가 있다고 외치고 있으며, 동지(同地) 자산가를 권유하여 작년 3월 31일 조선광업주식회사의 창립총회를 개최하였으며 자본금을 10만원으로 하고 정관에는 "주식은 모두 기명식(記名式)으로 하며 조선인에 한하여 이를 소유할수 있다(제7조)" 라고 규정하였으며, 총회의 석상(席上) 오윤선은 현재 외국인…(원본 판독 불가)…의 손에 맡겨져 있던 조선의 광업을 우리들 조선인의 손에 의하여 확보하지 않으면 안 된다고 강조하였다고 한다."71)

교육가에서 실업가로 변신한 최능진의 선택은 이같은 흥사단과 국내조직인 동우회의 기류와 무관하지 않은 것으로 보인다.

그러나 동우회 재판기록에 따르면 최능진의 사업은 처음부터 우여곡절을 겪었고, 그는 경제범으로 평양형무소에서 첫 옥살이까지 하였다.

---

71) 「수양동우회의 활동상황」『고등경찰보』4

"소화(昭和) 7년(1932년) 6월 (숭실전문을) 사임하고 동년 9월부터 평양(平壤)에서 화학공업사를 운영하다가 실패하였다. 그 뿐만 아니라 소화(昭和) 8년(1933년) 10월 밀수출(密輸出)사건으로 검거되고 소화(昭和) 9년(1934년) 1월 보석 출옥하여 동년 3월 화학공업사를 폐업하였다. 동년 10월부터 그 사건으로 평양형무소에서 복역하고 소화(昭和) 10년(1935년) 4월 만기출옥함과 동시에 금광(金鑛) 및 토지매매를 하며 소화(昭和) 10년 10월 만주국 하얼빈(哈爾賓)에 가서 정미소를 운영하고 소화(昭和) 11년(1936년) 2월 대련(大連) 및 천진(天津) 두 지방에서 인공견사(人造絹) 및 설탕무역을 하였다. 동년 6월 귀국하고 동년 7월부터 평양부(平壤府) 소재의 삼성상사주식회사(三盛商事株式會社)를 운영하다가 소화(昭和) 12년(1937년) 3월 매각하고 소화(昭和) 12년 3월부터 금강(金剛) 자동차상회를 운영하였다."

재판기록에 따르면 최능진은 1932년 첫 사업으로 화학공업사를 운영하였다. 이 회사는 금은방(금은세공상)을 하던 장인 이인명과 관련이 있는 듯하다. 1930년 평양상업회의소 평의회 의원으로 당선되기도 한 이인명은 당시 금은방을 운영하면서 "금광에서 금덩어리를 만들고 남은 부스러기"를 팔아 수익을 올렸고, 그 수익의 일부를 독립운동 자금이나 독립운동가들의 활동비로 제공했다고 한다.[72]

그런데 이인명은 1932년 7월 27일 신의주에 거주하는 '금 밀수업자' 김규성에게 시가 7천여원에 상당하는 금괴 1관을 팔았는데, 이 금을 가지고 만주로 가다가 적발돼 여기에 관련된 인물들이 줄줄이 체포되었다. 이인명도 불구속으로 입건돼 11월 14일 평양지방법원에서 징역 6개월을 구형받고, 다음해 7월 징역 4개월이 확정된다.[73] 이 사건으로 그는 평양상업회의소 의원직도 사임하게 된다.

---

72) 최능진의 장남 최필립의 부인 이부순이 시어머니 이풍옥에게 들은 이야기.
73) 『조선중앙일보』 1933년 7월 4일.

당시 만주로의 밀수출은 황금알을 낳는 사업으로 남녀노소가 참여할 정도로 성행하였고,[74] 이를 막기 위해 1933년 일제 당국은 외국위체관리법을 제정하였다.

1933년 10월 이번에는 최능진이 장인과 거의 유사한 '금밀수출사건'으로 체포되었다. 최능진의 3남 최만립은 "금가공소에서 근무하던 어머니(이풍옥)의 사촌오빠가 금가루를 모아 어머님에게 틈틈히 주었고, 이 돈으로 이화여전에 다녔다. 결혼 후에 같은 방법으로 선친(최능진)께 전달됐고, 이 돈이 독립운동 자금으로 쓰였다. 이제 발각되어 '금밀수출사건'이란 이상한 이름으로 발표된 것"이라고 말했다. 그는 외국위체관리법 위반으로 평양복심법원에서 1934년 6월 징역 8개월을 선고 받았고, 고등법원에 상고했지만 기각돼 징역살이를 하였다.

1935년 4월 만기 출옥한 최능진은 본격적으로 만주 진출을 시도하였다. 최능진은 1935년 10월 최희송이 하얼빈에 정미소를 내겠다며 투자를 요청하자 수년간에 걸쳐 1,500원을 투자하였다. 최능진이 하얼빈에 정미소를 운영했다는 재판기록은 이와 관련이 있을 가능성이 크다.[75]

그는 1935년부터는 하얼빈, 다롄(大連, 대련), 톈진(天津, 천진) 등을 오가며 무역업에 뛰어들었다. 친형인 최능익이 1936년 흥사단대회에서 "중국 물산(物産)은 전세계적이다"라며 중국 진출을 강조한 것과

---

74) 1932년부터 1935년까지 신의주 지방법원에 접수된 외국위체관리법위반사건은 총 174건이었고, 이에 관계된 인원은 386명에 달했다. 『조선중앙일보』,1936년 5월 20일. 1930년대 초부터 중반까지 안동현과 신의주 사이에는 '황금광시대' 라고 불릴 만큼 남녀노소를 가리지 않고 금괴 밀수가 성행하였다. 『조선중앙일보』, 1936년 1월 30일.

75) 최희송은 1935년부터 1939년까지 하얼빈에서 농장과 정미소를 운영했으나 성공하지 못하고, 정미소를 농장을 처분해 투자금을 최능진에게 상환하였다. 최희송, 『나의 자서전-빙세계(氷世界) 70년』, 민중서관, 1964, 65~67쪽.

무관하지 않은 행보였다. 실제로 당시 그는 미국의 최능익으로부터 '돈(달러)'를 받고 있었다고 한다.

특히 그의 만주 진출에는 흥사단과 동우회 선배인 김동원(金東元)의 행보와도 깊은 관련이 있었고, 그의 조언과 도움을 받았을 것이다.

평양 대부호의 장남이자 소설가 김동인의 형인 김동원은 '105인 사건'으로 체포됐다가 석방된 후 1914년부터 평양에서 숯, 목재 등을 파는 상점을 경영하기 시작한 후 여러 무역회사에서 간부로 활동하다 1925년 평안고무공업주식회사를 설립하고 사장에 취임하였다. 1928년 평안양말공장 대표, 1930년 평양고무공업조합 이사장, 평양상공회의소 부회두를 맡았고, 1935년 11월 평안농사주식회사 사장에 취임해 같은 해 12월 평양의 유지들과 함께 만주 잉커우(영구) 방면에 40만원을 투자하고 동포 300호를 이주시켜 대농장을 창설했다.[76] 김동원은 평양에서 최능진과 바로 이웃해 살고 있었다.

최능진이 정미소사업에 투자하고, 만주지역을 기반으로 무역업에 뛰어든 것은 '평양 유지'들과 협의 후 추진된 농장 창설과 밀접하게 연결돼 있는 것이다. 사업자금도 김동원과 미국의 최능익으로부터 지원받았다.

이와 같이 최능진이 1930년대 중반부터 만주나 중국 진출에 깊은 관심을 가지고 있던 점은 분명하다. 그러나 동우회사건으로 체포되면서 만주 진출은 다시 난관에 봉착하였다.

---

76) 김동원은 1936년 평안고무공업사를 주식회사로 확대 개편하여 만주 진출을 시도하였다.

동우회 가입

경제사업에 뛰어든 뒤 최능진은 동우회 활동에도 적극 참여하기 시작하였다. 동우회 평양지방회에서는 1935년 5월 동우회의 주의(主義)목적을 달성하기 위하여 물질적으로 개인의 실력양성을 도모하기 위해 동우저금조합을 조직하고 매월 1구좌(一口) 2원을 납입하였는데 최능진은 1구좌 2원 납입대상이었다. 23명의 조합원 중 김동원이 3구좌로 가장 많았고, 김광업, 오경숙(吳敬淑), 노진설(盧鎭卨)이 2구좌였으며, 나머지는 1구좌였다.

1936년 9월 동우회 평양지방회는 평양 창전리에 있던 김동원의 집에 모였다. 명목은 김동원의 손자의 출생을 축하한다는 것이었만 쇠퇴한 동우회운동의 부활을 모색하는 비밀회의였다.

이 모임에는 최능진을 비롯해 안창호, 김광업(金廣業), 김성업(金性業), 김병연(金炳淵), 노진설, 조명식(趙明埴), 최윤호(崔允鎬), 오경숙, 김찬종(金燦鍾), 김하현(金夏鉉), 김동원, 김항복(金恒福), 백응현(白應賢), 이경선(李慶善) 등이 참석하였다. 이 자리에서 안창호는 다시 한 번 무실역행을 강조하는 취지의 발언을 하였다.

"동우회 운동이 쇠퇴해지는 것은 유감스러운 것이므로 이 발전에 노력해야 한다. 조선민족은 일본과 밀접한 관계가 있다 하더라도 조선의 운명은 국제형세에 따라 변천한다. 사회적으로 동우회를 여러 가지로 비난하는 자가 있는데 나는 이렇게 생각한다. 일본이 오늘날 이처럼 발전한 것은 최초에 인간의 실력을 양성하였기 때문이며 우선 개인의 실력을 만들고 다음 교육, 생산, 국방 이렇게 순차적으로 나아갔으며 그러하기에 우리는 개인의 실력을 만드는 운동 즉 자아혁신운동에 힘을 기울여야 한다.

자아혁신 운동의 수단으로서 직업학교를 건설하고 인쇄물을 간행하며 농촌을 진흥시키고 체육을 장려하는 등을 급무로 하고, 현재 면한 이익에 대하여는 당국에 요구하여 실력을 양성하고 또한 조선인에 대하여는 관리(官吏)라 할지라도 동포이므로 친밀해야 하며 또 회원이 공직(公職)에 취임하는 것도 지장 없고 중요한 것은 실력의 양성이며 이 운동방침에 찬성하는 자는 손을 들어 승낙의 뜻을 표시해야 한다."

안창호의 제안에 최능진을 비롯한 참석자 전원이 손을 들어 승낙의 뜻을 표하였다. '생산 분야의 실력 양성'이 그에게 주어진 과업이었다.

'동우회사건'

1937년 7월 7일 일본은 베이징 교외의 작은 돌다리인 '루거우차오'(蘆溝橋, 노구교)에서 일본군과 중국군 사이에 일어난 작은 사건을 빌미로 일방적인 공격을 개시한다. 다리 위에서 사라진 일본군 사병으로 말미암아 확대된 사건은 일본의 조작이었고, 일본이 중국을 공격하면서 전쟁은 중국 전역으로 확대된다.[77]

일본은 1931년 만주사변 발발 이후 조선을 병참기지화 하였고, 1937년 중일전쟁을 일으킨 후에는 조선을 본격적인 전시체제로 편입하고자 하였다. 조선인을 전쟁에 동원하고, 물자를 보급받기 위해서는 조선인이 일본인과 공동체 의식을 지니도록 할 필요가 있었다. 이를 위해 일제는 일상생활에서 일본어 강요, 창씨개명, 신사 참배, 황국 신민의 서사 제창 등을 조선인에게도 강요하였다.

---

77) 중일전쟁은 동북아지역을 차지하기 위해 일본이 일으킨 전쟁임에도 일본은 '루거우차오사건' 또는 '지나사변(支那事變)'이라 하여 전쟁의 의미를 축소하였다.

1936년 6월 새 총독으로 임명된 미나미 지로(南次郎)는 도쿄에서 기자들에게 "만주사변을 계기로 내선융화의 정신은 내선일체로 바뀌었다"면서, 이제는 "만주와 조선의 융화가 조선 통치의 기본 방침이 될 것"이라고 선언한다. 조선 통치 방침이 '내선일체'와 '만선융화'로 바뀌기 시작하는 신호탄이었다. 그해 8월 조선에 부임한 미나미 지로는 1937년 4월 국체명징(國體明徵), 선만일여(鮮滿一如), 교학진작(敎學振作), 농공병진(農工竝進), 서정쇄신(庶政刷新)의 이른바 '조선 통치 5대 정강'을 발표한다.

미나미 총독은 부임 직후 '신사규칙(神社規則)'을 개정·공포하여 전국에 57개 신사를 새로 건립한 데 이어, 1면 1신사의 원칙을 세워 산간벽지의 면에까지 신사를 세우게 하고(1943년 854개), 신사참배를 강요하기 시작하였다. 총독부는 이미 1919년 7월 남산에 아마테라스 오미카미(天照大神, 일본 황실의 시조신)와 메이지천황을 제신으로 하는 조선신사를 세웠고, 이를 1935년 '조선신궁'이라 개칭하여 조선인 학생들에게도 신사참배를 강요하고 있었다. 그러면서 개신교 학교의 선교사들과 총독부의 갈등이 시작되었고, 이는 결국 개신교 계통 학교 상당수가 폐교되는 사태로 이어졌다.

시국이 이렇게 되자 합법공간을 활용한 동우회 활동도 풍전등화(風前燈火)의 상황에 놓였다. 1937년 4월 종로경찰서 고등계의 한국인 형사가 동우회 총무 주요한을 찾아왔다.

"주 선생 동우회는 해산해 버리는 게 어떻겠소? 시국이 시국이니 만큼."

넌지시 귀띔한 내용이지만 사실상 동우회 활동에 대한 경고나 마찬가지였다.

주요한은 그의 말을 가볍게 넘겼다. 당시 동우회는 비밀단체도 아니고, 정치적 성격을 의식적으로 피한 민족성 개조와 인격수양을 표방한 합법 승인단체였기 때문이었다. 새로운 전쟁을 앞두고 조선총독부의 황민화정책이 어느 정도까지 진행될 지 정확한 판단을 하지 못한 측면도 있었다.

고등계 형사의 경고에도 주요한은 "동우회는 수양단체인데 왜 해산해야 하겠소? 만일 해산하려면 이사회를 열어서 결정할 문제이지 나로선 뭐라 할 수 없소"라고 대답하며 이를 무시한다.

그 후 얼마 지나지 않아 일본 경찰 고등계로부터 다시 연락이 왔다. 이사회 등 모든 회의를 개최할 경우 일본말로 회의를 진행해야 한다는 통보였다.

동우회로서는 공식회의에서 일본말을 사용하면서까지 구차하게 동우회의 명맥만이라도 유지할 것인지, 아니면 이 기회에 자진 해산해 버릴 것인지 중대 기로에 서게 되었다.

비로소 사태가 긴박하게 돌아가고 있다고 느낀 주요한은 이광수에게 이 사실을 알린다. 이광수는 곧바로 평양 교외 대보산의 송태산장으로 갔다. 안창호가 이곳에 은거하고 있었기 때문이다.

그 무렵 평양에서는 조만식이 이끈 조선물산장려회, 을지문덕장군묘 수보회, 관서체육회 등도 경찰 당국의 강요로 '자진' 형식의 해산을 하였다.

이광수의 보고를 받은 도산은 곧 단안을 내리지 못하고 좀 더 생각한 후 5월 20일경에 상경하겠으니 그때 동우회 이사회를 소집하라고 지시한다. 그러나 안창호는 만성 위장병이 도져서 병석에 눕게 되어 예정대로 상경하지 못하였고, 서울의 동우회 회원들은 그가 오기만 기다리면서 6월을 맞이한다.

그러나 일제 당국은 이미 동우회 탄압 방침을 확정해 놓고 있었다. 탄압의 빌미도 포착한다. 당시 재경성기독교청년면려회는 6월 12

일~13일 양일간 금주운동실행을 계획하고, 5월 11일 전국 35개 지부에 '멸망에 함한 민족을 구출하는 기독교인의 역할'이란 내용의 인쇄물을 발송하였다. 이것이 일제 경찰에게 발각되어 동우회 조선연합회 서기 이양섭(李良燮)이 구속된다. 그를 취조한 결과, 그 배후에 이용설(李容卨)·정인과(鄭仁果)·이대위·주요한 등이 관계된 사실이 드러났다. 일제는 이를 계기로 동우회 간부들에 대한 일제검거에 나섰고, 이것이 곧 '동우회사건'이다.

중일전쟁 발발 한달 전쯤인 1937년 6월 6일 종로경찰서 고등계가 총동원되어 동우회 이사장 주요한을 비롯한 간부들의 가택을 급습하고, 이광수·김윤경(金允經)·조병옥(趙炳玉)·이윤재(李允宰)·이대위 등 11명을 체포·검거하였다. 일제가 압수한 회원명단을 단서로 검거한 인원만 전국적으로 150명에 달하였다. 이를 계기로 비밀에 부쳐졌던 동우회의 조직과 활동이 세상에 알려지게 되었다.

최능진도 이 회오리에서 비켜가지 못했다. 6월 16일 그는 안창호, 노진설, 문명훤(文明烜) 등과 함께 체포되었고, 그후 8월까지 김성업, 김병연, 김광업, 김동원 등이 줄줄이 검거되었다. 선천에서도 장리욱(張利郁), 주현칙(朱賢則), 백영엽(白永燁) 등이 체포되었다.

동우회사건으로 1937년 6월부터 서울지회 관계자 55명, 11월에 평양·선천지회 관계자 93명, 이듬해인 1938년 3월 안악지회 관계자 33명 등 모두 181명이 붙잡혔다.

체포된 안창호는 서울로 곧 압송되어 경기도 경찰부에 유치되었고, 최능진 등 다른 회원들은 평양경찰서에 유치되었다가 1개월 후에 서울로 압송된다.

일본 경찰에서는 가혹한 고문으로 피의자를 압박하여 강제로 동우회가 독립운동 단체라는 자백서에 도장을 찍게 하고, 미국에 있는 흥사단 본부의 약법을 증거물로 삼아 국내의 동우회가 흥사단과 이름은 다르지만 같은 단체(異名同體)라는 자백을 강요하였다.

검거된 동우회사건 관계자들에게 가해진 모진 고문의 실상은 당시 검거돼 고문을 받은 한글학자 김윤경의 회고에 생생하게 기록되어 있다.

"경찰서의 피의자신문 방법은 세계에 유례가 없는 야만적 고문법이었다. 먼저 묻는 것은 동우회의 목적이 무엇이냐 함이었다. 물론 누구나 인격수양이 목적이라고 사실대로 말한 것이다. 그러나 그놈들은 예정계획대로 추궁에 추궁을 더하여 최종의 목적이 '조선독립이라'는 대답이 나오기까지 별별 야만적 고문을 쓰는 것이다. 고문의 종류는 허다하나 중요한 것은 물 먹이기와 소위 '비행기태우기'(학춤추기), 발길로 차기, 몇 시간이든지 꿇어앉히기, 무거운 물건(상, 의자 따위)을 들리어 반쯤 꿇어 엉거주춤하고 서 있게 하기, 수없이 뺨치기(피가 맺히도록) 동아 바로 얽어 매기, 총이나 죽도로 뼈가 어긋나도록 쥐어지르기 목을 숨 막힐 정도로 옭으려 매기, 못매질하기… 이루 다 말할 수 없는 가지각색의 방법이 있다. 피의자의 건강상태와 고집정도에 따라서 고문의 종류도 다르고 경중도 다른 것이다."

일제는 고문을 통해 흥사단 약법(約法) 주문(主文) 중 '우리 민족 전도대업(前途大業)의 기초를 준비함'이라는 말의 진의는 독립운동의 준비라고 자백을 강요하였다. 또 흥사단 입단가의 '조상나라 빛내려고', '부모국아 걱정마라' 등의 구절이 한국 독립의 뜻이라는 구실을 붙여 마침내 검거된 인사들을 치안유지법 위반사건으로 입건, 기소하였다.

검거된 181명 가운데 최능진을 포함해 49명이 치안유지법 위반으로 기소, 57명이 기소유예, 75명이 기소중지처분을 받았고, 기소된 49명 중에서 1938년 3월 사망한 안창호를 제외한 41명이 재판에 회부되었다. 이들 중 최능진을 비롯해 이광수, 주요한 등 33명은 7월 29일

서대문형무소에서 1937년 11월에 찍은 최능진의 수형 사진.

보석으로 풀려났다.

　보석되어 나온 최능진 등 관련자들의 초췌한 몰골은 말이 아니었다. 체포돼 수감된 종로경찰서는 "더럽고 질퍽하고 냄새 나는 지하실 시멘트 바닥은 짐승도 못 살 곳이었고, 꼭대기 작은 들창에서는 눈보라가 쳐들어 와 추위를 피할 수 없을 정도"로 열악한 조건이었다. 송창근은 출옥하여 부산에 있는 집으로 돌아갔을 때, 사람들이 알아보지 못할 정도로 피골이 상접하고 초췌했고, 얼굴빛이 백지장 같고 피골이 상접하여 참으로 보기에 민망"할 정도였다고 한다. 최능진도 크게 다르지 않았을 것이다.

　최능진은 1938년 8월에 예심이 끝나고, 1939년 12월 경성지방법원에서 무죄를 선고받았다. 그러나 검사의 공소로 1940년 8월 경성복심법원에서 징역 2년을 선고받았다.

　다행히 다음해인 1941년 11월 경성고등법원 상고심에서는 최능진을 비롯해 관련자 전원이 무죄 판결을 받았다. 불행히도 이 무렵에는 동우회사건 관련자 대부분이 친일파로 전락하여 일제에 열심히 충성을 바치고 있어 이들을 처벌할 필요가 없었다. 그러나 4년 5개월간의 구금기간 동안 일본경찰의 혹독한 고문으로 최윤세(崔允洗)·이기윤(李基潤)은 옥사하고, 김성업은 불구가 되었다.

8. 동우회사건의 굴레

이광수와 주요한의 전향과 친일

동우회사건의 재판은 일사천리로 마무리됐다. 그러나 동우회사건은 재판이 끝난 후 더 큰 사회적 파장을 낳았다. 동우회사건 관련자들의 전향이 이어졌기 때문이다.

일제는 1938년 7월 29일 보석 출소한 관계자 중 핵심인물인 이광수, 주요한을 회유해 전향시켰다. 그리고 두 사람은 10월 26일 다음과 같은 안내장을 보석 출감자 전원에게 보냈다.

> 이번 재판장 각하의 양해를 받고 우리들 동우회 사건 보석 피고 일동은 전부 회합한 후, 우리들이 취할 금후의 태도에 대하여 협의하려고 한다. 오는 11월 3일 (명치절(明治節)) 오전 9시 정각에 경성부 효자정 175번지(京城府孝子町一七五番地)(진명학교(進明學校) 앞) 이광수(李光洙)의 집에 바쁘시더라도 꼭 출석해 주시기 바랍니다.
>
> 소화(昭和) 13년 10월 26일
> 이광수(李光洙) 주요한(朱耀翰)

11월 3일 경기도 경찰부장은 조선총독부 경무국장에게 "흥사단 및 동우회 사건의 중요간부 이광수 및 주요한 두 사람은 현 시국의 중대성에 비추어 과거를 청산하였다. 이들은 이때 동 사건 보석 출소자 일동에게 호소하여 적극적으로 황국신민의 적성(赤誠)을 피력해야 한다고 하며 근래 협의 중이다"이라고 보고했다.[78]

예정대로 11월 3일 오전 9시부터 3시간 동안 경성부 효자정 이광수의 아내 허영숙(許英肅) 집에서 모임이 열렸다. 일제는 집회의 목적에 대해 '시국에 대한 사상전향회의'라고 보고했다.

이 모임에는 주요한, 김성업, 김동원, 장리욱, 이윤재(李允宰) 등 28명이었고, 임감(臨監) 경찰관으로 경기도 경부보(京畿道警部補) 사이가 시치로(齊賀七郎)가 참석했다. 사회자는 '과거 청산'을 선언한 이광수였다.

모임이 시작되자 이광수는 '전향 표명서'를 각자에게 배포하고 다음가 같은 취지의 발언을 했다.

"우리들은 과거를 청산함과 동시에 금후 일본신민으로서 살고자 결의하였다. 이와 같이 사상감정을 정리할 기회가 없이 단지 법의 판결을 기다리고 있는 부자유스러운 보석자(保釋者)로서 그 충성스런 사상감정의 발표의 기회가 속히 오기만을 희망하고 있었다. 지난번 광동(廣東), 한구(漢口)를 함락(陷落)하고, 그리고 야스쿠니신사(靖國神社)에서는 다수 황군 전사자(戰死者)의 성대한 위령제(慰靈祭)를 거행하여 국민의식에 불타고 있다. 그리고 개인의 자격으로 재판장에게 통신(通信)함으로써 우리들 피고에게도 국가에 대한 감정 및 사상을 정리하여 봉사의 기회를 받으려는 뜻을 말씀 드렸다. 이에 재판장의 양해를 받고 또한 보석자 전원이 회합하여 자유토의를 할 수도 있다는 지시가 있으므로 주요한(朱耀翰)과 협의하여 우리들 보석자 및 재함자(在檻者) 누구나 현 시국에 대하여 같은 의사(意思)이고 우리 두 사람의 의사는 모두의 뜻임을 예상하면서 여러 분의 동의를 얻지 않고 합의사항을 결정하여 모여

78) 「동우회사건 보석출소자의 사상전향회의 개최에 관한 건」『京高特秘 제2494호』, 1938. 11. 5.

주시길 부탁드리는 바이다."

그리고 주요한이 "먼저 우리의 행동으로서 신사에 참배 후 합의사
항을 토의하는 게 어떨까하고 제의"하자 일동이 찬성하고 새전(賽錢)
100엔을 지참하여 오전 10시부터 11시까지의 사이에 일동이 자동차
에 나누어 타고 조선 신궁(神宮)에 참배한다.

모임은 일제의 각본, 이광수, 주요한 주연으로 일사천리로 진행됐
다. 그리고 이광수의 주도로 출석자 전원이 날인하고, 변호사를 통하
여 재함자(在檻者)에게도 동의날인을 받고, 지방 결석자에게는 통신연
락에 따라 날인을 받은 후, 재판장에게 제출하는 것으로 합의됐다. 이
에 참석자 28명이 합의서에 서명 날인하였다. 합의내용은 다음과 같다.

우리는 병합 이래 일본제국의 조선통치를 영국이 인도에 대한 것과
같이, 프랑스(佛國)가 베트남(安南)에 대한 것과 같이, 단지 이른바 식민
통치로 해석하였다. 그리고 조선민족은 일개 식민지의 토인(土人)으로
서 영원히 노예의 운명에 처하게 되었다고 한탄하였다. 명치대제(明治
大帝)의 일선동인(日鮮同人)의 말은 실제에서는 영원히 실현될 수 없는
것이라고 생각하였다. 이에 우리는 독립사상을 갖고 조선민족을 일본
제국의 고삐에서 해방시키는 것이 우리의 의무라고 믿어 왔다.

그러나 우리는 과거 1년 반 동안 깊이 반성 한 결과, 조선민족의 운
명에 대한 재인식, 종래 우리가 갖고 있던 사상에 대한 재검토에 의하
여 일본제국의 조선통치의 참뜻에 대한 정확한 이해를 할 수 있었다.
우리를 이 결론으로 인도한 가장 유력한 요인은 지나사변(支那事變)에
따라 명확해 진 일본의 국가적 이상과, 남총독(南總督)의 여러 가지 시
정(施政) 및 의지표시이다.

우리는 지나사변(支那事變)에서 일본제국의 국가적 이상이 서양의 제
국주의 국가군(國家群)과는 매우 현격하다는 것을 인식하였다. 일본은
팔굉일우(八宏一宇, 전 세계가 천황의 집이다)의 사상을 깊이 인식하고,

우선은 아시아 여러 민족으로 하여금 구미제국주의와 공산주의의 질곡에서 벗어나 동양 본래의 정신문화 위에 공존공영(共存共榮)의 신세계를 건설하는 것이 일본제국의 국가적 이상으로서 목적이라는 것을 우리는 이해하였다. 동시에 조선민족도 결코 종속자(從屬者)도 추수자(追隨者)도 아니며 함께 일본국민의 중요한 구성 자로서 이 위업을 분담하고 또 그에 따라 오는 행복과 영예를 받는 자이며 국가로부터 허락 받고 또한 요구된 자로 우리들은 이해할 수 있었다. 이미 교육의 평등은 실현되었다. 가까운 장래에는 의무교육도 실시되고 병역의 의무를 조선민족에게 파급시킬 것도 암시되고 있다. 한마디로, 일본제국은 조선민족을 식민지의 피(被)통치자로서가 아니라 참으로 제국의 신민으로서 이를 받아들이며, 이에 신뢰한다는 참뜻이 있음을 우리는 이해하고 또한 믿을 수 있었다.

이와 같이, 우리는 종래의 우리의 오해에서 비롯된 조국에 대해 참으로 죄송한 생각과 감정을 청산하고 새로운 희망과 환희와 열정으로써 아래와 같이 정하였다.

1. 우리는 지성으로써 천황에게 충의(忠義)를 하자.
1. 우리는 일본국민의 신념과 긍지로써 제국의 이상실현을 위하여 정신적 및 물질적으로 전력을 다하자.
1. 지나사변(支那事變)은 우리 일본제국의 국가적 이상실현의 기초에 관한 것임을 파악하며, 작전 및 장기건설을 위한 모든 국책(國策)의 수행에 최선의 노력을 하자.

여기에 명치(明治)의 가절(佳節)을 맞이하여 우리들과 아래에 기록한 자들은 숙고 한 후, 이 합의를 하였다.

소화(昭和) 13년 11월 3일
원 동우회 회원 일동

28명의 참석자는 합의 서명 후 국방헌금 신청을 했다. 역시 이광수

가 주도했다. 이광수는 동우회의 입회금 300엔 정도를 국방헌금으로 하는 것 외에 출석자 전원에게 응분의 국방헌금을 신청하였다. 이에 참석자들이 찬성하여 신청금액을 제시했다. 신청금액은 2,888엔이었고, 개인별 신청액은 다음과 같다.

〈 국방헌금 신청표 〉

성명	금액	성명	금액	성명	금액
이광수(李光洙)	200원	김찬종(金燦鍾)	10원	신현모(申鉉謨)	50원
김종진(金鍾眞)	30원	오경숙(吳敬淑)	결석	주현칙(朱賢則)	20원
박현환(朴賢煥)	5원	김용장(金庸壯)	500원	장리욱(張利郁)	20원
김윤경(金允經)	10원	이윤재(李允宰)	3원	조명식(趙明植)	20원
주요한(朱耀翰)	500원	김봉성(金鳳性)	결석	김병연(金炳淵)	20원
조병옥(趙炳玉)	200원	송창근(宋昌根)	5원	김성업(金性業)	10원
유기준(劉基俊)	50원	한승곤(韓承坤)	결석	오익은(吳翊殷)	50원
오봉빈(吳鳳彬)	20원	최능진(崔能珍)	200원		
김선량(金善亮)	500원	석봉련(石鳳鍊)	30원		
김동원(金東元)	300원	백영엽(白永燁)	미정		
백응현(白應賢)	결석	최윤호(崔允鎬)	50원		
조종완(趙鍾完)	30원	허용성(許龍成)	5원		
김항복(金恒福)	결석	한승인(韓昇寅)	50원		

국방헌금은 자의가 아닌 일제의 강요로 자산을 고려해 배분된 듯하다. 최능진에게는 조병옥과 같은 200원이 할당됐다. 그러나 조병옥에게는 1962년 건국훈장 독립장이 추서되었지만 최능진은 아직도 국방헌금이 걸림돌이 돼 독립유공자 포상이 이뤄지지 않고 있다.

엇갈린 선택

동우회는 일제의 탄압을 받아 '동우회사건'을 통해 해체되기 전까지 실력양성을 내세우며 독립의 길을 모색했다. 그런 점에서 동우회 회원들의 활동은 일제의 교묘한 탄압과 술책에도 그들의 신념을 끝까지 지키면서 민족의 의지를 과시한 민족운동의 한 형태였다.

그러나 동우회사건은 체포된 동우회 회원들의 변절이라는 깊은 상처를 남겼다. 1938년 6월 8일 정영도(鄭英道)·김여제·갈홍기(葛弘基)·김여식·이묘묵(李卯默)·박태화(朴泰華)·현제명(玄濟明)·노진설·최봉칙 등 18인이 친일단체 대동민우회(大同民友會)에 가입한 것이다.[79]

1938년 11월 3일 보석에서 풀려난 이광수, 주요한, 송창근 등도 전향성명을 발표하고 적극적으로 친일 활동에 나섰다. 이들 3인 외에 정인과·백낙준·이용설·송창근·홍영후(洪永厚, 홍난파)·김동원·유억겸(俞億兼) 등 13명도 일제에 협력한 전력을 남겼다.

출감 후 최능진과 가깝게 지낸 장이욱은 공직을 가질 수 없는 상황이라 친지의 권유로 평양자동차공업주식회사의 사장을 맡아 생계를 유지하다가 광복을 맞았다. 최능진은 1938년 10월 창립될 때부터 이 회사의 이사를 맡고 있었다.[80]

최능진은 1940년 8월 경성복심법원재판을 받기 전 산성능진(山城能鎮)으로 창씨개명(創氏改名)했다. 일제는 1939년 11월 황민화정책(皇民化政策)의 하나로 강제로 우리나라 사람의 성을 일본식으로 고치

---

79) 미주의 흥사단본부로부터 출단(통상단우)과 제명(예비단우)을 당한 이들은 후일 복단 절차를 밟아 대부분 단우 자격을 회복하였다.

80) 평양자동차공업주식회사는 1938년 10월 18일 '자동차의 수선 가공 매매 및 기타 부대사업' 등을 목적으로 자본금 10만원을 출자해 설립됐고, 장이욱은 1940년에 사장으로 취임하였다. 『조선은행회사조합요록』, 1941년, 동아경제시보사.

게 했다. 1940년 2월 11일부터 접수한 창씨제도는 이틀 만에 87건이 접수되었고, 그중에는 이광수(香山光郎)를 비롯한 최능진과 가까운 김동원(金岡東元), 김병연(金城炳淵) 등이 포함돼 있었다.

조선총독부는 8월 10일까지 창씨를 완료하도록 하고, 창씨를 거부하는 자는 불령선인(不逞鮮人)으로 몰아 감시케 했으며 그 자제의 학교입학을 금지했다. 창씨개명은 경찰서·지방행정기관의 독려·감시하에 강행되었으며 여기에 친일단체 들이 독려강연에 나섰다. 이러한 강압적 조치 아래 기한까지 접수된 창씨는 약 80% 정도였다. 당시 재판을 받고 있던 최능진으로서는 불가피한 선택이었다.

다시 만주 개척에 나서다

1930년대 초 조선 총독부는 '일본을 수준 높은 기술이 뒷받침하는 정공업(精工業, 기술 수준이 높은 공업) 지대로, 만주를 농업지대로, 양자를 연결하는 조선을 조공업(粗工業, 기술 수준이 낮은 공업) 지대로 설정'하는 이른바 '조선 공업화' 정책을 내걸었다. 조선의 북부 지방에 발전소와 화학·금속 공업 관련 공장이 들어선 것이 이때부터다.

중·일 전쟁 이후 조선은 일제의 군수 물자 생산 기지가 되었다. 일본은 자국의 대자본을 끌어들여 조선에 금속, 기계, 화학 등 중화학 공장을 대거 유치하였다. 발전소를 세우고, 대형 광산을 개발하기도 하였다. 일본과 조선, 만주의 경제를 통합하여 원료와 식량을 값싸게 공급받고, 상품과 자본의 수출을 확대하려는 의도였다.

상대적으로 제약이 심하지 않았던 만주는 조선인에게 매력적인 곳으로 비춰졌다. 최능진이 만주 진출을 모색한 것도 이러한 분위기와 무관하지 않다.[81]

동우회 사건이 마무리된 후 최능진의 행보는 잘 알려져 있지 않다.

여러 증언을 종합해 볼 때 1935년부터 만주와 톈진을 오가며 무역업을 했던 경험을 살려 만주지역을 근거지로 삼아 다시 경제사업에 뛰어들었다. 우선 보석으로 나온 직후인 1938년 10월 평양자동차공업주식회사(사장 이영하)에 투자해 이사로 취임하였다.[82]

막내 딸 최화선은 "만주에도 자동차정비공장이 있었고, 아버지가 돈을 벌어 독립운동자금을 대려고 이것저것 다 했다"라고 회고했다. 『강서군지』에는 "출감 후 농촌계발 공업 공장을 경영"했다고 기술되어 있다.

일부 연구에는 "옥고를 치른 이후, 만주 번시[本溪]로 이주하여 정미소를 경영하면서 간헐적으로 임시정부를 도와 평양을 왕래하였으며 광복 직전에 귀국하였다"라고 했지만 자료로 확인되지 않고 있다. 다만 최능진과 충칭 임시정부와의 연계를 추론할 수 있는 증언은 남아 있다.

1941년 2월 통화성[通化省, 통화성. 현재의 랴오닝성(遼寧省)] 번시후(本溪湖, 본계호, 현재의 번시시)에서 최능진을 만났던 김용의 회고에 따르면 최능진은 상하이에서 김경재(김용의 큰 형)와 각 5만원을 출자해 10만원의 자본금으로 아세아상공회사를 설립했다. 당시 최능진은 아세아상공회사 사장이었고, 부사장은 김성재(김용의 둘째 형)였다.

---

81) 관동군은 1936년 5월 20년간 100만 호, 즉 500만 명의 일본인을 만주로 이주시키겠다는 '만주 농업이민 100만 호 이주(移住)계획안'을 만들었다. 1936년 3월 출범한 히로다(廣田弘毅) 내각은 이를 '7대 국책사업'의 하나로 채택하고 20억 원의 예산까지 배정했다. 그럼에도 일본인의 만주 입식(入植)은 저조해서 식민정책 자체가 원활하게 진행되지 못했다. 반면 조선인들은 만주로 몰려들고 있었다.

82) 사장 이영하(李泳夏)는 임시정부 내무총장 안창호(安昌浩) 주도로 만들어진 연통부의 평안남도 참사로 활동한 경력이 있다.

1938년 7월 최능진이 보석으로 풀려난 후 몇 달 뒤에 찍은 가족사진. 왼쪽이 장남 최필
립, 가운데가 둘째 최봉립. 오른쪽이 셋째 최만립이다.

최능진은 노무자용 식량으로 수수 표면의 딱딱한 껍데기를 망에 갈아서 정제한 후 수수밥을 해먹을 수 있도록 하는 수수정제공장을 번시후와 톈쓰부(田師付)에 건설하고 있었다. 톈쓰부는 번시후 만족 자치현에 있는 지역으로 선양(瀋陽)시에서 100km 정도 떨어져 있으며, 인근에 고구려의 도성으로 추정되는 졸본성(오녀산성)이 있는 곳이다.

최능진은 공장건설 자재구입 차 한 달의 반은 선양에 가서 살다시피 했다고 한다. 당시 번시후는 야금업과 석탄산업이 발전하고 있던 곳으로 이곳에는 만주족 중심으로 많은 노동자들이 몰려 있었다.

출옥 후 최능진이 중국으로 가 경제사업을 한 일단이 잘 드러나는 증언이다. 그러나 더 중요한 대목은 김용이 당시 최능진에 대해 남긴 인상기다.

　　"최능진 씨는 사업에 대한 경륜이 없는 사람이었다. 미국에서 독립운동을 한 투지와 애국심으로 시국과 정치에 대한 소재 하나를 꺼내놓기만 하면 하루해가 가는 줄 몰랐다. 자기 말에 도취해 열이 올라 울부짖듯이 열변을 토했다. 안창호 선생과 이승만 박사간의 알력과 흥사단과 동지회간의 알력을 말할 때에는 흥분한 나머지 격한 어조로 감정을 삭이지 못한 채 큰 소리로 욕설이 나오고 싸우려고까지 했다.

　　항상 이승만 박사는 속이 좁고 고집이 세고 돈에 인색하고 남의 일은 이해할 줄을 몰라서 동포들의 지지를 받지 못하고 고립돼 있었다고 말했다. 나라의 운이 없어 애국자요, 개척자요, 여명기에 선각자였던 안창호 선생을 잃은 것을 원통하게 생각을 하며 때로는 눈가에 눈물을 보이기도 했다. 이러한 이유로 최능진 씨를 사업가로 보기보다는 독립운동에 대한 관심이 많아 사업은 기대를 안 하는 것이 좋겠다는 나의 견해를 피력해 두곤 했다."[83]

83) 김용, 『나의 길을 찾아』, 이화, 2012, 29쪽.

김용의 회고가 정확하다면 최능진은 1941년 봄에 상하이·번시후·선양을 오가며 사업을 하고 있었고, 안창호의 별세에 원통한 생각을 가지며 여전히 독립운동에 여전히 관심을 두고 있었다. 특히 내용 중 미주지역 흥사단과 동지회간의 알력, 이승만과 안창호에 대한 평가 등은 당시 김용이 제대로 알 수 없는 내용이기 때문에 이 증언은 신빙성이 높다.

김용은 최능진을 만난 뒤 1943년 중국 난징 국립중앙대학 농학과에 입학했고, 재학 중 광복군에 입대하여 제3전구 사령부에 파견 근무했으며, 이후 제1지대 공작원, 상해지구 지하공작 및 항주·금화지구에서 적정수집과 초모공작을 했다고 한다.

다만 최능진이 만주와 상하이를 오가며 1급 친일파로 활동했던 김경재와 어떤 인연으로 만나 무슨 생각으로 동업하게 됐는지가 미스터리로 남는다. 더구나 그는 흥사단 원동위원부 해체를 주도한 장본인이었다.

김경재는 1922년 대한민국 임시정부가 발행하는 『독립신문』 기자와 『신한공론』 주필로 활동하였고, 1920년대 중반 사회주의운동에 참가한 논객으로, 1926년 6월 '제2차 조선공산당사건'으로 검거되어 징역 2년 6월 형을 선고받았으며, 1932년 전향한 후 1935년 10월 경성을 떠나 북만주로 이주하면서 노골적인 친일활동을 시작하였다.

1940년 가네자와 히데오로 창씨개명하고 상하이로 건너가 일본군 사령부 촉탁으로 활동했고, 일본총영사관, 조선총독부출장소의 하라다(原田)와 함께 민족주의 단체의 상징처럼 남아있던 흥사단 원동위원부 해체를 주도하기도 했다. 김용이 최능진을 만난 1941년에도 그는 친일신문 『상해시보』를 창간해 일제가 추구하는 '동아신질서' 건설에 협력할 것을 선전하고 있었다.

그러나 최능진이 사업상 김경재와 동업을 했지만 그와 뜻과 행보를 함께 하지 않은 것은 분명하다. 오히려 충칭 임시정부 쪽과 은밀하게 연계를 가지고 있었을 가능성이 있다. 김용의 회고에 이를 시사하는 대목이 나온다.

"상해에 있던 맏형 경재가 상해에 와서 아세아상공사에 대한 자세한 설명을 하라고 초청장을 보내왔다. 1941년 초 번시후를 떠나기에 앞서 최능진 씨는 나에게 상해는 우리나라 독립운동의 발상지요 조국의 독립을 위해 선열들의 항일 발자취를 남겨 둔 곳이어서 아직도 그 잔형이 남아있다고 했다. 상해에 가면 충칭(重京)에 가 있는 우리 임시정부(臨時政府)의 소식을 들을 수 있을 것이고, 길을 모색하다보면 갈 수 있는 지하통로가 있다고 암시하기도 했다.

임시정부의 주석 이하 각료들이 고 안창호 선생의 측근들이라고 일러주면서 안창호 선생이 조직한 흥사단 계열의 최희송 씨가 상해에 있으니 찾아가 보라고 했다. 젊은 사람이 나라가 없는데 돈을 벌려고 집착하지 말고 나라를 위해 생각해 볼 때가 지금이라는 말로 조국관을 심어주기에 안간힘을 쓰고 있었다."[84]

김용에 따르면 최능진이 소개한 최희송은 당시 일본관헌의 요시찰 감시대상이었다고 회고하였다.[85] 그는 자신의 형인 김여재가 찐화(金華)에 설립해 물물교환업을 하던 저장물산공사의 부사장으로 있었다.[86]

---

84) 김용, 앞의 책, 29쪽. 김용은 맏형 김경재가 친일파였지만 광복군 활동을 인정받아 1990년 건국훈장 애족장을 추서 받았다.

85) 최희송, 『나의 자서전-빙세계70년』, 68~69쪽. 최희송은 1915년 도미해 1927년 매사추세츠 공과대학을 졸업하였고, 안창호의 권유로 흥사단에 입단해 활동했다. 1935년 만주 하얼빈으로 이주했다가 1939년 상하이로 옮겼다. 해방 후 미군정 고문, 경상북도지사, 제4대 민의원, 공화당 국회의원 등을 역임했다.

실제로 최희송은 최능진 등의 투자를 받아 1935년부터 장인이 자리를 잡고 있던 하얼빈으로 가서 농장과 정미소를 운영하다 사업이 잘 되지 않아 1939년 4월 상하이로 이주하였다. 그는 1939년 상하이에서 하얼빈에 갔다가 일본 경찰에 체포돼 "상하이에서 충칭과 연락하는 국제스파이 혐의"로 5개월간 구속돼 있다가 무혐의로 석방된 적이 있었다.[87]

1941년 12월 8일, 일본이 하와이 진주만을 공격하여 태평양전쟁이 발발하였다. 이 무렵 최능진은 인척관계이자 집안일을 돌봐주던 오중엽을 평양에 보내 아들을 불렀다. 가장 공부를 잘 하는 아들이 왔으면 좋겠다는 내용이었다. 평양 상수국민학교에 입학해 급장(반장)을 하며 공부도 잘 한 셋째 최만립이 가기로 결정되었다.

당시 평양을 출발해 만주의 번시까지 가서 부친을 만났던 상황을 최만립은 생생하게 기억하였다.

"대동아전쟁이 일어난 즈음이었다. 나는 그때 평양 상수국민학교에 다니고 있었다. 겨울방학 때 오중엽(후에 문교부장관이 된 오천석과 인척관계) 형이 평양 집으로 왔다. 형제들 중에 공부를 잘하는 사람이 아버지한테 가는 것으로 되어있었고, 내가 공부를 제일 잘했다.
중엽 형은 뭔가 아버지의 미션을 받은 것 같은 느낌이 들었다. 형은 광목 한 필을 베에 두르고 나를 데리고 평양역에서 기차를 탔다. 신의주역에 도착하자 일본경찰이 기차에 탄 사람을 모두 내리게 했다. 어린

---

86) 김용, 앞의 책, 45쪽

87) 대한민국역사박물관 학예연구사 오승진은 최능진이 "1937년 동우회 사건이 발생하여 2년간 서대문형무소에서 옥고를 치른 후 만주 본계로 이주하여 정미소를 경영하면서 간헐적으로 임시정부를 도와 평양을 왕래하였으며, 광복 직전에 귀국하였다"라고 밝혔다. 오승진, 「최능진」 『해방공간 1945~1948』(대한민국역사박물관소장자료집4), 195쪽.

나는 기차 안에서 창밖을 바라보았다. 창밖으로 일본 경찰이 형이 갖고 있던 광목을 빼앗고 폭행하는 장면이 보였다. 기차에서 내려 일본경찰에게 '왜 때리냐'고 따져 묻자 그들은 내 얼굴을 때렸다. 기차는 한두 시간 지연되어 출발했고 심양 못 미쳐 '미야노하라역'에 도착하였다. 여기서 뭔가를 타고 한 시간 이상 가니 아버지 정미소가 있었다.

정미소 주변의 풍경은 아주 비참했다. 쿨리(육체노동에 종사하는 하층의 중국인)들이 거주하는 천막들이 여기저기 있었다. 죽은 사람이 누워있는 관이 여기저기 있었고, 관 뚜껑은 열린 채였다. 새와 짐승들이 죽은 사람을 파먹고 있었다. 우리와는 다른 그 지역의 장례풍습이라고 했다. 끔찍한 장면이었다.

정미소에서는 최능진과 사촌 형 최봉국이 함께 있었고, 남루한 쿨리 두 사람이 일하고 있었다. 정미소의 크기는 약 여덟 평 남짓하였는데, 정미소 가운데 난로가 있었고 그 위에서 수수죽이 계속 끓고 있었다. 정미소에서는 맷돌로 수수를 갈고 있었다.

정미소 맞은편에 두 평 남짓한 흙집이 있었는데, 거기가 아버지 거처였고 거기서 잤다. 이부자리에 빈대와 벼룩이 너무 많아 잠을 잘 수 없을 정도였다. 정미소에서 일할 때 아버지의 복장은 중국노동자와 비슷한 복장이었다. 삼사일을 정미소에서 머물렀다.

하루는 아버지와 함께 인력거를 타고 30분 정도 어디론가 갔는데, 일본헌병 오장(伍長)의 관사였다. 오장은 조선인(공씨)이었고, 그 지역 일대를 장악하고 있는 최고 높은 사람이었다.[88]

일본헌병 오장 관사에 가던 날 아버지의 복장은 비교적 괜찮았다. 관사는 아주 컸고 일하는 사람도 많았다. 그 집에서 후한 대접을 받았다.

---

88) 일본군 헌병 오장(伍長)은 우리 군의 하사에 해당하는 계급이지만 사실상 헌병 조직의 골간을 이루었다. '겐뻬이 고쵸'(남의 일을 캐내고 간섭하는 사람이라는 뜻)로 불리며 군내 경찰 임무 뿐 아니라 민간인 정치사찰까지 겸해 공포의 대상이었다. 헌병 오장은 일선의 행동대장 임무를 수행하면서, 지역 또는 부대의 책임을 지는 경우가 많았다. 후에 최능진을 총살로 몰아간 김창룡 특무대장도 헌병 오장 출신이다.

일본사탕과 과자를 받아서 집으로 오는 중 아버지는 작은 목소리로 '저 사람은 겉으로는 저래도 속은 민족주의자이고 좋은 사람이야'라고 말했다.

해방 후 남한에서 아버지가 수사국장이던 시절에 이 헌병 오장이 찾아왔고, 아버지가 신분을 보증해서 해군에 들어간 것이 기억난다."

당시 만주 번시후지역에서 2개의 정미소를 운영하던 최능진의 생활이 잘 드러나는 증언이다. 그는 자신의 생각을 숨기고 이중생활을 했던 것이다.

1939년에 태어난 최능진의 딸 최화선은 "아버님이 중국을 오가던 시절에 내가 '바구니에 돈 많이 벌어 오세요. 그리고 저를 주고 또 가지고 오세요.'라고 해 가족들 얼굴이 눈물반 웃음 반이었다는 이야기를 여러 차례 들었다"라고 회고했다.

김용에게 "나라가 없는데 돈을 벌려고 집착하지 말고 나라를 위해 생각해 볼 때가 지금"이라며 조국관을 강조했던 최능진은 1944년 여름 평양으로 돌아왔다.[89] 중국과 만주를 오가며 국내보다 일찍 해방이 멀지 않았음을 예견했을 것이다. 8월 15일 광복의 그날은 다섯째 최자립이 태어난 날이기도 하다.

---

[89] 최능진이 1944년 8월~9월경 평양에 들어온 것은 확실하다. 다만 이때 귀국했다가 다시 만주로 가 있다가 해방직전에 돌아온 것인지는 확인되지 않는다.

9. 평안남도 건국준비위원회 치안부장

해방

"짐은 세계의 대세와 제국의 현 상황을 감안하여 비상조치로써 시국을 수습하고자 충량한 너희 신민에게 고한다."

1945년 8월 15일 히로히토 일본 천황의 떨리는 목소리가 라디오에서 흘러나왔다. 포츠담선언을 받아들인다는 내용이었다. 마지막까지 항복에 반대하는 일본군 장교들의 눈을 피해 연설문 작성과 녹음과정은 비밀에 붙여졌다.

해방의 감격은 평양에도 예외가 아니었다. 8월 15일 정오 일본 천황이 연합국 측에 무조건 항복하는 육성방송을 했다는 소식을 들은 평양 시민들은 반신반의하면서 환호성을 불렀다. 다음 날부터 평양 시내는 감동의 도가니로 변했고, 상점들은 일제히 철시를 단행하였다. 3·1운동에 이은 두 번째 철시였다. 모든 관공서 업무는 중단되었고, 전차 운행도 끊겼다. 신시가의 일본인들은 절망에 빠진 가운데 구시가 조선인들의 보복이 두려워 집 밖에 나오지도 못했다. 거리는 온통 환희에 찬 조선인들로 붐볐다.

해방 당일 일본인에게 폭력을 행사한 조선인은 거의 없었다. 다만 평양신사(平壤神社)만큼은 청년들의 방화로 15일 밤 불에 타 전소되었고, 입구의 문에 해당하는 화강석 도리이(鳥居)도 파괴되어 무너졌다. 이 같은 신사 파괴는 진남포, 안주 등지에서도 일어났다.

조선총독부는 일본 천황이 무조건 항복 의사를 밝힌 8월 10일 이전에 '항복선언'을 통고받았다. 조선총독부는 이때부터 항복 후 일본인들의 생명과 재산을 보호해줄 조선인 지도자를 접촉하기 시작했다. 서울에서는 우파의 송진우와 좌파의 여운형이 접촉 대상 정치지도자였다. 송진우는 거절했지만 여운형은 8월 15일 아침 정치범 및 경제범 석방, 치안 유지 등 몇 가지 조건을 내걸고 승낙했다. 엔도 류사쿠(遠藤柳作) 정무총감이 조건을 모두 수용하자 여운형은 안재홍과 함께 건국준비위원회(건준)를 결성한다.

해방 당일 부임한 지 2달 밖에 되지 않은 후루가와(古川兼秀) 평안남도 지사도 패전 후 사태를 수습하기 위해 움직였다. 일본 측 기록에 따르면 평안남도 도청에서는 단파라디오로 샌프란시스코 단파방송을 듣고 있었기 때문에 8월 12일 밤 종전을 알았고, 그날 밤부터 후루가와 지사를 중심으로 대책을 논의했다. 그는 평양의 유력자인 김동원, 최정묵(崔鼎黙), 김항복을 불러 상의했다. 이들은 혼란을 피하고, 질서를 유지하기 위해 조만식과 조윤선을 접촉하기로 했다. 김동원은 조만식과 오랜 인연이 있었고, 김항복은 조만식의 제자로서 평양의 기독교인들이 세운 숭인학교에서 12년 동안 교장으로 재직했다.

해방 당시 조만식은 조선인의 참전권유 요청을 압박하는 상황을 피해 고향인 강서군 반석면 안골로 내려가 은거하고 있었다. 오윤선도 대동군 고평면 사천동으로 피신해 있었다.

김항복은 8월 15일 당일로 고당의 둘째 사위 강의홍을 데리고 안골로 급히 고당을 찾았다. 고당을 만난 그는 일본인 도지사의 뜻을 전달하고, 평양으로 속히 돌아와 행정권 인수에 나설 것을 권하였다.

고당은 해방 소식에 기뻐하면서도 도지사의 초청에는 선뜻 응하지 않았다. 김항복은 하는 수 없이 대동군으로 가서 오윤선을 태우고 저녁 9시에 평양으로 돌아왔다.

해방이 되자 최능진은 평양 오윤선의 집으로 갔다. 연락을 받고 간 것인지 자연스럽게 그곳으로 갔는지는 알 수 없다. 오윤선의 사랑방은 일제강점기 동우회 활동의 거점이었고, 주기철 목사의 신사참배 반대 논의도 여기서 이뤄졌다. 해방이 되면서 이곳이 자연스럽게 새로운 건국운동을 논의하는 중심이 되었다.

최능진이 오윤선의 집에 도착했을 때 이미 김동원을 비롯해 여러 인사들이 모여 있었다.

이날 모임에서는 최능진을 중심으로 학생들을 동원하여 치안을 담당하게 할 것, 태극기를 만들어 학교와 단체에 배포할 것, 조만식 장로를 모셔올 것 등이 논의, 결정됐다. 모임의 명칭은 '평안남도 치안유지위원회'로 정해졌다.

"평양에 나와 민심을 수습해 달라"는 오윤선 장로의 친서를 받고 심사숙고하던 고당은 17일 새벽에야 평양에 도착했다. 17일 새벽 안골에서 평양으로 돌아온 고당은 오윤선 장로 집에 자리를 잡고, 김병연·한근조·이주연·장이욱 등 동지들과 앞으로의 대책을 논의하였다. 그들은 평안남도 일대의 민심을 수습하고 건국을 준비할 단체를 조직하자는 데 의견을 모으고, 고당을 비롯한 10명의 준비위원을 선정하여 단체의 명칭을 정하고 조직을 구성하는 작업에 들어간다. 또한 고당은 송진우, 여운형과 전화통화를 하며 서울의 주요 정치지도자와 소통한 후 평남 건준을 발족했다. 평남 건준은 치안유지위원회가 명칭을 바꾼 것이다.

위원장은 조만식이었다. 건준 사무실은 일제강점기 때 평양 민족주의자들의 거점이던 백선행기념관에 차렸다.

조만식, 김병연 등은 평안남도 일대의 민심을 수습하고 건국을 준비하는 단체를 만들기로 하고 인선에 들어간다. 건준 위원 구성에 대한 원칙과 방향 등을 논의할 때 가능하면 인원을 많이 하자는 의견도 있었지만 활동을 신속하게 하려면 소수 인원으로 움직이는 기동성 있는 조직이 필요하다는 주장에 힘이 실렸다.

최능진은 건준의 치안부장에 임명되었다. 결성 당시 평남 건준의 간부진은 다음과 같았다.

위원장: 조만식
부위원장: 오윤선
총무부장: 이주연
재무부장: 박승환
선전부장: 한재덕
산업부장: 이종현
지방부장: 이윤영
교육부장: 홍기주
섭외부장: 정기수
치안부장: 최능진
무임소 위원: 김병연, 노진설, 김광진, 지창규, 한근조, 김동원

위원 구성을 통해 알 수 있듯이, 평남 건준은 기독교인과 우파 민족주의자가 중심이 된 조직이었다. 사회주의계로 분류할 수 있는 사람은 이주연·김광진·한재덕 정도였다. 대체적으로 기독교 배경과 토착자본가 세력을 주류로 하는 평양 사회의 정치지형이 반영된 위원구성이었고, 동우회사건에 연루된 인사가 다수를 차지하였다.

평남 건준은 17일 발표한 첫 성명에서 건준의 본질과 사명에 다음과 같이 규정했다.

1945년 8월 평남건준 본부가 있던 백선행기념관의 현재 모습.
건준 부서 중 치안부만 백선행기념관 옆 경방단본부가 있던 건물에 있었다.

"소련과 미-영군이 상륙하는 동시에 해외 정부가 들어오게 되는바,
그러므로 이때에 치안유지를 주안적 사명으로 하려는 것으로 건국준비
위원회라니까 무슨 조각이나 하고 방금 정부가 되는 것 같이 해석하려
는 경향이 있을지 모르나 결코 그런 것이 아니고, 주로 치안유지를 목
표로 하는 기관인 것이다."

평남 건준이 핵심 목표를 치안유지를 표방하고 있는데, 이 임무를
실무책임자가 최능진이었던 셈이다. 그의 나이 46세였다.

그러나 평안의 치안문제를 선점한 것은 경방단이었다. 경방단은
일제 말기에 총독부가 지방의 치안유지를 위해 조직한 친일단체였다.
16일 오후부터 경방단은 '자위단'이라는 이름으로 명칭을 바꾸고 치
안을 맡겠다고 나섰다. 자위단 책임자는 『매일신보』 평양지국장 고영

한이었다. 그는 경방단의 단장으로 있으면서 조만식의 이름으로 친일 논설을 신문에 기고해 많은 비판을 받은 친일파였다.

평남건준 치안부장이 된 최능진은 우선 청년, 학생들로 자위대를 조직했다. 그리고 백선행기념관 옆에 있던 친일단체 경방단본부로 가서 자위단을 해체하고, 평양의 치안을 안정시키는 임무를 시작했다.

다음으로 친일경찰이 서장으로 있던 경찰서를 무장 해제시키고, 일본경찰을 집단 수용했다. 해방되자마자 평남지사는 당시 평양의 3개 경찰서장 가운데 2개를 친일파에 맡겼다. 평양경찰서 보안과장이던 노덕술을 평양경찰서장으로, 평남 영원경찰서장이던 김호우를 대동경찰서장으로 임명해 치안이 일본인들에게 유리하게 유지되도록 시도했다.

그런데 치안부가 활동을 시작한 지 며칠 되지 않아 하나의 변화가 일어났다. 당시 평양 근교 추을(秋乙)에 주둔하고 있던 일본군 평양사(師) 관구(管區)에서 한국인을 몰살시키러 평양으로 진입한다는 설이 나돌고, 평양역전의 쯔바메(제비)호텔에 집결해 있던 일본 경찰들도 치안부를 습격하러 온다는 정보가 입수됐다. 최능진의 치안부는 직접 행동에 나섰다. 치안부는 쯔바메호텔을 포위하고, 짧은 총격전 끝에 일경을 무장해제시킨 후 치안부 옥상에다 그들을 집단 수용했다. 소련군이 평양에 입성한 뒤 그들은 소련내의 수용소로 압송되었다고 한다.[90]

최능진이 치안부를 앞세워 경찰서를 장악하면서 친일경찰 출신을 앞세운 일본의 계략은 오래가지 못했다. 최능진과 친일파 경찰의 악연은 사실상 이때부터 시작됐다. 평양경찰서장에서 해임된 노덕술은 소련군에 구금됐다가 석방된 후 월남해 1946년에 장택상의 추천으로

---

90) 이 사건 내용은 최능진과 같이 월남한 후 그가 미 군정청 수사국장으로서 활동할 때 그 밑에서 특무과장을 지낸 나병덕(羅炳德)의 증언을 토대로 한 것이다.

수도경찰청 수사과장에 기용되어 경찰 내부의 '반이승만 세력' 숙청, '좌익분자' 검거 등을 주도하게 된다.

아주 짧은 기간이지만 최능진이 이끄는 치안부는 평양에 새로운 질서를 확립했다. 치안부는 일제의 '근로보국대(勤勞報國隊)'에 동원 됐다 풀려난 청년들, 고향에서 평양으로 올라온 학생들로 조직되었고, 한때 조만식이 교장으로 있던 숭인학교 학생들이 중요한 역할을 하였 다. 이들 가운데 김세준과 나병덕은 후에 최능진과 함께 평양을 떠나 이남으로 내려온다.

최능진은 치안부를 앞세워 주요 건물과 창고를 경비하고, 악질 모 리배들이 산적한 군수물자를 횡령하는 것을 감시하는 등 평양의 질서 를 별 탈 없이 유지하도록 했다. 실제로 8월 15일 밤 일본 신사가 불 에 탄 것 외에는 소련군이 진주할 때까지 별다른 큰 사고가 없었다.

건준의 선전부장으로 있다가 후에 공산당에서 활동하다 월남한 한 재덕의 회고에도 이러한 상황이 잘 묘사돼 있다.

"일제 군경의 기능은 마비되었어도 치안은 오히려 그전보다 더 안정 되고, 모든 사람들은 마음껏 해방의 감격을 노래하고 자유를 즐기며, 오로지 되찾은 조국의 민주 창건에 헌신할 의욕에 불타고 있었다. 그것 은 비록 짧은 기간이었으나 일종의 '무법낙원' 시대로서 우리 민족의 애국 의욕과 자치능력을 과시한 귀중한 몇 날이었다."

최능진은 혹시나 일어날지 모르는 일본인들의 단체행동을 감시하 며 치안을 유지하는 선에서 한걸음 더 나아가는 조치를 취하지는 않 았다. 고당의 영향이었을 것이다.

최능진이 이끈 치안부와 경쟁, 대립했던 조직이 없던 것은 아니었 다. 사회주의자 장시우가 이끌던 적위대였다. 빈농 출신으로서 경성

제대를 졸업한 현준혁의 주도하에 해방직후 조선공산당 평남지구당이 결성되었다. 그 산하의 무장단체로서 조직된 적위대(赤衛隊)는 우익청년들로 구성된 최능진의 치안부와는 어차피 대립될 수밖에 없었다. 나병덕은 치안부와 적위대 사이의 갈등에 대해 다음과 같은 일화를 전한 바 있다.

"소련군이 평양에 진주하기 며칠 전 적위대가 치안부를 습격해 오리라는 정보가 입수되었지요. 최능진 선생은 '안일하게 얻은 독립, 안일하게 유지해 나가기는 어려울 것'이라며, 20여명의 결사대를 조직, 적위대를 습격코자 했습니다. 그러나 이 소식을 들은 고당(古堂)은 '아직 일본인들이 우리가 하는 일들을 지켜보고 있는데 같은 민족끼리 싸워서야 되겠느냐'며 만류해 습격계획이 취소된 적이 있지요."

이 같은 증언에서 단편적이긴 하지만 최능진이 지닌 반공주의자로서의 면모를 엿볼 수 있다. 그러나 건준 산하 평양 치안부장으로서의 그의 활동은 소련군의 진압과 더불어 막을 내리고 말았다. 소련군이 평양에 진주하면서 정국이 급반전된 것이다.

8월 9일 일본에 대해 선전포고를 한 소련은 몽고, 만주, 한반도 세 개의 방면을 향해 진격을 시작한다. 이북지역 진주군이 된 소련 제1극동방면군 제25군(사령관 치스챠코프 대장, 정치위원 레베데프 소장)은 웅기, 청진을 거쳐 24일 함흥에 도착하였고, 26일 평양에 본대가 입성하였다.

8월 26일 소련군이 평양에 들어오자 평양 시민들은 비로소 38선을 경계로 미·소양군이 한반도를 남북으로 분할 점령한다는 사실을 분명히 알 수 있었다. 그러나 그때까지만 해도 일본군의 무장해제를 위해 편의상 일시적으로 그어진 38선이 국토를 양단하는 분단선이 될

1945년 8월 26일 소련군을 맞이하기 위해 평양역에 나온 고당 조만식.

줄은 예상하지 못했다.

고당은 평남 건준 간부들과 함께 26일 평양역으로 가서 소련군을 맞이하였다. 시민들은 '해방의 은인 연합군 만세', '해방의 은인 붉은 군대 만세'라는 플래카드를 써서 '해방군'으로 오는 소련군을 환영했다.

8월 26일 오후 제25군 사령관 치스차코프 대장이 수송기를 타고 평양비행장에 도착했다. 그는 환영식장에서 조선인들에게 짤막한 연설을 했다.

"우리는 정복자로서가 아니라 해방자로서 이곳 당신들에게 왔습니다. 우리는 우리의 질서를 당신들에게 강요하지 않을 것입니다. 지금 당신들이 이 나라의 주인입니다. 당신들의 손에 권력을 장악하십시오. 그리고 당신들의 미래를 건설하십시오."[91]

연설을 끝낸 치스차코프 사령관은 숙소인 평양 시내 철도호텔에 도착한 후 일본군 평양수비대 사령관을 불러 항복문서에 사인을 받고, 일본군의 무장해제 절차 등을 통보하였다. 그리고 북한지역의 신정권 수립을 돕겠다는 명목으로 평양의 사회 저명인사들을 그의 숙소인 철도호텔로 초청하였다. 이 자리에서 그는 조선건국준비위원회 평안남도 위원장 조만식과 조선공산당 평남지구위원회 서기 현준혁 등과 만났다.

소련군은 각 지역에서 건국 준비를 위해 자생적으로 조직되고 있던 다양한 자치기구들을 주목했다. 소련군은 이들 자치 조직을 주둔정책의 협력자로서 인정했고, 자치조직이 인민위원회로 정리되자 이 기구로 행정자치권을 이행했다. 소련군으로서는 사회주의 세력들이 더 많은 지지를 받고 있었던 한반도의 정치상황에 굳이 깊숙이 개입할 필요가 없었고, 제2차 세계대전 당시 독일과의 전투로 입은 피해로 그럴 여력도 없었다. 다만 민족주의자들이 많은 비중을 차지한 곳에서는 민족주의자와 사회주의자가 동등한 비율로 함께 참여하도록 조정했다.

치스차코프는 8월 24일 함흥에 도착한 후 민족주의자와 사회주의자들이 동수로 참여하는 함경남도 인민정치위원회를 구성했고, 평양에 진주한 후에도 똑같은 조치를 취했다. 평남 건준을 건준 측과 공산 측 위원 각 16명씩으로 된 평남 인민정치위원회로 개편하도록 유도한 것이다.

조만식 중심의 건준 측이 이를 수용하면서 평남 인민정치위원회는 위원장에 조만식이 유임되었고, 부위원장으로는 건준 측의 오윤선 외

---

91) 치스차코프, 「제25군의 전투행로」, 소련과학아카데미 동양학연구소 편, 1976. 여기서는 『레닌그라드로부터 평양까지』, 함성, 1989, 52쪽에서 인용.

에 사회주의계열 몫으로 현준혁이 선출됐다.

위원 명단은 다음과 같다.

> 위원장: 조만식(건준)
> 부위원장: 현준혁(조공), 오윤선(건준)
> 건준 측 위원: 김병서, 김병연, 김익진, 노진설, 이윤영, 이종현, 장리욱,
> 　　　　　　　정기수, 조명식, 최아립, 한근조, 홍기주, 박현숙, 김광진
> 조공 측 위원: 김용범, 김유창, 문태영, 송창렴, 이관엽, 이성진, 이주연,
> 　　　　　　　장시우, 장종식, 한재덕, 허의순, 박정애 외 3명

고당은 평남 건준에 이어 평남 인민정치위원회에서도 위원장으로 조직을 이끌었다. 그러나 간부 명단에 최능진의 이름은 없었다.

건준과 달리 인민정치위원회는 비록 소련군 사령부의 감독 아래서 이기는 하지만 지방정권기관으로서 실권을 가지고 있었다. 그러나 이러한 개편은 다른 한편으로 민족진영의 수적 열세를 가져왔다. 건준 측 위원으로 참여한 김광진이 사실상 사회주의계열이었기 때문이다. 거기다 우파 인사들은 자기 일에 바빠 회의에 빠지는 일이 잦았다.

평남 인민정치위원회는 결성 이튿날인 8월 28일 회의를 갖고 각 부서의 책임자를 선출하였다. 평남 인민정치위원회 출범과 함께 최능진이 맡고 있던 치안부도 모체인 건준의 해체와 더불어 사라졌다. 평남 인민정치위원회에 치안위원이 새로 임명됐지만 최능진이 아니라 김익진의 몫이었다. 최능진은 조만식과 개인적 접촉을 유지하면서 건준 인사들과 교류하며 정국을 주시할 수밖에 없었다.

1945년 8월 26일 소련군 환영대회를 마치고 평양시가지를 행진하고 있는 소련군과 평양시민들.

1945년 8월 26일 조만식 선생(왼쪽)이 평양에 온 소련군 제25군 치스차코프 사령관(오른쪽)을 만나 행정권 이양에 대해 협의하고 있다.

현준혁 암살사건

얼마 후 최능진의 삶에 커다란 변화를 주는 한 사건이 일어났다. 소련군이 평양에 진입한지 얼마 되지 않은 9월 3일 평남인민정치위원회에서 좌파를 대표하던 현준혁이 평양 시청 앞길에서 대낮에 피살당하는 사건이 일어났다. 그는 당시 저명한 사회주의자로 부르조아민주주의혁명을 외치며, 고당을 지도자로 한 좌우연합전선을 구축하는데 상당한 노력을 기울이고 있었다.

1945년 9월 3일 정오 무렵 평양 거리, 구형 일본제 트럭이 속력을 줄이고 있었다. 차 안에는 38선 이북지역 민족주의계열의 중심이자 당시 평남인민정치위원회 위원장이었던 조만식과 조선공산당 평남지구위원회 책임자이자 평남 인민정치위원회 부위원장이었던 현준혁이 타고 있었다. 곡선 길을 도는 트럭이 속력을 최대로 줄이자 골목에서 지켜보던 적위대(赤衛隊) 복장의 청년이 빠르게 달려와 트럭의 앞쪽으로 올라탔다. 순간 총소리가 울려 퍼지면서 현준혁이 앞으로 폭 꺾였다. 그는 미처 손 쓸 사이도 없이 즉사했다.

일제강점기 유명한 사회주의자이자 해방 직후 이북지역에서 활동한 주요 정치가 중 하나였던 현준혁의 피살 소식은 곧 평양시내에 퍼졌고 뭔가 일어날지도 모른다는 긴장된 분위기가 조성됐다. 암살자에 대한 구구한 추측과 소문이 꼬리를 물었다. 해방 이후 평양에서 처음으로 일어난 충격적 사건이었고, 소련군이 진주한 지 얼마 되지 않아 치안이 불안한 시점이었기 때문에 더욱 그랬다.

사건이 나자 평남인민정치위원회 치안부(치안부장 김익진)와 평양시 경찰이 수사에 들어갔다. 그러나 암살자들은 체포되지 않았다. 암살 직후 남쪽으로 도주했기 때문이었다. 그러자 암살의 배후를 두고 좌우세력 간 공방이 치열해졌다.

1936년 평남 개천협동조합에서 활동하다 체포돼 3년 6개월의 형을 선고받고 서대문형무소에 수감됐을 당시 현준혁의 모습. 1937년 11월 동우회사건으로 수감된 최능진보다 1년 10개월 먼저 서대문형무소에 와 있었기 때문에 두 사람이 만났을 가능성도 있다.

사회주의계열에서는 우익세력을 배후로 지목했다. 현준혁 암살사건이 발생 후 거리마다 "백색테러에 의해 현준혁이 죽었다"는 구호가 나붙었다. 우익세력은 암살자가 사회주의계열인 적위대원 복장을 입고 있었다는 점을 들어 사회주의계열 내부의 주도권 다툼과정에서 일어난 일이라고 의혹을 제기했다.

9월 22일에 작성된 소련 문서에는 현준혁이 9월 3일 민족주의자에 의해 암살당했고, 암살 이유는 현준혁이 도경무사령부를 도와 민족주의자들의 치안대를 해산시키려고 했기 때문이라고 기록돼 있다. 그리고 이 문서에는 범인을 '이명(李命)이라는 자가 이끄는 민족사회당의 소행'이라고 지목했다.92)

92)「크라스케비치가 슈킨에게, 조선 내 소련군 배치지역에서의 정치·경제 상황 평

38선을 넘다

소련군은 현준혁 암살의 배후로 지목된 민족사회당을 해체하고, 이를 계기로 우익 인사들을 압박했다. 최능진이 이끌던 치안부도 사실상 해체되는 수순을 밟았다. 소련군은 1945년 10월에 전국의 자위대와 적위대 등 다양한 민간 무장단체들을 모두 해산하고 공식적으로 각 도 인민위원회 산하에 보안대를 창설했다.

이 시점에서 최능진은 월남을 결심하기에 이른다. 후에 최능진은 월남 동기에 대해 "나는 북조선에서 소군(蘇軍)이 덮어 놓고 '동무 동무'하며 빼앗아가는 것에 분격해서 월남"했다고 진술하였다. 소련군의 치안대 해체와 약탈, 그리고 해방 직후부터 거론되어 온 정당 결성 문제가 월남의 주요 동기였던 것 같다. 당시 최능진은 서울에 중앙당을 둔 정당을 조직해 고당을 책임자로 내세우며 평양에 지구당을 설치하는 문제에 관심을 가졌다고 한다.

월남을 결심한 최능진은 고당을 찾아가 작별 인사를 한 뒤, 9월 15일 치안부에 소속했던 10여명의 청년들과 함께 2대의 트럭에 나눠 타고 평양을 떠났다. 며칠 뒤로 다가온 치스차코프 대장의 생일잔치에 쓸 물자를 조달해 주겠다고 소련군을 속여 가까스로 얻어낸 트럭이었다.

그 트럭에는 최능진의 가족 중 필립, 봉립, 만립, 화선 등 4남매만 동행하였고, 부인 이풍옥과 아직 백일도 되지 않은 막내 자립은 평양에 남았다.

정(1945. 9. 22)」 기광서, 「러시아연방 국방성중앙문서보관소 소재 해방 후 북한정치사 관련자료 개관」 『해방 전후사 사료연구Ⅱ』, 선인, 2002, 121쪽.

10. 친일파의 세상

친일 경찰의 부활

9월 15일 38선 바로 북쪽의 해주에 도착한 최능진 일행은 그곳에서 서울의 자세한 사정을 들을 수 있었다. 당시만 해도 해주에서는 서울에서 인쇄되는 각종 신문과 전단 등을 읽어볼 수 있었다. 최능진은 그러한 인쇄물을 통해 서울을 비롯해 이남에는 아직도 일본 경찰 출신이 그대로 경찰에 복무하고 있다는 사실을 알고 격분하였다고 한다.[93]

　　"남조선에서는 아직도 친일 부역 경찰 출신이 그대로 치안을 담당하고 있는 모양입네다."
　　"아니 어떻게 이럴 수가 있단 말이가!"
　　"다른 건 몰라도 북조선에선 친일파 청산 하나는 확실히 하고 있지 않습네까?"
　　"그러게 말이야. 이게 사실이라면 정말 큰일이 아닐 수 없구만기래."
　　"남조선이 도대체 어떻게 돌아가고 있는지 모르갔습네다."
　　"내 이 놈들을 그냥 두지 안캤어!"

---

93) 최능진의 해방직후 행적에 대해서는 관련자분들이 대부분 사망한 관계로 김재명 기자의 과거 인터뷰 내용을 주로 참고하였다.

이러한 생각 때문이었는지 그가 남쪽에 도착해서 제일 먼저 뛰어든 곳이 바로 경찰계였다. 당시의 상황을 나병덕(羅炳德)은 이렇게 말했다.

"최능진 선생은 해주에서 일경(日警)출신이 그대로 경찰에 남아 활개치는 서울의 혼란한 정세를 나름대로 분석하고 나서, 과거 건준 치안부의 조직을 토대로 서울에서 경찰에 투신하기로 결심한 것 같습니다. 우리들을 모아 놓고 그런 뜻의 말씀을 하였으니까요. 그래서 저는 최 선생의 지시에 따라 트럭에 과일을 가득 싣고 평양에 되돌아간 후 곧 40여명의 대원들을 이끌고 월남했습니다."

당시 친일 경찰의 대부는 최능진도 익히 악명을 듣고 있던 경기도 경찰부 형사과장이던 최연(崔燕)이었다.[94] 최연은 1945년 8월 8일 오전, 경기도 경찰부 회의실에서 열린 일제 경찰의 마지막 정례 과·서장 회의에서 조선의 해방이 임박했음을 알게 되었다.

이 회의에 참석한 조선인 경찰은 형사과장 최연 외에, 보안과장 전봉덕(田鳳德, 해방 후 육군 헌병사령관 역임)과 성동서장 손석도(孫錫度, 해방 후 중부서장) 등이었다. 이 자리에서 최연은 일본인 오카(岡

---

94) 본명이 최령(崔鈴)인 최연(창씨명 高山淸只)은 1918년 함흥부의 함흥경찰서 순사로 경찰 생활을 시작해 1922년 경부보 시험에 합격한 뒤 이후 함경도 지방 곳곳을 돌면서 경력을 쌓아, 1938년 혜산진경찰서 고등계 사법주임·고등주임을 거쳐 1942년 조선인으로서는 경찰 내 최고위 계급인 경시(警視)에 올랐다. 이후 황해도 보안과장을 거쳐 경기도 경찰부 형사과장을 역임했다.
1937년 6월 4일 항일유격대가 함경남도 갑산군 보천면 보천보(현재 북한의 행정구역상 양강도 보천군 보천읍)를 습격하여 승리한 보천보전투 사건을 수사, 지휘하는 과정에서 박달(朴達) 이하 약 3백여 명의 독립 운동자들을 체포, 투옥시켰다. 그 결과 사형 4명과 무기징역 등을 포함, 166명의 애국지사들이 희생되었고 그 공로로 최연은 일제 경찰의 최고훈장인 경찰 공로기장(功勞記章)을 받았다.

九雄) 경찰부장으로부터 일본 외무성과 연합국 사이에 종전에 관한 협상이 진행 중이며 '일본의 항복은 시간 문제'라는 놀라운 정보를 듣는다.

이날의 회의 내용은 극비에 부쳐졌지만 일본의 패망은 30여 년이라는 긴 세월 동안 오직 일제의 식민지 지배를 위해 봉사하고, 그 대가로 입신과 개인적 영달을 누려온 최연을 비롯한 친일경찰에게는 충격적 사실이 아닐 수 없었다.

예상대로 8월 15일 일본은 항복을 선언했고, 조선에 거주하는 일본인 군인과 민간인의 생명과 안전을 보장한다는 조건으로 여운형이 총독부로부터 권력을 인수했다. 이에 따라 조선의 치안 문제도 조선인 관할로 넘겨지게 되었다. 여운형은 16일 오후 독자적으로 경찰권을 접수하기로 하고, 건국준비위원회(건준)의 이름으로 해방 전 종로서 보안주임이던 윤명운(尹明運) 경부 등 5~6명의 전직 조선인 경찰관들을 동원해 '한국경위대'를 조직하였다. 총독부의 경찰권 이양 약속은 뜻밖에도 즉각 이행되지 않았기 때문이었다. 일본 경찰은 경찰력을 재정비하고 자체 경비에 나서 건준의 치안 활동을 무력화시켰다.

대부분의 친일경찰들은 자취를 감춘 채 숨어서 사태의 추이를 주시하고 있었다. 이들은 해방을 맞아 친일경찰로서의 전력을 과감히 청산하기는커녕 자신들의 안위만을 생각하는 기회주의자적인 태도를 취하고 있었다. 따라서 그들은 민족세력이 친일 잔재를 청산하고, 민족정신에 기반한 독립 국가를 세우기 위해서 극복해야 할 최대의 반동세력이었다.

이러한 상황에서 건준 주도의 경위대 설립 소식을 접한 경기도 경찰부의 최고 간부 최연은 전봉덕 등 수십 명의 조선인 경찰 간부를 소집해 회의를 열고, 전직 일제 경찰의 방향과 진로를 결정하고자 했다. 이 자리에서 노장층 경찰들은 주로 건준 진영에 가담하여 스스로를 건준의 통제를 받는 경찰조직으로 재편할 것을 제의했다. 민중의 지지를 확보한 건준과 제휴함으로써 친일경찰에 가해지는 민족반역자라는 비난을 모면하고 일제하의 행적을 건국 활동으로 희석시킬 수 있다는 점이 고려된 주장이었다.

이에 반해 소장층 경찰 간부들은 일시적인 보신을 위해 건준 산하의 경찰에 편입되는 것을 반대하였다. 직무상 대부분이 일제 식민지하에서 사상범 및 독립 운동자의 검거에 앞장선 경찰들이니만큼, 이념적으로나 행동적으로나 여운형이 주도하는 민족주의 세력과의 결합이 내키지 않았기 때문이다. 끝내 이견을 좁히지 못한 최연은 "사태를 주시하고 당분간 치안 유지에 전념한다"는 잠정적 결론으로 모임을 해산한 뒤 건준 경위대에 가담하지 않은 대다수의 조선인 경찰들과 함께 방관적 자세를 취했다.

갈 길을 찾지 못하던 친일경찰들에게 미군의 진주는 구세주와 같았다. 서울에 진주한 미군은 1945년 9월 14일, 아놀드 군정 장관 이름으로 "한국인과 일본인으로 구성된 경찰관들을 모두 한국인으로 조직하기 위해 유능한 한국인들을 채용하겠다"는 성명을 통해 군정 실시 후 첫 경찰 정책을 발표하였다. 이 조치로 경기도 경찰부장 오카(剛)를 비롯한 일인 경찰 간부들이 해임되었지만 간부급의 조선인 친일경찰들은 그대로 유임되었다. 아놀드 군정장관의 성명은 사실상 조선인 친일경찰의 존재를 합법화시킨 조치였다.

미군정의 현상유지 정책에 의해 일제하에 이어 미군정에서 경찰직을 그대로 유지하게 된 최연은 경기도 경찰부장에 취임한 미군정 장교 스털링 대위를 보좌하여 전 경기도 경찰부장 오카와 함께 군정 경찰의 첫 인사에 깊이 개입하게 된다. 인사 문제의 전권은 물론 미군정 담당자인 스털링에게 있었으나 개개 인사를 발탁하고 배치하는 등의 실무에 있어서는 국내 사정에 밝은 오카와 최연의 추천이 결정적인 역할을 했다.

그 결과 새로 임명된 10개 서의 경찰서장들 거의 모두가 일제 식민 지하에서의 경찰관료 출신이었다. 최연은 경기도 경찰부의 인사권을 갖는 경무과장직에 기용되었다. 그는 미군정의 실시를 맞아 그간의 관망적 태도에서 벗어나 군정 경찰의 창설에 적극적으로 협력, 군정 권력을 배경으로 경찰 조직 내에 친일 세력 재등장의 발판을 마련하고, 군정 경찰 내에 편입된 다수의 친일 경찰 인맥의 막강한 실력자가 되었다.

또한 친일경찰 최연과 친일 지주 출신으로 보수 우익 정치 세력을 대표한 장택상(張澤相)과의 만남은 친미적 보수 우익 세력을 육성, 지원한 미군정 정책을 배경으로 하여 자연스럽게 이루어 졌다. 한민당의 추천에 의해 1946년 1월 13일에 미군정하 경기도 경찰부장에 취임한 장택상이 당장의 치안 유지를 위해서라면 일제하에서의 경찰 경력 여부에 관계없이 유능한 경찰을 적극 활용한다는 인사 정책을 썼다. 서로의 필요에 의해 즉, 권력 장악의 필요성과 권력 비호의 필요성이라는 양자의 상호 이해를 바탕으로 한민당이라는 보수 세력과 친일경찰은 더욱 밀착되어 갔던 것이다.

특히 최연은 북한에서 월남한 고등계 출신의 친일경찰을 대거 군정 경찰에 편입시켰다. 해방 직후 북한에서는 일제하의 조선인 경찰관들을 모두 관직에서 추방했고, 간부급 및 고등계 출신 형사들은 대부분이 구금되어 친일의 죄목으로 재판을 받았다. 그 가운데 38선 이남으로 피신해 온 경찰관의 일부가 군정 경찰에 투신하였고, 이들은 친일 경력과 월남 경찰로서의 불리한 입지를 만회하고 자신들의 존립 근거를 마련하기 위해서라도 좌익 타도의 선두에서 분투하지 않을 수 없었다.

이들 월남한 친일경찰들은 최연과 최경진(崔慶進)을 통해 각각 조병옥(趙炳玉)과 장택상에게 추천되었다. 최경진은 일제 때 평안남도 보안과장을 지낸 인연으로, 또 최연은 말단 순경 시절부터 함남 일대의 각 경찰서를 두루 거친 연고로 월남한 친일경찰들의 경찰 진출의 통로가 되어 주었다. 그 결과 경찰 내에는 월남 경찰들을 중심으로 하나의 인맥이 형성됐다. 노덕술(盧德述, 해방 직전 평남경찰부 보안과장, 월남 후 경기도 경찰부 수사과장), 이익흥(李益興, 평북 박천서장, 동대문서장), 홍택희(洪宅熹, 평안도에서 경부보로 근무, 서울시경 사찰과 부과장, 총경) 등 간부급 경찰만 해도 수십 명에 이르렀다.

경찰관강습소 소장

최연, 최경진 등 일제강점기 때 함경도와 평안남도에서 악명을 떨친 친일경찰이 여전히 경찰수뇌부에 남아 있다는 사실에 최능진이 분노하는 것은 당연하였다.

9월 17일 서울에 도착한 최능진 일행은 남대문 근처에 있던 소복여관에서 첫 날 밤을 보냈다. 그 후 그가 경무부 수사국장으로서 활동하게 되기까지의 경위는 진술자들의 증언이 엇갈리고 기록에도 없어 정확하게 파악하기가 어렵다. 다만 당시 행보를 함께 한 나병덕의 증언에 따르면 최능진은 월남 후 곧바로 경찰에 투신해 경찰양성기관인 조선경찰관강습소의 한국인 소장(미국인 소장은 헬자브 소령)으로 취임하였다.[95]

---

95) 조선경찰관강습소는 1945년 9월 13일 개설되었고, 그해 11월 조선경찰학교로, 1946년 2월 1일 국립경찰학교로 개편되었다. 최능진이 경찰관강습소 소장에 임명된 것이 아니라 이 강습소에서 교육을 받았다는 추정도 있다. 미군정 관보에 기록이 보이지 않기 때문이다. 오승진, 「최능진」 『해방공간 1945~1948』(대

1945년 9월 조선경찰관강습소 제1기 학생들이 서울 시내를 행진하고 있다.

소련군보다 보름쯤 늦은 9월 9일에야 서울에 진주한 미 군정당국은 일본경찰의 해체에 따른 치안의 공백을 메우기 위하여 조선경찰관강습소를 설치하고, 신규경찰을 대량으로 모집해 사흘 내지 1주일의 단기교육을 실시한 후 일선 경찰서에 부임시켰다.[96]

최능진이 경찰양성기관의 책임자를 맡게 된 배경은 무엇일까?

미군정의 신임을 얻어 최능진이 조선경찰관강습소의 책임자로 앉게 되기까지 그를 밀어준 인사는 정확히 확인되지 않는다.

다만 일제강점기 때 흥사단과 동우회에서 함께 동고동락한 많은 인사들이 미군정에 참여하고 있었기 때문에 여러 측면에서 도움을 받았을 것으로 추정된다.

한민국역사박물관소장자료집4), 195쪽.

96) 경기도 경찰부의 경우 해방 당시의 경찰관은 3천150명(한국인 1천293명, 일본인 1천 8백 57명)이었으나 1945년 10월에는 4천 819명으로 불과 두 달 사이에 3천 5백 명의 한국인 경찰이 일본인 경찰을 대신하여 신규 임용되었다.

언어, 습관, 문화 등 현지사정에 어두운 미군 입장에서는 자신들만으로 통치를 수행하는 것이 불가능했으므로 토착 협력자가 필요하였다. 미군수뇌부가 생각한 협력자의 획득 방법은 과도적으로 일본인 관리를 유임시켜 점령 정책을 집행해 나가면서 점차 조선인으로 교체해 가는 것이었다.

이에 따라 미군정은 일본인 관리를 이용함으로써 군정 요원이나 실무 담당자의 부족을 우선 해결해 가면서, 동시에 조선인 협력자 모집에 본격적으로 착수하였다. 그들은 먼저 영어가 가능한 조선인을 찾았다. 그 결과 이대위, 이훈구, 조병옥, 이용설, 오정수, 지용은, 정일형, 이묘묵, 최순주, 오천석, 최희송 등 구미유학 경험을 가진 조선인 약 50여 명이 선택되었다.

이들은 미군 수뇌부의 면접을 거쳐 학력과 경력을 고려하여 즉석에서 미군정의 중요 직책에 임명되었다. 이대위는 예일대학에서 노동 문제를 전공한 경력으로 노동국 책임자로 임명되었고, 이묘묵은 『코리아 타임즈』라는 영자신문을 창간하여 활동한 경력으로 하지의 고문 및 통역관으로 기용되었다.

미군으로서 한국어가 가능한 사람이 거의 없었던 당시 미국인 선교사의 아들로 한국어를 할 수 있던 윌리엄스 중령은 조선인 협력자를 선정하는데 매우 중요한 한 축을 담당하였다. 그는 하지의 고문 역할을 하면서 조선인을 추천하고 조선에 관한 정보를 수집하여 제공했다. 한국민주당(한민당) 간부 가운데 한사람이던 조병옥은 충청남도 공주의 영명학교라는 미션스쿨을 졸업한 뒤 고교 시절부터 미국에 유학해 컬럼비아대학에서 박사학위를 받았다. 그는 윌리엄스와 영명학교 동창이라는 인연으로 그의 추천을 받아 경무국장으로 임명되었다. 그 밖에 광공국장이던 언더우드 대령과 같은 MIT 동창이던 오정수는 후임 광공국장으로 임명되었고, 의사였던 이용설은 보건후생국장으로, 최순주는 조선은행장으로, 정일형은 인사행정처장으로 각각 임명되었다.

주목할 점은 이때 미군정과 접촉할 수 있었던 조선인이 주로 한국민주당 관계자를 중심으로 한 보수 우익계열의 인사들이었다는 것이다. 그들은 건준이나 인공은 '일본의 괴뢰정권'이며, 그 지도자 여운형은 친일파라고 모략했다. 나름대로 자주적인 '건국운동'을 전개하고 있었던 여운형 등 건준 세력은 미군과 접촉할 수 있는 기회가 제한될 수밖에 없었다. 자연스럽게 미군정 주위에는 주로 한민당 계열의 협력집단이 형성되었다.

이처럼 한국 실정에 어두운 미군정을 도와 군정기의 행정을 담당한 인물들은 구미유학을 다녀온 기독교도로서 개인적 연결고리를 가진 사람들이며, 그들 중 대부분은 한민당에 속해 있었다.

월남 초기 아직 이들과 노선이나 정책 면에서 큰 차이가 드러나지 않은 조건에서 최능진은 과거 동지들의 도움을 받을 수 있었다. 성격이 활달하고 영어에 능통한 최능진이 스스로 미군정당국과 직접 접촉해 평양에서의 활동 경력 등을 인정받아 등용됐다는 증언도 있다.

미군정과 접촉해 얻어낸 첫 직장인 경찰관강습소 책임자로 취임한 최능진은 곧바로 '해주 구상'을 실천에 옮겼다. 그는 경찰관강습소 소장으로 재직 중 강습소에 배치되어 잔류한 일경출신들에게서 사표를 받아내는 등 나름대로 경찰 숙정에 힘을 쏟았다.

조선일보 사회부장 출신인 조덕송은 "최능진이 경찰관강습소 책임자로 취임해서 제일 먼저 한 일은 강습소에 남아 있던 일제 총독부 경찰 출신자들로부터 사표를 받아낸 일이었다"라고 회고하였다.[97]

97) 조덕송, 『머나먼 여로-언론외길 반세기의 증언』 제2권, 도서출판 다다, 1989

수사부장 최능진의 취임 일성

최능진은 1945년 10월 21일 미군정이 경무국(국장 조병옥)을 창설하게 되자, 한 달 뒤인 11월 15일 조선인 경무국 수사부장으로 자리를 옮겼다.[98] 당시 미국인 경무국장은 아서 캠프니 대령, 수사부장은 푸린 중령이었고, 조병옥(趙炳玉)은 관방총무과장이었다. 수사부 차장에는 측근인 김세준이 기용되었다.

신임 최능진 수사부장은 아직 독립국가가 못되었기 때문에 "우리 민족을 살해하고 건국에 방해되는 단체나 개인을 그대로 방임하는 점"을 유감이라고 지적하고, 사견을 전제로 해서 친일분자는 자기 스스로 양심에 판단에 따라 군정기관에서 하루 속히 퇴진할 것을 강조하였다. 또한 군정청에 들어와 있는 한국인 관리들을 대상으로 "특히 엄밀한 내사를 하고 있으므로 절대로 건국 이외의 행동을 하지 말기를 바란다"고 경고하였다.

소신대로 미군정청과 경찰 내에 들어와 있는 친일파 청산에 대한 강력한 의지를 표명한 것이다.

12월 7일 오후 2시 군정청 제1회의실에서는 새로 조직된 수사부 직원들의 선서식이 거행되었다. 수사부원은 29명이었다. 수사부 직원들을 대표하여 최능진 부장이 선서하였다.

"우리는 국가에 충절한 역군이 되어 모든 법률을 충심으로 준수하야 국가에 대적하는 무리와 장애를 극복할 것을 엄숙히 맹서한다."

---

98) 당시 신문기록에는 '수사부', '범죄수사부' 등 여러 이름으로 나온다. 일반적으로는 수사과로 번역된다.

〈신임 수사부장 최능진의 담화 (1945.11)〉

"우리 수사부의 임무는 미국의 FBI와 가튼 조직체계로서 범죄사실을 명백
확실히 탐사하여 치안을 확보식히는 것이다. 우리들은 완전 건국의 대업에
잇서서 신명을 액기지 안코 용감히 돌진하는 병사의 정신으로 건국에 방해
되는 일체의 행동과 물건에 대하여서는 어데까지든지 추궁하여 철저히 처벌
할 것이며 아즉 우리는 독립국가가 못되엿기 때문에 군정장관의 명령에 따
라서만 행동하기 때문에 우리민족을 살해하고 건국에 방해되는 단체나 개
인을 그대로 방임하는 점이 잇는 것은 유감이다. 군정장관의 입장을 떠나
대한국민으로서 나의 심정을 간단히 말하겠다. 특히 지도자 여러분에게 바
라는 것은 무조건으로 나라를 사랑하는 운동을 일으키어 완전독립의 성과
를 보이도록 하며 정당운동을 버리고 다음 몃조목을 실현식히는 것이 우리
나라 국민으로서 할 의무라고 생각한다.

(가) 각 집에 태극기를 게양하며 애국가를 불르도록 할 것
(나) 일본인과는 전면적으로 교섭을 끈코 이적행위나 주구적 행위를 금
할 것
(다) 모리지배에게 철추를 가하여 경제적 질서를 확보할 것
(라) 엄연한 괄복군(광복군)의 존재를 확인하며 정예한 우리나라 군대를
양성식힐 것
(마) 태당은 절대로 정부가 안임에도 불구하고 정부적 행동을 하려는 것
은 신국가건설에 반역자이라고 생각할 것
(바) 전 친일분자는 자기 스스로 양심에 판단을 바더 군정기관에서 하로
속히 퇴(退)하여 국민의 의분을 피하여야 할 것. 다시 관리로써 말할
것은 군정청 관리에게는 특히 엄밀한 내사를 하고 잇슴으로 절대로
건국이외의 행동을 하지 말기를 바라며 또 한 정당도 군정에 위반하
는 일이 업도록 하여 주기바란다. 그리고 우리의 수사부를 일반은
잘 리용하여 주기바란다. 어느 때나 지면 혹은 직적으로 통지하며
주면 심신을 밧치어 분골쇄신 진력할 결심이다.(『중앙신문』 1945.
11.22.)

미군정청 경무국 수사부 직원들의 선서식 장면을 보도한 『중앙신문』 1945년 12월 8일자

좌절된 '고당 월남(越南) 작전'

경무국 수사부장에 취임한 직후 최능진이 비밀리에 추진한 일이 '고당 월남작전'이다.

고당은 11월 3일 평양에서 결성된 조선민주당(朝鮮民主黨)의 위원장 이었지만 고려호텔에 사실상 감금상태에 있었다. 11월 하순 오윤선 장로 가 서울에 와서 최능진을 만나 고당의 어려운 형편을 말하고 돌아갔다.

오 장로의 상경을 계기로 고당을 서울로 남하시키자는 논의가 구 체화되었다. 경무국 수사부 차장 김세준, 경기도경찰부 직속 특무대 장 나병덕이 작전을 맡기로 하였다.[99]

즉 육로(해주→사리원→평양)로 나병덕, 김세준이 출발해 고당을 승용차 편으로 모시고 진남포 북쪽에 위치한 한천(漢川)으로 가 김영

---

99) 해방 후 평남 건준 치안부에서 활동한 나병덕은 월남 후 최능진의 추천으로 경 기도경찰부 직속기관으로 설치된 특무대의 대장으로 활동하다 12월 1일 특무 대가 해소되면서 대원 23명과 함께 파면되었다. 이후 최능진이 경무국 수사국 장이 되면서 특무과장으로 임명되었고, 1946년 12월 최능진이 수사국장에서 파면된 후 제주감찰관으로 전임되었다.

선(金永善)이 미리 대기시켜 놓은 경비정을 타고 남하하기로 논의가 이루어졌다.

12월 10일 나병덕, 김세준 두 사람은 장사꾼으로 변장하여 서울을 출발해 이틀 뒤에 평양에 도착했다. 그들은 먼저 고당의 측근이자 조선민주당 상임집행위원이던 김병연의 집을 찾아갔다. 그들은 하지중장이 고당을 서울로 초청한다는 요지가 담긴 하지의 친서를 건네면서, 고당의 상경문제를 논의하였다. 김병연이 이 소식을 고당에게 전하자, 그는 '사흘간만 생각할 여유를 달라'고 말했다.

그런데 사흘 후 고당은 김병연을 통해 도저히 상경하기가 어렵겠다는 전갈을 보내 왔다. 이 말을 듣고 마음이 급해진 두 사람은 위험을 무릅쓰고 고려호텔에 묵고 있던 고당을 찾아갔다. 방에 들어서니 마침 조선민주당 청년부장 박재창(朴在昌)과 고당이 이야기를 나누고 있었다.

고당은 매우 비감한 어조로 세 사람을 향하여 이렇게 말하였다.

"내가 남쪽으로 내려갈 수 없는 까닭으로 세 가지를 들 수 있겠소. 먼저 여러분도 이미 알겠지만 이제 조선민주당이 결성된 지 한 달밖에 되지 않아 이쪽에서 할 일이 무척 많으오. 물론 좌파와의 국지적인 충돌은 어차피 있으리라 예상되오. 그러나 오산(五山)학교 제자인 좌파 최용건(崔庸建)이 부당수로서 조선민주당에 들어와 있으니 그렇게 심각하게 염려하지 않아도 좋을 것 같소.

또한 월남할 수 있는 길이 열렸다고 해서 여기에 남아 있는 사람들을 버려두고 나 혼자 갈 수는 없소. 그리고 마지막 이유로서는 서울에는 정치인들이 너무 많은 것같이 생각되오. 너무 많기 때문에 혼란이 일어나는지도 모르오. 따라서 내가 상경한다고 해서 크게 도움이 될 것 같지는 않소. 기왕 월남한 사람들은 이 민족을 위해 열심히 일해주길 부탁드리오.

그리고 하나 더 부탁드리지요. 오산학교 제자인 김홍일(金弘壹) 장군에게서 가끔 연락이 오는데, 이즈음 알다시피 신탁통치설이 나돌고 있지 않소? 서울에서는 아무래도 이곳보다 정확한 소식을 접할 수 있을 테니 그에 대한 진부를 알려달라고 전해주시오."100)

나병덕, 김세준이 고당을 만나 이 같은 말을 들은 날은 12월 15일로, 신탁통치를 거론한 모스크바삼상회의(12월 27일) 전이었다. 그러나 이에 앞서 10월 20일 미국무성 극동국장 빈센트가 미 외교협회 석상에서 이 문제를 거론, 한국 내에서 거센 파문을 불러일으킨 바 있었다. 고당이 이 '신탁'문제에 관한 정확한 정보를 부탁했던 점으로 미루어 보더라도, 당시 그는 이에 상당한 관심을 기울이고 있었음을 짐작케 한다.

최능진이 미군정 경찰에서 수사업무를 맡고 있을 당시 밀사를 보내 고당을 월남시키려던 계획은 고당 자신의 뜻에 따라 이처럼 허사로 돌아가고 말았다. 이때 나병덕, 김세준과 동행해 외삼촌 이항규와 함께 평양에 간 최만립은 막내 자립을 업고, 어머니와 38선을 다시 넘었다.

특무대의 해체와 김혁의 죽음

최능진은 그와 함께 월남한 과거의 평양 치안부원들을 경기도경찰부에 추천하여, 직속기관인 특무대(대장 나병덕)에서 활동하게 하였다. 10월 5일 창설된 경기도 경찰부 특무대는 스털링 경찰부장의 특

---

100) 고당의 발언내용은 나병덕의 증언을 토대로 재구성한 것이다.

명사건을 전담 수사했다. 대원은 23명 정도였다고 한다. 특무대는 조선총독부가 해방 직후 조선은행권을 불법으로 찍어 남발한 사건과 해방 후 기밀문서를 소각하고 기밀비를 남용한 사건 등을 취급하였다. 특무대는 이 사건과 관련 군정청 고문으로 남아 있던 미즈다 전 재무국장, 니시히로 전 경무국장 등을 잡아들이기도 했다. 특무대원들은 대체로 독립운동 경험이 있거나 일제 때 옥고를 치른 이들이 많았다.

나병덕에 따르면 특무대는 공식 수사활동과 별도로 악질 일본경찰들에 대한 보복작전을 은밀히 추진했다고 한다. 3·1운동 당시의 총독부 경무국장 구니모토(國本), 경기도 경찰부장 하라다(原田大元), 악질 고등경찰관의 대표격인 사이가(齋賀七郎)와 미와(三輪) 등 10여 명을 표적으로 삼아 암살을 꾀한 것이다.

10월 말부터 2, 3명이 한 조가 되어 이들의 행방을 추적했다. 미와를 맡았던 조에서는 "해방되기 이틀 전에 미와(당시 경기도 경찰부소속 경시)는 부산으로 출장갔다가 그 길로 일본으로 달아나버렸다"고 보고했다. 현역에서 은퇴하여 서울에 살고 있던 구니모토는 해방이 되자 남산의 일본인 수용소로 들어가 버려 저격이 어렵다는 보고도 들어왔다. 이때 사이가를 맡았던 충남 서천 사람인 이갑룡(李甲龍)이 "사이가는 가족들만 귀환시키고 서울 원남동 집에 혼자 남아 있다"는 것을 알아냈다고 보고해왔다.

사이가는 1930년대 초반에 한국에 건너와 경성방송국의 단파도청사건, 의혈단사건 등 굵직한 독립운동 사건을 많이 처리하면서 수많은 애국지사들을 고문하고, 옥사케 했었다.

특무대원들은 즉각 암살계획을 짰다. 우선 사이가의 행동습관과 주변지리 등을 파악하였다. 1945년 10월 30일경 나병덕 특무대장은 김혁(金革) 대원을 불러 사이가에 대한 정보를 알려주고 소형 독일제 권총을 건네주었다. 김혁은 평양 광명서관 주인의 아들로, 만주 등지

암살된 김혁의 영결식에 참석해 조의를 표하고 있는 최능진.

에서 독립운동을 하다가 체포돼 서대문형무소에서 복역하다 해방 후 출옥하였다.

11월 2일 오후 6시쯤 사이가는 다른 일본인과 함께 이웃에 사는 친구의 집으로 가고 있었다. 사이가가 원남로 로터리를 건너 우편국 옆 골목을 지나 친구의 집 앞에 거의 다다랐을 때 김혁은 사이가의 앞을 가로막고 가까운 거리에서 권총 세 발을 쐈다. 사이가는 가슴과 머리에 총을 맞고 절명했다.

『경성일보』는 11월 5일자에 "사상경찰의 '악마', 최후는 이렇다, 사이기(齊賀七郎) 노상에서 사살되다"라는 제목으로 "20년에 걸쳐서 허다한 우국 선각을 잔혹한 고문으로 없는(無實) 죄를 뒤집어씌우고 감옥에 보내어 죽음에까지 이르게 했던 일본제국주의 사상경찰의 사귀(邪鬼)가 비참한 최후를 맞았다"며 다음과 같은 요지의 기사를 실었다.

"전(前) 경기도 경찰부 고등경찰과 경부 사이가 시치로(47)는 (11월) 2일 오후 6시반경 시내 원남정 우편국 건너 노상에서 누군가에 의해 권총에 사살되었다. 사이가는 가가와현 출신으로 일본의 패전으로 조선이 해방되자 가족을 고향으로 보내고 자신은 자택에 머무르면서 가산정리에 급급하고 있었는데, 악명 높았던 사이가도 자신이 저지른 죄를 인정하고 있었기에 자기 집에는 거의 머무르지 않았고 이웃사람들조차 그의 집에 불이 켜져 있는 것을 볼 수 없었다. 그런데 그에게 최후의 날이 왔다. 다른 날과는 달리 그 날은 집에 전등불이 밝게 켜진 상태로 큰 웃음소리까지 들렸다. 6시를 막 지났을 무렵 사이가는 방문객을 전송하기 위해 슬리퍼를 끌고 나오는 그대로 바깥에 모습을 드러냈는데, 원남동 로터리를 건너 우편국 노상에 들어서는 순간 어둠 속에서 총성이 울렸다. 사이가는 오른쪽 가슴을 손으로 누르는 동작을 취했는데 계속해서 제2탄이 머리를 관통하자 픽 거꾸러지는 동시에 단말마의 소리를 지르면서 숨이 끊어졌다."[101]

사이가 피살사건은 『경성일보』, 『매일신보』 등에 대서특필 되었지만 영구미제 사건이 되었다.[102]

그러나 김혁은 1946년 1월 지금의 조선일보 뒷길에서 현준혁을 암살한 백의사 염응택의 저격을 받아 죽었다. 당시 김혁은 특무대가 해산된 뒤 경찰에서 물러나 있었다. 염응택은 자신의 과거에 대한 김혁의 비방에 울컥해 그를 암살했다고 한다. 나병덕 당시 경무부 수사국 특무과장은 염을 범인으로 밝혀내고 그를 만났으나 이 사건은 덮어두

---

101) 『경성일보』, 1945년 11월 5일
102) 경성방송국의 단파도청사건으로 체포돼 사이가에게 고문을 받았던 송남헌은 『조선일보』 1964년 9월20일자 「반세기의 증언」에서 사이가를 처단한 사람은 '의열단원 김모'라고 말했다가 후에 심지연이 쓴 『송남헌 회고록』에서 사이가를 처단한 인물이 중국에서 귀국한 의열단 단원 김성수였다고 실명을 밝혔다. 그러나 김성수보다는 전후사정으로 볼 때 김혁일 가능성이 크다.

기로 했다. 당시 비밀단체간의 알력은 경찰의 힘을 빌리기보다는 스스로 해결하는 게 보통이었다. 최능진은 직접 김혁의 빈소를 찾아 조문하였다.

당시 특무대원들과 다른 수사과 형사들은 사이가 좋지 않았다고 한다. 특무대원들은 일반 형사들을 친일파 출신이라고 못마땅해 했으며, 친일경찰 출신들은 수사의 경험이 없는 특무대원들을 업신여겼다. 그러던 중 경기도경찰부 수사과(과장 홍병식, 일본 경찰 출신)가 한 특무대원이 친일파 인사를 위협해 돈을 요구한 사실을 밝혀내 그를 구속했다. 이것이 말썽이 되어 특무대는 1945년 11월 1일 해체되었다.[103]

최능진은 경무부 수사국장이 된 뒤 나병덕을 수사국 특무과장으로 채용하였고, 그는 옛 특무대원 10여 명을 부하로 채용하였다. 그러나 이들은 친일경찰 출신들 속에서 외로운 작은 섬과도 같았다.

조병옥 경무부장과 갈등

경찰관강습소 소장으로 재직하며 친일경찰 청산을 몸소 실천에 옮긴 최능진은 약 한 달 후 미군정이 경무국을 창설하자 수사부장으로 자리를 옮겼다. 최능진은 미군 당국의 승인을 받아 점령 초기에 경찰의 수사권을 맡은 최초의 조선인 수장(head)이 된 것이다. 1945년 12월부터 한인·미인 양국장제도를 실시하기 시작하면서 다음해 1월 경무국장으로 조병옥이 부임하였다.

1946년 3월 29일자 군정법령 제64호에 의거해 국제도(局制度)가 부

---

103) 『신조선보』, 1945년 12월 5일.

수사국장 시절의 최능진. 경찰진용 강화를 위해 최능진 국장은 1946년 5~6월 지방 시찰을 하였다. 사진은 전남 시찰 중 구례 화엄사를 방문했을 때 찍은 것이다. 왼쪽 부터 전남군정장관 공안담당 '빳터' 소령, 박명제 제8관구경찰청장, 최능진, 홍순봉.

제도(部制度)로 바뀌면서 경무국은 경무부로 바뀌었고, 최능진은 경무 부 수사국장으로 승진하였다.104)

---

104) 수사국 책임을 맡은 미군 장교는 플린 중령(Lt. Col. John H. Flynn)이었다.

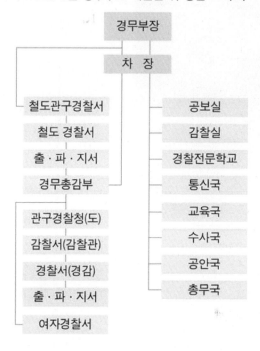

〈1946년 3월 경무부로 개편된 뒤 경찰 조직표〉

경무부장

차 장

철도관구경찰서 — 공보실
철도 경찰서 — 감찰실
출·파·지서 — 경찰전문학교
경무총감부 — 통신국
관구경찰청(도) — 교육국
감찰서(감찰관) — 수사국
경찰서(경감) — 공안국
출·파·지서 — 총무국
여자경찰서

경무부 부장은 이승만과 밀착해 있던 한국민주당의 실세 중 한 명이자 그의 옛 동지인 조병옥이 계속 맡았다.

최능진이 경찰에 관계하고 있던 이 무렵의 서울은 시급한 해결을 기다리는 숱한 과제들을 안고 있었다. 일반민중의 낮은 생활수준, 실업, 격심한 인플레 등의 경제·사회적인 난제와 아울러 일제 잔재 청산문제도 하나의 커다란 민족적 과제였다. 특히 일본경찰 출신들이 그대로 경찰간부로 남아 있는 현실은 일제 36년간의 잔재를 하루빨리 청산, 민족정기를 바로잡아야 한다는 시각에서 논란의 대상이 되었다.

당시 한국의 경찰을 이끈 조병옥 경무부장이나 장택상(張澤相) 경기도 경찰부장(후일 수도경찰청장)은 모두 취임과 더불어 친일파를 철저히 색출해내겠다고 발언하였다. 초기에 군 출신들이 경찰간부로

1946년 초 미군정의 미군 간부들과 함께한 최능진 수사부장.

상당수 채용된 점도 이와 맥락을 같이 한다. 그러나 조병옥과 장택상 두 사람은 변화보다는 현상유지를 바라는 미군정 당국과 한국민주당의 입김에 따라 경찰내부의 친일파 숙정문제에 대하여 소극적이었다.

1946년 1월 12일 경기도 경찰부장에 취임한 장택상은 '경찰은 기술직이기 때문에 어쩔 수 없다'는 논리를 펴면서 최연(崔燕)·노덕술(盧德述)·윤기병(尹箕炳)·이익흥(李益興)·최운하(崔雲霞) 등 일경 출신들을 주요 직책에 앉혔다. 조병옥 경무부장도 일경 출신들이라고 모두 'pro-JAP(직업적 친일)'이 아니라(생계를 위한) pro-JOB'였다는 논리로 당시의 세론에 어긋나는 인사를 단행하곤 했다.

당시 친일경찰의 대부격은 최연(崔燕, 일본식 이름: 高山淸只, 1897~1958)이었다. 그는 함경남도 함흥시에서 태어나 1918년 함흥부의 함흥경찰서 순사로 경찰 생활을 시작하였다. 말단 직책에서 출발하였으나 1922년 경부보 시험에 합격한 뒤 이후 함경도 지방 곳곳을 돌면서 경력을 쌓아 1942년 조선인으로서는 경찰 내 최고위 계급인 경시(警視)에 올랐다. 이후 황해도 보안과장을 거쳐 경기도 형사과장을 지내던 중 광복을 맞았다.

그는 고등계 형사로서 독립 운동을 탄압하는 일을 담당했으며, 특히 혜산 경찰서에 근무할 때 1938년 '혜산사건'으로 박달을 비롯한 3백여 명의 독립 운동가들을 체포, 고문하여 악명이 높았다. 최연은 이

혜산 사건에서 공을 세워 경찰 공로기장 훈장을 수여받았다.

그는 광복 후에도 미군정의 전직 일제 경찰 등용 방침에 따라 경기도경찰부의 경무과장으로 재직하였다. 특히 그는 경기도 경찰부장에 차례로 임명된 미군정 장교와 장택상을 보좌하며 인사에 개입하였다. 그는 함경도에서 오랜 기간 근무한 경력을 살려 38선 이북에서 일어난 친일 추궁과 체포, 재판을 피해 월남한 고등계 출신의 친일 경찰들을 대거 추천하여 이들을 남한의 경찰 조직 내에 포함시킬 수 있었다. 광복 당시 최연은 경찰 최고위직인 경시에 올라 있던 조선인 8명 중 한 명이었다.[105]

최능진은 이승만과 한민당 일파가 친일파 출신을 경찰계 요직에 등용시키는 것을 목격하고 다시 한 번 놀라지 않을 수 없었다. 평양경찰서장을 하던 노덕술이 월남해서 수도경찰청 수사국장에 취임한 것을 비롯해 일제강점기에 악명이 높았던 친일경찰 간부들이 요직에 속속 중용된 것이다.

1946년 2월부터 최능진은 조병옥 경무부장과 친일경찰 처리문제로 충돌하기 시작하였다. 최능진은 즉각적인 친일경찰 퇴진을 주장했다. 친일 전력 족쇄 때문에라도 자신들에게 절대 충성하리라 기대하며 그들을 중용했던 조병옥과 장택상이 이에 반발하였다. 이때 나온 것이 바로 유명한 친일파 옹호 발언이다.

> 조병옥 : "일본경찰 출신이라고 모두 Pro-JAP(직업적 친일)이 아니라 생계를 위한 Pro-JOB(생계형 친일)이었다."
> 장택상 : "경찰은 기술직이므로 어쩔 수 없다."

---

105) 최연은 1948년 반민족행위처벌법 공포 이후 친일 경찰이 체포될 때 마포형무소에 수감되었으나, 반민특위가 강제로 해체된 뒤 공민권 10년 정지의 가벼운 판결을 받고 풀려났다.

이때의 감정은 후일 그가 경무부 수사국장으로 1946년 10·1대구사건의 원인규명을 둘러싸고 조·미공동회담의 증언대에서 조병옥 경무부장과 충돌하면서 더 구체화된 행동으로 나타난다.

수사국장이 된 후 5월경부터 최능진은 경찰진용 강화를 위해 지방 시찰에 나섰다. 그러나 각 도를 관장하는 관구경찰청장들은 거의 대부분 일제 경찰 출신들로 채워져 있었고, 고문 관습과 부정부패가 만연해 있었다.

최능진은 미군정과 경찰 수뇌부에 계속 친일경찰 등용의 문제점을 강조했지만 받아들여지지 않았다. 결국 1946년 10월 대구를 중심으로 일어난 10·1시위를 계기로 최능진과 조병옥·장택상 세 사람은 격렬한 논쟁을 벌이게 된다.

검사국 기밀비사건

1946년 6월경 최능진 수사국장은 수사과정에서 검찰 내부의 '뇌물사건'을 적발하였다. 사건의 전말은 복잡하였다.

사건은 1946년 2월 강원도 출신 사업가 이종민(李鍾旼)이 폭리혐의로 조사를 받으면서 시작되었다. 물건이 부족하고 인플레이션이 심각했던 당시에 폭리행위는 가장 심각한 경제범죄였다.[106]

일제 강점기부터 일본군에 조달사업을 하던 이종민은 해방후에도

---

106) 1945년 10월 30일 공포된 미군정법령 제19조 제3조는 "민중생활의 필수품을 민중 재력의 한도 내의 가격으로 공평한 분배를 보증하기 위하여 민중을 희생하고 폭리를 취하는 결과로 되는 필수품의 축적 및 과도한 가격의 판매는 불법"으로 규정돼 있다. 이를 위반한 사람은 군정재판소의 결정에 따라 처벌하도록 되어 있었다.

과거 인연을 기반으로 일본해군복 등을 구해서 비싼 값으로 팔다가 붙잡혔다. 이 사건의 담당검사는 김영천으로 일제 순사 출신이었다. 체포된 이종민은 자신을 석방시켜주면 250만원을 사회에 환원하겠다며 거래를 시도하였다. 이러한 제안을 최종석 형사국장을 통해 전달받은 김영천 검사는 서울지방법원의 박승유 검사장, 김용찬 차석검사 등과 의논하고, 김영희 사법부장대리, 김용무 대법원장의 승낙까지 얻어 이종민을 석방한다.

이종민은 석방되자마자 부산으로 도주하였다. 약속한 기부금도 못 내겠다는 뜻을 검찰에 전달하였다. 그런데 다음 달에 이종민이 상해 죄로 구속되어 다시 김영천 검사에게 잡혀왔다. 그러자 이번에는 액수를 줄여 50만원을 출연하겠다는 타협책을 내놓았다. 검찰은 이를 다시 받아들여 이종민을 석방한다. 결국 이종민은 50만원을 기부했다.

문제는 이 돈의 쓰임새였다. 검사국은 50만원 중 20만원으로 수사용 차량 한 대를 구입하고, 남은 돈 30만원은 이른바 '기밀비'로 쓰기로 한다. 각 검사장이 경찰서장과 수사주임과 만날 때 비용 또는 경찰관 격려비 등으로 쓴다는 것이다. 요즘으로 하라면 일종의 '떡값'인데, 명백히 뇌물이었다.

이 돈의 쓰임새에 문제가 있다고 판단한 최능진 수사국장이 수사를 지시해 사건을 파헤쳤다. 그는 사건의 전말을 확인하고, 사법부 이태희 감찰국장과 협의하여 검사국으로 사건을 넘겼다. 그러나 수사가 지연되자 최능진은 "검사국에서 공정하게 취급하고 있는 줄은 알지만 만약 불순한 처사를 할 경우에 나는 이 사건을 잘 알고 있는 만큼 끝까지 추궁할 용의가 있다"고 경고하기도 하였다.[107]

결국 이 사건은 그해 10월 30일 최종판결이 났지만 뇌물죄가 아니

---

107) 『중앙신문』, 1946년 7월 28일.

라 사기죄만 적용됐고, 이종민은 그나마 집행유예로 풀려났다. 사법부 수뇌부의 합의내용은 기밀비로 30만원을 받는 것이었는데, 최종석 형사국장이 20여 만원을 더 받은 것이 사기죄에 해당한다는 황당한 논리였다. 이에 따라 30만원을 받기로 합의한 간부들은 법망을 빠져나갔다. 뇌물을 받아 공익을 위해 쓰면 무죄라는 이상한 결론이었다.[108]

이 사건은 최능진 수사국장이 당시 친일문제와 함께 부정부패 문제에 대해서도 단호한 입장을 가지고 있었다는 것을 잘 보여준다. 그러나 다른 한편으로는 검찰과 사법부에 미운털이 박히는 계기가 되었을 것이다.

흥사단 국내위원회 발족[109]

해방이 되자 중국, 미국 등 해외에서 활동하던 흥사단원들도 속속 귀국하기 시작하였다. 먼저 1945년 11월 4일 송종익, 한시대, 김병연, 김성락, 전경무 등이 재미한족연합위원회 국내 파견대표단의 일원으로 귀국하였고, 이어 중국 방면에서 원동위원부에서 활동했던 유진동, 김붕준 등이 돌아왔다.

최능진은 재미한족연합위원회 국내 파견대표들을 자택으로 초청해 오랜 만에 미국 소식을 직접 들으며 회포를 풀고, 국내 정치상황을 논의하였다. 당시 최능진은 적산을 불하받아 후암동에 거주하고 있었다. 특히 전경무는 형인 최능익과 사돈지간으로 최능진은 그를 통해 형의 소식을 접할 수 있었다.

---

108) 김두식, 『법률가들』, 창비, 2018, 328~332쪽.
109) 흥사단100년사위원회, 『흥사단100년사』, 흥사단, 2013, 257~263쪽 참조.

이후 국내에 있던 장리욱, 김윤경, 박현환, 김선량, 주요한, 정일형 등을 중심으로 한 흥사단 출신들은 재미한족연합위원회 대표단으로 귀국한 단우들을 환영하기 위해 11월 11일 아서원에서 환영회를 개최한다. 이 환영회에 참석한 흥사단원들은 흥사단운동을 국내에서 다시 일으키자는 데 뜻을 모으고 흥사단 조직의 재건을 위한 활동에 돌입한다. 그 결과 1945년 12월 27일 서울의 조선신학교 강당에서 국내외의 단원들이 흥사단 국내 재건을 위한 첫 회합을 가졌다. 이 회합은 1937년 동우회사건으로 강제 해산당한 이후 실로 9년 만에 다시 흥사단 국내위원부가 발족되는 감격적인 모임이었다.

이날 참석한 국내외의 단우는 33명이었는데, 최능진이 참석했는지는 확인되지 않는다. 이날 김병연, 김성락, 김붕준, 유진동, 장리욱, 김윤경, 김여식, 주요한, 허연, 김선량, 정일형, 박현환 등 국내위원부 위원 12명이 선정되었다. 선출된 국내위원부의 위원들은 1946년 1월 2일 서울 사직동 주요한의 집에서 위원회를 열고 위원장에는 김윤경, 서무원에는 주요한, 박현환, 재무원에는 김선량 등을 선출하여 본격적인 활동을 시작했다.

흥사단 국내위원부의 활동은 미군정과의 밀접한 관계를 유지하면서 전개되었지만, 정치 성향상 이승만 노선에 대해서는 기본적으로 반대의 입장을 취했다. 해방 후 이승만 계열이나 도산의 흥사단 계열은 모두 미군정에 대해 협조하면서도 추구하는 지향성은 달랐던 것이다. 이러한 지향성은 해방 후 최능진의 정치행보를 이해하는데 중요한 단서를 제공한다.

흥사단 국내위원회부는 1945년 12월 21일 미 군정청에 "조선의 자주독립을 촉성하기 위하여"라는 당면문제에 대한 건의안을 제출한다.[110] 이 건의안은 미군정의 요청에 의해 작성되었다는 점에서 당시 내외의 주목을 끌었다. 건의안은 정치, 경제, 문화, 교통의 각 방면에 걸쳐 과도기에 있는 조선의 실정을 상세히 조사해 보고한 내용이었는데, "금후에 있어서의 군정시책과 조선독립촉성방향에 다대한 공헌을 할 것으로 그 성과가 주목된다"고 당시 신문들은 대서특필했다.

이 건의안의 내용은 해방 후 흥사단이 추구했던 기본노선과 방향을 이해하는데 매우 중요하다. 우선 정치문제에 대해서는 "미군정에 협조하는 동시에 정치, 경제, 사회적 광복과 발전을 향상시키며 조선정부를 수립하기 위해서는 모든 정치단체의 급속 합동을 인정한다. 그러므로 한국임시정부로 하여금 즉시 각 정당과 단체 수령을 회합케 하여 급속합동 실현에 착수케 하기를 제의"한다. 김구의 대한민국임시정부를 중심으로 한 정당통합 운동이 필요하다는 것을 강조한 것이다.

특히 흥사단은 우익세력이 주장했던 무조건적인 신탁통치 반대 입장에 서 있지 않았다. 오히려 조선의 임시정부 수립에 무게를 두고 우리 민족의 역량에 따라 신탁통치 기간을 단축할 수 있기 때문에, 현 상황에서는 연합국이 결정한 '모스크바 결정'을 전체적으로 지지하는 것이 민족분단을 방지하고 친일파 민족반역자를 제거할 수 있다고 주장한 중간파세력의 주장과 가까웠다.

좌우합작운동의 대두와 신진당의 결성

좌우를 망라하는 정당통일운동을 표방한 흥사단 국내위원부는 김구의 임시정부가 주도한 비상정치회의에 적극 참여하여 한시대가 주비회 부회장으로 선출되는 등 본격적으로 정치 활동에 나선다. 비상정치회의 주비회에는 61개 단체가 참가했는데, 여기에는 김붕준, 이

110) 『자유신문』, 1945년 12월 21일

묘목 등 흥사단 계열이 중요한 역할을 담당한다. 그러나 순조롭게 진행되던 비상정치회의 추진은 이승만계의 참여로 암초에 직면한다.

이승만의 독립촉성중앙협의회(독촉)는 임시정부의 비상정치회의 추진이 여론의 지지를 받고 급류를 타자 이에 적극 참여하는 쪽으로 방향을 선회한다. 그런데 이승만의 '독촉' 참여가 알려지자 문제가 발생한다. 비상정치회의에 참여했던 단체들이 이에 반발하여 탈퇴하기 시작한 것이다.

게다가 김구가 주도하는 비상정치회의가 좌우합작이 아니라 우익 세력 중심의 노선으로 나아가자, 흥사단의 주요 간부들은 비상정치회의와도 거리를 두고 새로운 활로를 모색한다. 흩어진 중간정당의 통일과 좌우합작운동의 모색이었다.

연합회 대표단은 모스크바 삼상회의의 결실인 임시정부를 조속히 수립하기 위한 방편으로 좌우합작운동의 성공과 미소공동위원회의 속개를 선결 과제로 인식하고 이에 대한 지원과 지지활동을 전개하였다. 그리고 좌우합작운동을 지지하는 인사들과 1946년 7월 12일 좌우합작촉성회(또는 '좌우합작촉성위원회')도 결성한다.

1946년 7월 15일자로 보낸 '재미동포에게 고합니다'라는 글에서 한시대는 국내정세의 급선무는 '민족 일치의 합작'이라고 역설하였다.[111] 그는 해방된 조국에 민주주의 독립국가 건설을 위한 제1단계로 임시정부를 수립해야 하는데 이것은 무엇보다 전민족의 협력이 필요한 일이라고 강조하였다. 이를 위해 미소공동위원회의 재개가 중요하며, 특히 미군정도 후원하는 좌우합작운동은 민족적 단결을 위한 출발점이므로 반드시 성취되어야 한다고 주장하였다.

연합회 대표단은 좌우합작을 성공시키고 통일정부를 수립하기 위

---

111) 『신한민보』, 1946년 8월 8일자

한 방편으로 국민계몽운동을 실시하였다. 단장 한시대는 7월 18일자와 8월 1일자 라디오방송을 통해, 좌우합작에 의한 단결만이 목표를 달성하는 유일한 방법이라 역설하고, 이를 성취하기 위해 파당적 논쟁을 버리고 운동의 통합과 정당과 민중 사이의 협동을 재촉하자고 주장하였다.[112]

7월 23일에는 서울 종로의 기독교청년회관에서 재미한족연합위원회 주최로 대중 강연회가 개최되었다. 약 1,000여 명이 참석한 강연회에서 한시대는 「합작 공작의 필요」를 연설하였고, 안정송은 「통일과 여성의 사명」, 김호는 「재미동포의 운동 개략」이라는 제목으로 연설하였다.

발표자 모두가 좌우합작과 민족 통일을 호소하였다. 연합회 대표단은 "좌우합작", "통일정부수립", "민중생활의 안정"을 신국가 건설을 위한 3대 원칙으로 삼고 8·15 해방 1주년을 맞이하여 미 군용 비행기 6대를 이용해 전단지 50만 장을 공중 살포하였다.[113] 이렇게 해서라도 연합회 대표단은 좌우합작으로 민족적 단결을 이루고 공전된 미소공위를 재개해 임시정부 수립과 민생생활의 안정을 도모해 통일된 독립국가를 앞당길 수 있다고 보았다.

이후 재미한족연합회 대표단은 중립적 입장에서 중간세력들과의 통합운동을 전개하고, 1946년 9월 15일 천도교 청우당에서 8개 정당 및 단체를 통합한 신진당 결성에 주도적으로 참여한다.

1946년 9월 15일재미한족연합회·청우당·신한민족당 등 8개의 군소정당은 경운동 천도교강당에서 김원용(金元容)의 사회로 창당식을 거행하였다. 김붕준이 개회사를 하였고, 김호(金乎)를 임시의장, 김령

---

112) 「The speech broadcasted by UKC(1946.7.18; 8.1)」
113) 「8·15 해방기념일 선전표어」『신한민보』1946년 8월 22일 ; 국사편찬위원회 편, 『자료대한민국사』3, 「전단」, 122~123쪽.

1946년 재미한족연합회는 대표단을 국내에 파견해 정치활동에 나섰다. 이들은 주로 신진당을 결성해 활동했다. 최능진은 이들과 오랜 인연을 바탕으로 함께 정치활동을 벌였다. 사진은 대표단 일행이 미국에서 기념촬영한 것이다. 앞줄 오른쪽부터 송종익, 박금우, 한시대, 김원용, 안정송, 유진석, 뒷줄 오른쪽부터 도진호, 김호, 김병연, 김성락, 전경무, 최두욱, 정두옥, 안창호.

(金嶺)·조기엽(趙基葉)을 임시부의장으로 선출하였다.[114]

최천(崔泉)의 경과보고, 이응진(李應辰)의 취지설명, 김규식(金奎植)의 축사, 하지 사령관을 대신하여 스티븐슨 소좌와 러취 군정장관을 대신한 웜스 소좌의 축사 등이 있은 다음, 김희섭(金喜燮)이 '선언'을, 권정식(權廷植)이 '정책'을, 김충규(金忠奎)가 '당헌'을 낭독하여 만장일치로 이를 통과시켰다.

신진당의 강령은 자주독립국가의 완성과 민주주의 정치 실현을 기하고 평등생활을 기반으로 한 경제제도를 확립하며 민족문화를 발양시켜 인류 문화에 공헌하는데 두었다.

114) 「신진당 결성」 『조선일보』, 1946년 9월 17일 ; 「신진당헌」 『신한민보』, 1946년 12월 5일

그리고 유동열(柳東說)·김붕준·김호·한시대·김충규·김만수·이응진·조기엽·김희섭·김령 등 105명을 중앙위원으로 선임하였다. 신진당은 서울시 종로 2가 100번지에 본부를 설치하고, 각 부서 인선을 단행하였다. 위원장에는 헤이그에 고종 밀사로 갔던 이준 열사의 아들 이용(李鏞)이, 부위원장에는 김붕준이 선임되었다. 그러나 국내 기반이 약했던 재미한족회 대표단의 주요 인물들은 각 부서 책임자로 선임되지 못하였다.

〈신진당의 부서와 책임자〉
총무부장: 박양곡, 차장: 장철, 정치부장: 권정식, 차장: 이용기, 외교부장: 김충규, 차장: 김현구, 기획부장: 최천, 경제부장: 박동직, 재정부장: 김한욱, 선전부장: 김병순, 조사부장: 홍상희, 조직부장: 김령, 문화부장: 장도빈, 노동부장: 김만수, 농민부장: 김재덕, 청년부장: 강인봉, 부녀부장: 윤동명

한시대, 전경무 등 재미한족회 대표단의 핵심 인사들은 중간 정당 통합운동의 산물로 신진당이 결성된 시점을 전후로 서울을 떠나 미국으로 돌아갔다. 남조선과도입법의원 관선의원으로 임명된 김호와 김원용만 남아 신진당에서 활동을 이어갔다.

신진당은 좌우합작운동을 지지하였고, 김호가 좌우합작위원회 위원으로 참여하였다. 1946년 11월 한국민주당과 남조선노동당을 제외한 주요 정당이 참여하여 결성한 각정당협의회·긴급시국대책간담회에도 참여하는 등 중간파 노선을 지향하였다.

미소공동위원회에서도 중간노선을 표방하며, 단독정부 수립을 지향하는 한국민주당 등 보수 우익세력의 주장에 반대하였다. 대구에서 대규모 시위('대구10·1사건')가 발생하자 신진당은 1946년 10월 23일

정오 광화문 조선인민당 회의실에서 독립노동당·청우당·한국독립당·공산당(대회파)·신민당(대회파)·사회민주당·인민당(31인측) 등 8정당 대표 38여 명이 모인 가운데 '남조선 민중소요사태에 대한 간담회'를 개최하기도 하였다.

신진당은 좌우익 중간파 정당들의 연합을 주도했다. 1946년 12월 남조선과도입법의원이 출범하자 이들은 친일파 처단법의 제정과 중앙차원 뿐만 아니라 아래로부터의 좌우합작을 추진할 것을 입법의원에 촉구했다.

한시대는 방송을 통해 현재 가장 필요하고 긴급한 임무는 국민들을 단결시키는 일이며, 김규식과 여운형에 의해 추진되고 있는 좌우합작에 의한 단결만이 유일한 방법이라고 역설한다. 이러한 단결만이 휴회된 미소공동위원회의 재개를 촉진하고 조선임시정부를 성립하게 할 힘을 얻게 한다는 것이다. 그리고 단결을 위해서는 파당적 논쟁을 버리고 운동의 통합을 서둘러야 하며, 지도자들은 차별성을 희생하고 정당과 민중 사이의 협동을 재촉해야 한다고 주장했다.

그러나 좌우합작운동은 의도대로 전개되지 않았고, 좌우익의 극한 대립과 남한 단독정부 수립이 가시화되었다.

1947년 10월 19일 신진당내 재미한족연합회계(김호·김원용)는 건민회의 이극로계·민주통일당·신한국민당·민중동맹 등과 함께 민주독립당(民主獨立黨) 창당에 합류하였고, 이어서 12월 20일 결성된 민족자주연맹(民族自主聯盟)에도 참여하였다.

흥사단의 탈정치 선언

국내 정국이 복잡하게 돌아가고, 개별 인사들의 이념적 성향도 갈

라지면서 흥사단 인사들도 각자의 정치적 노선에 따라 다른 선택을 하였다.

예를 들면 조병옥, 정일형, 유억겸, 오천석, 오정수, 이대위, 이용설, 전규홍, 이묘묵 등은 반공주의를 정당화하고 가능한 지역에서의 총선거를 통한 남한단독정부 수립을 지지했다.

반면 김붕준, 오기영, 한시대 등은 냉전적 반공주의를 비판하고 좌우합작과 남북연합에 의한 통일전선을 통해 완전독립을 이루는 것이 우선 과제임을 강조하였다.

해방 후 흥사단의 정치노선은 이처럼 반공 우선이냐 통일 우선이냐를 놓고 입장이 극명하게 나누어졌지만, 자유주의 원리에 입각한 민주국가의 건설이라는 대원칙에는 의견을 함께했다. 흥사단은 국가에 대한 개인과 시민사회의 우위를 내세우고, 의회주의와 정당정치에 입각해 견제와 균형을 기조로 하는 민주정부의 수립을 지향했다.

해방 후 흥사단은 각 단우들이 여러 정파에 소속되어 다양한 입장에서 정치적 활동을 하고 있었음에도 불구하고, 1946년 이승만의 '정읍 단정발언' 18일 후인 6월 21일 성명서를 발표하여 그런 활동은 개인적인 자유선택일 뿐이라고 강조하면서, 흥사단이라는 조직 자체는 "결코 정치단체가 아니며, 따라서 어느 특정 정치인을 지지 또는 반대하는 일은 없다"고 천명했다.

1946년 9월 28일 흥사단은 서울 종로의 중앙기독교청년회관에서 역사적인 제1차 국내대회를 개최했다. 이 대회에는 단우 79명과 각계각층의 내빈 91명 등 총 170여명이 참석했다.

이 대회에서 채택된 장문의 선언문은, 먼저 해방 이후 1년 동안의 사회현상에 대한 반성과 비판을 하고, 타력에 의한 명목상의 해방과 독립의 허상에 대해 각성을 촉구하면서, "오직 자력해방, 자력건설만이 진정한 구국 구족의 유일한 노정"이라고 밝혔다.

그리고 도산 선생이 흥사단운동을 일으킨 목적과 취지를 상기시키면서, "이제 우리는 암담한 조선의 현실에서 비장한 염원을 발기하여 서로 맹세로써 약속한 민족적 대업의 길에 재출발할 것을 정중히 선언한다.

당시 언론들은 흥사단 제1차 국내대회에 대해 주목하면서 민감한 반응을 보였다. 당시 미군정과의 관계 속에서 판단할 때 하나의 조직체로서 흥사단만큼 영향력을 가지고 있던 사회 조직이 없었기 때문이었다. 따라서 다른 정당이나 사회단체, 특히 이승만 계열의 '독촉'은 흥사단이 혹시 정당조직으로 발전하지 않을까 하는 의구심을 가지고 있었다.

이에 흥사단은 송종익의 이름으로 "흥사단은 절대로 정치단체가 아니고 순전한 애국적 교양훈련운동단체이므로 정당 정파의 대치대립됨이 없다"고 다시 한 번 탈정치 선언을 하였다.[115]

다만 주목할 점은 최능진의 정치적 지향과 마찬가지로 흥사단은 친일민족반역자에 대한 '숙청과 자기비판'을 강조했다는 것이다. 이 것은 새로운 민주정부의 수립과정에서 친일민족반역자는 배제되어야한다는 것을 흥사단이 천명한 것이다. 이후 흥사단의 주요활동은 신탁통치 문제를 둘러싸고 극한적으로 전개되었던 좌우대립의 정국 하에서 민주정부 수립과 관련된 활동으로 집중되었다.[116]

---

115) 「흥사단 1차 국내대회 서울서 개최」(1946년 09월 28일) 『조선일보』 1946년 10월 15일.
116) 1949년 1월호 『단보』에 실린 지역별 흥사단 단우의 수는 서울 323, 시흥 21, 수원 9, 인천 8, 연백 67, 춘천 24, 원주 4, 대전 10, 충청 2, 광주 4, 호남 4, 대구 6, 경주 2, 부산 86, 마산 6, 밀양 4인 등 580인이었다. 1947년 이후 입단한 단우 중에는 서북청년단원 6인도 있었다. 김윤석(1947년 입단), 문봉제(1947), 김성주(1947), 강덕모(1947), 박해범(1948), 김원영(1949), 한석률(1952) 단우 등이다.

11. '10·1대구사건'의 격랑 속에서

1946년 5월, 임시정부 수립을 논의하는 제1차 미소공동위원회가 성과 없이 결렬되자 미군정은 좌익세력에 대한 공세를 시작하였다. 공교롭게도 그 때 '정판사 위조지폐 사건'이 발생했고, 이를 계기로 미군정은 '공산당 활동 불법화'를 공표하고, 동시에 공산당 간부들에 대한 대대적인 체포령을 내렸다.

이에 맞서 박헌영계열 조선공산당 주류파는 '신전술'을 내세우며 미군정에 대한 협조노선에서 압박노선으로 전환하였다. 그리고 조선공산당과 조선노동조합전국평의회(전평)는 조직된 노동자들을 동원하여 1946년 9월에 철도노동자, 운송업노동자들이 주도하는 대대적인 파업을 벌였다. 이것이 9월 총파업이다. 9월 총파업은 부산지역의 철도노동자들의 파업을 시작으로 전국적으로 번져나갔다. 조선공산당이 본격적으로 미군정과 정면충돌을 한 출발점이었다.

미군정은 국립경찰과 반공청년단체를 투입하여 파업을 진압하였다. 그러나 이 과정에서 의외의 돌발사태가 벌어졌다. 대구지역 노동자들의 파업 시위에 경찰이 발포하자 이에 대한 항거로 대규모 시위가 벌어진 것이다. 이를 '대구 10월사건', '10월인민항쟁', '10월폭동' 등 다양한 용어로 지칭한다.[117)]

117) 2010년 3월 대한민국 진실화해위원회는 《대구 10월사건 관련 진실규명결정서》

대구에서 발생한 10.1시위 군중 사이로 경찰들이 진입하고 있다.

사태가 심각해지자 조선공산당 책임자 박헌영은 무력시위를 중단할 것을 촉구하고, 불필요하게 미군정을 자극해서는 안된다며 시위중단을 촉구했지만 사태는 걷잡을 수 없이 확산되어 경찰관과 시위 참가자 간의 물리적인 폭력사태로 비화되었다. 거리 한쪽에서 흥분한 군중들이 경찰에 투석을 시작했고, 궁지에 몰린 경찰관들은 군중들에게 총을 난사하여 17명의 시위대가 죽는 사태가 벌어졌다.

미군정은 이튿날인 10월 2일 오후 7시 대구지역에 계엄령을 선포하고 미군을 동원함으로써 표면적으로는 질서가 회복되었다.118)

에서 해당 사건을 "식량난이 심각한 상태에서 미 군정이 친일관리를 고용하고 토지개혁을 지연하며 식량 공출 정책을 강압적으로 시행하자 불만을 가진 민간인과 일부 좌익 세력이 경찰과 행정 당국에 맞서 발생한 사건"이라고 규정하고, 국가의 책임을 인정해 유족들에 대한 사과와 위령사업을 지원하도록 권고하는 결정을 내렸다.
118) 미군이 개입했지만 시위는 대구 인근인 경산군, 성주군, 영천군 등으로 확대되었

수사국장 시절 1946년 대구를 방문해 현지 경찰 간부들과 기념촬영한 최능진(뒷줄 왼쪽에서 5번째). 방문 시점은 불분명하다.

이 사건이 발생된 지 일주일째 되는 10월 7일 조병옥 경무부장이 발표한 「대구지방 소요사태에 관한 경위발표문」을 보면 그 규모가 얼마나 컸는지를 짐작할 수 있다.

이 발표에 따르면 경찰관 사망자 33명, 중경상자 1백 35명이었고, 다수의 경찰서와 관공서가 피해를 받았으며, 민간인 17명이 사망하고 25명이 부상당하였다. 검거된 인원은 636명에 달하였다.[119]

대구에서 10월 1일과 2일에 대규모 충돌이 발생하자 즉시 브라운 소장(Maj. Gen. Albert W. Brown)은 전반적인 조사를 실시하였다. 수많은 사람들, 민간인과 군인, 그리고 조선인과 미국인들이 인터뷰를

다. 경상북도 일대에서 민중과 미군정간의 충돌은 멈추지 않고, 계속 발생하였고, 이후 경북 지역 민중시위 진압 과정에서 또다시 경북 지역을 벗어나 전국적으로 확대되면서 1946년 말까지 농민 중심의 시위는 계속되었다.

119) 『경향신문』 1946년 10월 8일

하였다. 브라운 장군(General Brown)은 후에 6주간의 추가 조사를 실시한 조미공동회담(the Joint Korean-American Conference)의 미국 대표를 맡게 된다.

수사국장 최능진은 미군정의 지시로 정확한 시위의 원인을 파악하기 위해 현지로 내려갔다. 그는 대구에서 저명인사 19명에 대한 면담 조사를 실시하여 소요의 원인에 대해 의견을 들었고, 폭동 피의자들을 만나봤다. 이를 통해 최능진 국장은 이 사건이 확대되기에 이른 배경이 조병옥 경무부장의 '경위발표문'과는 다르다는 사실을 발견하였다. 특히 발표문에 나타난 '불순한 파괴적 정치활동에 선동'되어 일반 시민이 폭동에 가담한 것만은 아니라는 점을 확인하였다.

이러한 조사내용은 10월 14일자 브라운 소장의 보고서에 담겼다.

여러 요인이 지적되었지만 대규모 시위의 가장 기본적인 원인은 경제적으로 식량의 불균등 분배와 미곡 수집 제도였고, 정치적으로 친일경찰의 행태였다.

이같은 상황은 10월 대구사건이 발생하기 전 미군의 현장보고서에서도 지적된 내용이었다. 미군정은 1946년 7월 말 동해안의 세 지역(강원도, 경상북도, 경상남도)에서 비공식 조사를 진행하였다. 이 조사는 미 24군의 공보장교인 랭킨 로버츠 중령(Lieutenant Colonel Rankin Roberts)과 주한미군정 공보부 여론국 차장 리차드 로빈슨 대위(Captain Richard D. Robinson)의 주도로 이뤄졌고, 조사단에는 미국 언론 특파원들까지 포함되어 있었다.

특히 로빈슨 대위가 작성한 보고서는 조사한 지역뿐 아니라 그 외 여러 지역들을 포괄했다. 그는 미곡 수집 과정에서 행해진 부당한 조치, 감옥 상태, 수감자에 대한 처우, 경찰의 검열 등을 포괄적으로 조사하였다.

〈브라운 장군(General Brown)의 10월 14일자 보고서 요약〉

1. 군정(Military Government)의 미곡 수집 정책
2. 식료품, 특히 쌀의 불충분한 공급
3. 미곡 수집 과정에서 경찰의 독단적이고, 때로 폭력적이며 정직하지 못한 방법
4. 전반적인 경찰의 부정행위
5. 위의 내용을 활용한 정치 선동가들의 선동 행위
6. 북에서 내려온 첩자에 의한 소요 계획 및 실행
7. 공산주의자들의 학교 침투; 학생과 선생 모두
8. 하기 미곡 수집분이 분배되지 않을 것이라는 소문
9. 경찰의 체계적인 방어 체계 미비
10. 경찰에 대한 대중의 적대감
11. 대중의 군정에 대한 불신
12. 군정 정책 홍보 실패
13. 미군정에서 일하는 조선인 관리들의 능력 부족
14. 군정 통역관에 대한 불신
15. 과도하게 빠른 조선인의(조선인을 대상으로 한) 미국화 시도
16. 난민 유입에 따른 총체적 실업 문제[120]

그 결과 조사지역 전역에서 미곡 수집과 관련하여 경찰의 권력 남용이 이뤄진 것으로 드러났다. 포항의 사례를 보면 당시 포항에 근무하는 거의 대다수 고위 관료가 과거 일본 경찰에서 복무한 경험이 있었다. 대부분의 지역 경찰 간부들은 "좌익은 죄가 있든 없든 이유를 불문하고 억류해야 한다"고 확신하고 있다고 조사되었다. 당연히 불

---

120) 알버트 브라운 소장(Maj Gen Albert E. Brown)이 24군사령관에 보낸 보고서, 「1946년 10월 1~10일 제6보병사단지역에서 발생한 폭동과 무질서」, 1946년 10월 14일

대구 10·1시위 때 진압과정에서 사망한 사람들의 모습.

법적인 체포, 억류, 고문이 공공연히 자행되고 있었다.

로빈슨 대위는 일본인들이 수감자들을 다뤘던 방식이 여전히 광범하게 퍼져있으며, 결론적으로 "과거 친일 경찰들이 1945년 8월에 자기들을 내쫓았던 사람들을 상대로 복수를 하고 있다는 보고가 많다"고 지적했다. 로빈슨은 이런 문제를 개선하기 위해서는 과거 일제시기에 복무했던 경찰 고위급들을 직위 해제하고, 경찰 인력에 대한 훈련, 교도소 환경 개선, 시민권 보호 수준을 개선해야 한다고 권고했다.

그러나 이러한 권고는 받아들여지지 않았고, 결과적으로 10월 대구사건이 발생하는 요인이 되었다.

조미(朝美)공동회담에서 진실을 증언하다

10월 23일 존 R. 하지 미군사령관은 여론을 고려해 정치적으로 중도적 입장인 좌우합작위원회가 조사 활동에 참가하겠다는 제안을 공식 수용하였다.

당시 좌우합작위원회를 주도하던 김규식(金奎植)의 제안으로 이루어진 조·미공동회담(Joint Korean-American Conference)은 해방이후 한국인들이 미군정을 상대로 한 최초의 공식회담이었다. 참석자의 수효도 각기 10명씩으로 동수였는데, 그 명단은 다음과 같다.

한국측 : 김규식(金奎植), 여운형(呂運亨), 여운홍(呂運弘), 원세훈(元世勳), 안재홍(安在鴻), 최동오(崔東旿), 김붕준(金朋濬), 박건웅(朴建雄), 장권(張權), 강순(姜舜)

미국측 : 러치 군정장관, 브라운 소장, 하지 중장 대리 웨커링(미소공위 대표), 존슨 박사(미군정 경제고문), 헬믹(군정장관 대리) 외 5명.

조미공동회담은 1946년 10월 23일부터 12월 10일에 걸쳐 27차 회의를 갖고 '대구 10월사건'의 원인에 대해 장기간 조사를 진행하였다.

10월 23일 10·1대구시위사건의 원인규명과 대책수립을 위한 첫 '조미공동회담'이 덕수궁에서 열렸다. 회담에서는 사건의 원인을 토론하는 과정에서 ① 미군정의 경찰행정과 식량행정의 실패, ② 경찰의 고문행위, ③ 친일파 처리문제, ④ 통역정치의 폐단, ⑤ 군정관리의 부패문제를 주로 다루었다. 특히 회담에서는 대구지역 및 그 이후 소요사건과 경찰과의 관계에 대한 논의에 대부분의 시간(80% 이상)을 할애하였다.[121]

그중에서도 가장 논란이 되었던 사항은 경찰행정에 관한 것이었다. 특히 조병옥 경무부장, 매글린(Colonel Willian H. Maglin) 경무부장 고문, 장택상 수도경찰청장 등과 더불어 조미공동회담에 출석한 최능진 수사국장은 '공산당의 사주에 의한 폭동'이라고 앞서 발언한 조병옥, 장택상과는 사뭇 다른 진술을 하였다.

1946년 11월 15일 열린 조미공동회담 제15차회의에 참석한 최능진은 "대구에서 경찰과 정부 관리들의 집이 약탈당했을 때, 집집마다 적어도 한 두 개의 쌀자루가 발견되었다"고 증언했다. 그는 여기서 경찰의 무지함과 미곡 약탈에 대해서 세 가지 사항을 지적했다. 즉 적절한 감시를 할 수 있는 감독관의 부족, 경찰의 다수가 일본 경찰 제도를 경험했다는 점, 그리고 경찰의 낮은 임금 수준 등을 꼽았다. 최능진 국장은 10월 대구사건의 가장 핵심적인 요인이 미군정에서 일하는 친일 조선인 관리들에게 있다고 판단하였다.

1946년 11월 20일에 열린 조미공동회담에서 최능진은 "나는 경무부에는 애국자와 독립운동가들을 등용해야 한다고 주장했기 때문에 조병옥과 의견 충돌이 잦았다"라며 더욱 직설적으로 친일경찰 문제를 거론하였다.

> "국립경찰은 친일경찰과 민족반역자 및 북한에서 공산주의자들에 의해 추방된 부패경찰관들의 피난처가 되었다. 일제시대의 이름난 고등계 형사 이구범은 해방된 뒤 민중들에게 자기 집이 박살나자 서울로 왔다. (중략) 많은 사람들이 증거도 없이 경찰의 편견 때문에 체포되었다. 어떤 경찰관은, 저놈은 마음에 안 드니 데려다가 두들겨 패고 감옥에 처넣자고 말했다. (중략) 경찰은 부패했으며 민중의 적이다. 이린 상대

---

121) 정영진 『폭풍의 10월』, 한길사, 1990; 정해구, 『10월 인민항쟁 연구』, 열음사, 1988; 『주한미군사』 참조.

가 지속된다면 민중의 80퍼센트는 공산주의로 돌아설 것이다.”

최능진 국장은 경찰조직 보호를 위해 경찰 상층부의 의견에 동조할 수도 있었지만 현장 조사에 기초해 ‘진실’을 있는 그대로 진술하였다. 그의 친일경찰 청산에 대한 신념과 강직함을 엿볼 수 있는 대목이다.

당시 김규식 위원장의 비서실장으로 이 회담의 진행과정을 지켜본 송남헌의 증언도 비슷한 내용을 담고 있다.

“당시 최능진 씨는 폭동을 일으킨 좌익을 철저히 다스려야 하지만, 그런 폭동이 일어날 수 있는 요인이 경찰 자체에도 내재해 있다고 진술했지요. 다시 말해서 일제시대의 고등계 형사들이 해방 후에도 버젓이 경찰에 몸담고 있어, 일반 양민의 원성을 사고 있으니 그들을 숙정하는 것이 시급하다고 주장했습니다.”

한 달 넘게 계속된 조미공동회담은 입법의원(立法議院, 의장 김규식)의 개원(1946년 12월 12일)을 앞두고 종료되었다. 그와 동시에 이 회담은 다음과 같은 공동결의안을 하지 사령관에게 제출하였다. 이 결의안에는 특히 고등계 경찰 출신에 대한 비판 등 최능진의 증언이 상당히 반영되었다.

“경찰인사에 있어 일제경찰 출신, 특히 일제하에서 항일애국자를 탄압·박해하던 악질 고등경찰 출신을 해방된 금일 경무부 당국이 등용, 특히 수사경찰의 일선에 배치되었다. 비록 공산주의자라 할지라도 경찰기술자라는 명목으로 그들을 체포·고문하는 사실은 한국인의 감정을 지극히 손상시켰다. 그 결과는 군정경찰에 대한 일반민중의 반감을 사고 있으므로 이를 시정할 것”[122]

이 같은 경찰 인사문제 외에도 이 결의안은 미군정청 내 친일파 잔류문제, 이른바 '통역정치'의 폐단, 귀속재산 처리 등에 따른 관리의 부패, 식량사정 악화를 초래한 '졸렬한 식량행정'을 시정하여 민생 안정을 도모해 줄 것을 하지 사령관에게 요청하였다.

이 같은 결론은 당시 미곡 수집문제 뿐만 아니라 친일파 경찰 재등용, 경찰의 직권남용 등에 대해 민심이 떠나 있다는 사실을 잘 보여준다. 최능진 국장의 증언과 대책이 단순히 개인 차원의 의견이 아니었던 것이다.

미군정도 "경찰의 권력 남용에 대한 대중적 불만은 남한에서 1946년 10월에 일어난 준반란(quasi-revolt) 및 폭동의 핵심 요인"이라고 판단하였다.

〈조미공동회담, '결론 및 건의사항'〉

I - 총론

조미공동회담에서는 최근 남한에서 발생한 여러 소요 사태의 원인이 하나의 원인이라기보다는 여러 요인들로 인해 일어난 것이라고 결론지었다. 전반적으로, 1945년 9월과 8월에 있었던 조선인들의 해방운동은 조선인들로 하여금 해방의 성취란 곳 유토피아 상태를 성취하는 것과 동일한 것으로 생각하도록 만들었다. 특히 세계 경제와 정치적 국면에 대한 주요한 조건들에 대한 이해는 이뤄지지 않았다. 농민이 아닌 이들의 식량 부족 문제를 해소하기 위한 정부에 의한 미곡 배급은 필수적인 것으로 인식되었다.

임금과 가격, 물가 상승의 상관관계는 미군이 조선에 도착했을 때 이미

122) 『조선연감』, 1947년판

형성되어 있었다. 거처를 잃은 피난민들의 엄청난 유입으로 인해 이미 심각하게 부족했던 음식 및 이용 가능한 주거지를 더 다수에게 배급하여야 했다. 홍수와 콜레라가 심각한 상황에 더해졌다. 세계적인 정치 상황은 조선을 나누는 38선으로 이어졌고, 이미 과부하 상태인 조선 경제 상황에 더욱 악영향을 미쳤다.

조선인들의 과도한 기대는 1946년 5월에 열린 미소공동위원회의 지연을 초래했다. 조선인들은 그들의 이상을 성취한 이후 낙담을 경험했다. 조선인들은 엄청난 낙담 상태에 빠져있었고, 잘 조직된 계획과 정치적으로 연루된 훈련받은 선동가들의 조작 행위에 저항하지 못할 정도로 심리적으로 불안정했다. 본래 온화하고 질서 정연한 조선인들의 응집된 분노는 가장 가까운 통치 수단인 - 경찰에게 표출되었다.

Ⅱ - 인사

경찰에 대한 적개심:

1. 회의에서는 초기 조직의 어려움, 적절한 인원의 조달과 훈련, 유지라는 관점에서 조선 국가 경찰이 기대한 대로 업무 수행을 해낸 것으로 밝혀졌다. 하지만, 여전히 전국 경찰 조직 내에 새로운 조선이 추구하는 이상과 부합하지 않는 민주주의 인식을 가진 자들이 남아있었다.

(a) 경찰에 대해 만연한 적개심이 있었는데, 그 이유는 과거 일제 시기 복무했던 조선 경찰들이 권력을 잡고 있었으며, 대부분 통제권이 있는 지위를 받았기 때문이었다.

(b) 경찰들이 정치적 목표를 달성하기 위해 우파 '청년 조직'과 결탁하여 충분한 범죄나 의도에 대한 증거 없이 좌파들을 체포하는 등 그들의 권력을 남용하며, 이것이 선거 결과에 영향을 미친다는 믿음이 있었다.

(c) 경찰에 대한 적개심은 그들이 사람들을 구타하거나 고문하였으며, 이것이 일본 경찰들의 관례를 따른 것이라는 보고가 있음으로써 더욱 악화되었다.

(d) 경찰들이 과도하게 혹독하였으며, 미곡 수집 제도를 시행함에 있어 서 부정직했다는 보고가 있었다.

(e) 조선국립경찰 고위직 중 상당수가 일제시기에 복무했던 자들이었다.

(f) 1946년 11월 8일, 25,000명의 경찰 중 대략 5,000명이 일제시기에 복무했다.

(g) 경찰은 현재의 임금 수준으로는 일정한 생활수준을 유지하기 어려운 것으로 파악했다.

(h) 위에서 언급된 취약점들을 정치적으로 악용하려는 시도는 특정 정치집단에 의한 폭력적인 공격으로 이어졌는데, 이는 알려진 권력 남용이 실제의 납득할 수 있는 수준의 남용을 넘어선 것처럼 보이게 했다.

(i) 조직 확대의 측면에서, 어리고 경험이 부족한 경찰 및 지나치게 급격하게 현재 지도적 인사들을 대체함으로써 경찰의 능률이 기대치 이하로 낮아졌다.

2. 군정 내의 친일파:

'친일파'들은 이전에 한번도 충분히 검증되지 않았으며, 이들을 검증하는 것은 과도입법의원과 향후 입법기구가 담당해야 할 임무로써, 소위 "친일파"들을 정부 조직에서 제거하기 위해 필요한 것이었다.

3. 군정 내 통역관들의 영향:

군정과 같이 언어 장벽이 매우 컸던 정부 조직에서는 통역관은 꼭 필요한 존재이다. 하지만 부정직하고 뇌물 수수에 연루된 통역관들은 이것을 그들의 개인적인 이득뿐만 아니라, 그들이 가담할지 모를 특정 조직의 정치력을 획득하기 위한 기회로 삼는다. 통역관들을 이용하는 것은 오로지 담당 관리가 언어 문제로 인해 임무를 충실히 수행하기 어려운 경우로 한정되어야 한다. 그러한 관리들은 중요한 사안인 경우 통역관들의 업무 내용을 필히 확인해야한다.

4. 일부 조선인 관료들의 부패:

일제로부터 해방된 이후 독립 정부 수립 사이의 군정과 같은 임시 정부에서 일정 수준의 부패 행위가 적발되는 것은 불가피한 일이다. 하지만 현 군정에 부패나 부정행위에 대한 확실한 증거는 거의 발견되지 않았다. 명백한 근거에 따르면, 군정은 미국인과 조선인 모두에 대하여 부패 관행을 예방하기 위해 조사 절차를 밟고 있는 것으로 나타났다.

5. 조선의 이익을 저해하는 선동가들:

조선의 진정한 이익에 대하여는 관심이 없는, 박헌영 주도 하의 폭력 분자들은 남한에서 분란을 선동하기 위하여 불안정한 경제 및 정치 상황을 이용했다. 이들의 폭동은 준비와 전반적인 계획, 수많은 무고한 하수인들의 자기희생 의지, 또한 조선인들의 본래의 온건한 천성과는 거리가 먼 야만적인 행태를 통해 드러났다. 폭동을 주도한 자들의 궁극적인 목적은 전통적인 친교 관계와 조선의 해방에 주요한 역할을 했음에도 미국의 평판을 떨어뜨리는 일과 현 정부의 전복, 그리고 급진적인 정권에 호의적인 경찰을 만드는 일이었다.

V – 권고사항

조미공동회담의 권고사항은 아래와 같았다:

1. (a) 가능한 빠른 시일 내에 조선 경찰의 능력 수준을 개선하기 위해서는, 실질적인 수단들이 도입되어야 하는데, 이를 통해 점진적으로 일제 치하에서 중위(Lieutenant) 이상 직급으로 복무하였거나, 경찰 내 민주주의 원칙에 벗어나는 자들을 제거해야 한다.

   (b) 그러한 분명하고 명확한 지시 사항들은 권위의 남용이나 야만적 행위, 정치적 당파성이나 박해, 폭력성과 고문을 예방하기 위해 반복되어야 하며, 현재의 조사 수단들은 이러한 수단의 효율성을 제고할 뿐만 아니라 뇌물이나 부패를 막기 위하여 강화되어야 한다.

   (c) 모든 조선 경찰서장이 경찰력을 통제하도록 지도되어야 하는데,

이를 통해 경찰력을 정치적 목적으로 사용하지 않고, 경찰 개인들이 그들의 공직을 지지 혹은 반대 정치 집단에 사용하지 않도록 하기 위함이다.

(d) (주한미군사령관 하지 장군(Gen. John B. Hodge)에게 기밀로 전해진 내용) "조병옥뿐만 아니라 장택상을 앞서 회의에서 밝혀진 이유로 제명되어야 한다는 것은 회담에 참가한 조선인들의 공통적인 의견이었다. 다시 말해, 좌우합작위원회의 성공이 위험에 처해있었다. 조병옥과 장택상은 합작 운동에 반대했다." 따라서 김규식이 서명한 내용도 추가로 덧붙여졌다. "더욱이 만약 누군가 지방, 특히 대구와 경상북도에서의 소요 사태(회담의 주된 조사 대상인)에 관여한다면, 조병옥은 괜찮지만, 장택상은 아니다."

(e) 경찰의 훈련 기간이 늘어나야 하며, 경찰학교 교사들은 실제로 공무에 종사하는 애국자들로 구성되어야 한다.

2. 군정은 모든 조선인 관리들의 기록을 통해 '과거 친일파'를 찾아내야 하며, 군정법령 제118호 7절 세 번째 문단에서 규정하고 있는 명백하고 악명 높은 친일파들을 가능한 빠른 시일 내에 제명하고, 이들을 애국자들로 대체해야 한다. 해당 사안의 남은 부분은 향후 친일파에 대해 규정할 임시 혹은 조선의 입법부의 역할로 두어야 한다.

3. 필요한 지시와 사람들의 착취 및 조선어를 사용하지 않는 관료들이 부정직하고 무능한 통역관들에게 현혹되는 일을 방지하는 보호 장치가 마련되어야 한다.

4. (a) 가장 엄중하고 주의 깊은 조사 제도가 유지되어야 하며, 군정 내 조선인과 미국인 관료 모두의 부패를 방지하기 위해 강제되어야 한다.

(b) 정부 관직을 위한 관료들을 선정하는 일에 있어, 군정은 조사 제도를 확장 및 개선해야 하며, 관직에 임명하기 전에 후보자들

의 명단을 발표하고, 조사 제도가 정치적 임명을 위해 악용되지 않도록 확인하는 데 모든 노력을 기울여야 한다.

5. (a) 반체제 활동가들에 의한 선동의 악랄함으로 인해, 선동가들은 가능한 빠른 시일 내에 체포 및 기소되어야 한다. 하지만, 여러 소요 사태로 인해 체포가 다수 이뤄졌던 곳에서는, 또한 빠른 시일 내에 유죄에 대한 증거가 불충분한 수감자들을 석방하는 데 노력을 기울여야 한다.

의장 미 육군 브라운 소장
의장 좌우합작위원회 김규식, 여운형
1946년 11월 26일, 제21차 회의록.

12. 조병옥, 최능진을 파면하다

조병옥 경무부장 파면 요청

김규식을 비롯한 조미공동회담의 한국 측 대표들은 10·1대구사건의 책임을 물어 조병옥 경무부장의 파면을 들고 나왔다. 이를 둘러싸고 논란이 벌어졌고, 표결에 붙여진 결과는 10대 10 동수였다. 결국 최종결정을 하지에게 미룰 수밖에 없었다.

이때 조병옥 경무부장은 자신을 심판하는 조미공동회담에 나와 다음과 같이 변명하였다.

"경무부장인 내가 친일파 경찰관들을 많이 등용하였기 때문에 그로 인하여 민심이 이탈되어 폭동이 자연발생적으로 일어났다고 주장하는 것을 나는 잘 알고 있습니다. 그러나 일본 제국주의 통치하에서 있던 우리 한국에는 친일을 했다는 데 대해 두 가지 종류로 구별할 수가 있다고 생각합니다. 즉 그 하나는 직업적인 친일파였고, 또 하나는 자기의 가족과 생명을 보호하기 위한 연명책으로 일정(日政) 경찰을 직업적으로 했다고 생각합니다. 그러므로 많은 동포들은 pro-JAP이 아니라 pro-JOB이라고 할 수 있는 것입니다. 그 많은 동포들 중에는 가족을 살리고 자기의 생명을 보호하기 위하여 경찰관을 지낸 사람도 있으며, 조선총독부 관리 또는 고등관등도 지낸 사람이 있습니다."[123]

조병옥은 공식에서나 사석에서나 친일파경찰 논쟁이 있을 때마다 이 'pro-JAP, pro-JOB론'을 편 것 같다. 직업적 친일(pro-JAP)이 아니라 생계형 친일(pro-JOB)은 어쩔 수 없었다는 것이다. 이에 대하여 고정훈(高貞勳. 전 국회의원)은 다음과 같은 일화를 전하고 있다.

> "1946년 어느 때인가 미·소공동위원회 미국 측 대표인 브라운소장과 조병옥 경무부장 등 몇 사람이 명월관에서 회식을 한 적이 있었지요. 그 자리에는 최능진 수사국장도 참석했습니다. 술잔이 몇 차례 돌면서 화제가 친일파 경찰문제에 이르자 조 경무부장은 예의 'pro-JAP, pro-JOB'을 폈어요. 그러자 최 수사국장이 대뜸 '조(趙)부장, 그것은 너무 지나친 얘깁니다. pro-JAP이 있는 것은 사실 아니요.(000등 성명을 열거하면서). 공산당을 잡는다고 이런 고등계 형사들을 꼭 놔둬야 합니까'하고 반박합디다. 그의 말인즉 국가의 공권력을 행사하는 데 있어서 굳이 과거의 고등계 형사들을 쓸 필요가 없다는 것이었어요."

조미공동회담을 마친 후 브라운 소장, 김규식, 여운형 3자가 서명한 편지가 하지에게 전달된다. 경찰 개혁과 미군정 내 친일파 처단에 대한 조미공동위원회의 결론과 개선책이 담긴 편지였다. 11월 26일에는 좌우합작위원회의 명의로 조병옥과 장택상의 해임을 건의하는 편지도 전달되었다. '대구사태'에 대한 책임은 특히 조병옥에게 있다고 지적하는 내용이었다.

1946년 12월 5일 하지중장은 조·미공동회담에서 제출된 제안을 기초로 하여 '조선인의 복리에 있어서 최대의 개선대책을 강구할 것'이며 나아가 '군정청은 조선인 직원들의 경력을 조사하여 친일파가 있으면 이를 가급적 속히 파면하며', 이와 동시에 '민주주의경찰의 기존

---

123) 조병옥, 『나의 회고록』, 선진, 2003, 173쪽.

원칙에 모순되는 행동을 하는 경찰관은 점차적으로 배제될 것'이라는 성명을 발표하였다.

> "조미공동회담에서는 최근 남조선에서 발생한 소요사건의 발생 원인에 관하여 조사하여 오던 바 이번 회의안중 최초 5조목에 관하여 결정된 바 있어 본관에게 건의되었는데 (1) 경찰에 대한 원한, (2) 군정청 내 전 친일파의 잔류, (3) 군정청 내 통역의 영향, (4) 어떤 조선인 관리의 부패, (5) 조선의 복리에 반대하는 선동자 등인데, 나는 여사한 조사를 수행한 성의와 열의에 대하여 기뻐하는 바이며 또한 최근 남조선에서 발생한 소요사건에 내포된 근본 요인을 잘 구명할 수 있도록 하기 위하여 장시간에 걸쳐 각 방면의 관계자를 초청하여 보고를 듣고 토의한 공동회담 위원 제씨에게 감사하는 바이다. (중략) 본관은 아직도 공동 회담의 기타 제안을 심의중이며 그 제안을 기초로 하여 대체로 조선인의 복리에 있어서 최대의 개선 대책을 강구할 것이다."124)

그러나 조미공동회담에서 제기된 조병옥의 파면문제에 대해서는 아무런 언급이 없었다. 오히려 조병옥은 조·미공동회담이 끝난 직후인 1946년 12월 2일 최능진에게 '국립경찰의 협화를 유지하고 경찰사기를 진작하며 명령계통을 확보함에 유해하므로 사직을 요청'하였다. 최능진은 파면 통고에도 개의치 않고 정상근무하면서, 경무부 간부들이 마련한 송별식에도 나타나지 않았다.

『주한미군사』는 "미국인들에게는 대니 최(Danny Choi)로 알려진 최능진은 조선 정치와 경찰 분야에서 상당히 격렬한 파란을 몰고 왔다. 상급자들과는 워낙 견해가 달랐기 때문에, 그는 12월 초 수사국장에서 해임됐다"라고 평가하였다.

---

124) 『자유신문』, 1946년 12월 6일

비판 성명서 발표

12월 5일에야 경찰복을 벗은 최능진은 자신의 파면이 부당함을 밝히면서, 오히려 조병옥이 사퇴해야 마땅하다고 주장하는 「대(對)조병옥 성명서」를 발표하였다.

"소직(小職)은 국립경찰을 위하여 초지를 달성치 못하고 탐관모리만을 전념하는 귀하에게 국립경찰을 일임하니, (이는) 나와 같은 양심이 허락하지 않을 뿐만 아니라 3천만 민중이 허락하지 않는 중차대한 문제라고 생각한다. 동시에 귀하가 추궁한 (파면) 3조건은 충분한 증거를 제시하지 않고 막연히 운위(云謂)함은 경찰관의 자격을 자상(自喪)하는 추태라고 생각한다.

첫째, 만약 소직(小職)이 경찰 협화에 방해하였다면 귀하와 같이 매일 모리배 등과 작반하여 요정출입에 동행하지 않았다는 의미일 것이고, 또는 사기전과 3범인 동시에 민족운동자를 잡아주던 인간을 고관대직에 채용하고 순수한 독립운동자를 무경험자라고 배척하는 데 찬동하지 않았다는 의미 이외에 아무 것도 없다고 생각한다.

둘째, 경찰사기 진작에 유해하다면 건국도상에 있어서 민족 전체의 복리보다도 자기 한몸의 행복과 영리를 위하여 탐관·모리·직권남용만을 위주로 하는 경찰관은 용퇴하라고 호령한 것이 경찰사기를 저해한 것이라면, 건국청사(靑史)를 더럽힌 영남폭동사건에 대한 책임감이 없는 귀하는 경찰사기를 양양하는 소위인지 진실로 의념(疑念)을 금하기 어렵다.

세째, 명령계통 여하를 말함에 있어서 소직(小職)은 범죄수사의 책임자로서 군정 하에 있는 고관이나 또는 일반시민이나를 막론하고 범죄사실이 있다면 적법처리함이 소직(小職)의 책임이었다. 그러나 인권유린·물품강탈·불법감금을 감행한 경찰 고급간부의 관련사건이며 군정청으로부터 1천 2, 3백만원 거금을 인출하여 귀하의 요정 유흥비를 부

해방직후 경찰의 주요 간부들. 앞줄 오른쪽에서 7번째와 8번째가 조병옥과 장택상이다.

담한 자를 위하여 경찰 최고간부 등이 가옥명도 강요, 불법구타를 감행
한 데 대한 고소사실을 불문에 붙인 것과 한(韓)공안극장에 대한 인권
유린, 불법감금에 관한 고소사실도 귀하가 휴지화하여 버린 것을 소직
(小職)이 묵인한 것 등 귀한의 명령이라면 무조건 복종하였다고 자인한
다. 다만 귀하가 김계조(金桂祚)석방운동을 소직(小職)에게 요청하였을
때 이를 거부한 것만이 명령불복종이라 할 수 있다.
　이런 사실을 종합해 보면 귀하는 당연히 현직을 사퇴하여 3천만 민
중 앞에 고두(叩頭)사과하는 동시에, 속죄의 의미로서 8·15 이후 불의
취득한 재산을 전재동포를 위하여 헌납하고 애첩(愛妾)은 독신자를 위하
여 제공한 후 해방 전의 애국자 조병옥으로 돌아가기를 충고한다."125)

　친일파를 채용하고 독립운동자를 '무경험자'라고 멀리한 조병옥의
경무부 인사정책과 사생활을 신랄히 비판하면서, 10·1대구사건에 대
한 책임을 지고 조병옥 부장이 물러나야 한다는 최능진의 파면조치

125) 『경향신문』, 1946년 12월 6일

반박서한은 세간에 상당한 반향을 불러일으켰다.

이 반박서한이 당시 각 신문에까지 보도되어 일반의 관심이 높아지자, 조병옥은 경무부 출입기자단과의 회견석상에서 애써 자제하는 안색으로 다음과 같이 말했다.

"나는 공개장으로 알지 않는다. 최 수사국장은 관직을 파면시키고 5일 오후 4시에 내보냈다. 이런 문서는 비밀 또는 개인적인 것인데도 불구하고 신문지상에까지 발표된 사실은 진부 여하를 불문에 붙이고라도 조선 국립경찰의 불명예를 초래했다는 점에서 나의 부덕은 소치이다.
다만 그런 견지에서 이 문서를 중대시하고 나의 요청에 의하여 동문서의 사실조사를 위해 세사람의 미국인으로 조직된 사문(査問)위원회가 설정되었으므로 엄중조사 후 공표될 것으로 믿는다."126)

최능진의 파면은 당시 '일제잔재의 청산'을 하나의 민족적 과제로 꼽던 세론에 큰 파문을 일으켰다.

아울러 경찰 내부에서도 이 문제로 인하여 분위기가 심상치 않았던 듯하다. 당시의 중립계 신문인 『서울신문』은 앞서 인용한 조병옥의 기자회견을 보도하면서 최능진의 파면을 둘러싼 긴장된 분위기를 이렇게 전하고 있다.

"경무부 내의 복잡한 공기는 자못 상상을 벗어나고 있는 터로, 큰 센세이션을 일으키고 있다."127)

당시 경찰에 대한 민중의 불만이 쌓여 있는 시점이었기 때문에 경

---

126) 『서울신문』, 1946년 12월 7일
127) 『서울신문』, 1946년 12월 7일

찰 수뇌부를 향한 최능진의 비판은 민중의 지지를 얻었다.

특히 "일제 주구가 일조일석에 애국자가 되어 민중의 지휘자가 될 수 없다"는 내용이 알려지면서 대중 사이에서 최능진의 인기는 치솟기 시작했다고 한다.

흥미로운 대목이 소련군도 남한 경찰 내부의 갈등에 주목하고 있었다는 점이다. 소군정이 작성한 「남조선 정세보고서(1946~1947)」에는 최능진과 조병옥의 갈등에 대해 상세하게 기록하였다.

> "우익진영 내부에서는 내적 모순이 강화되고 있다. 이승만이 지도하는 미국에서 결성된 동우회 그룹과 주로 미국 유학파인 흥사단 회원들과 북조선에서 월남한 사람들로 구성된 그룹이 서로 대립하고 있다.
>
> 두 그룹간의 투쟁은 미 군정청 내부에서도 발생하고 있다. 미국행을 계획한 이승만은 하지와 완전히 절교하였다.
>
> 두 그룹간의 경쟁은 경찰의 활동에도 반영되었다. 최근에 경무부장 조병옥은 흥사단의 지지자인 최능진을 수사국장의 직위에서 해임시켰다. 이 사건에 대한 보복으로 최능진은 언론에 조병옥의 책략을 폭로하였다. 특히 그는 조병옥이 뇌물을 받고 전과자를 경찰서장으로 임명했으며, 또한 두 번째 부인을 얻었다고 폭로하였다. 흥사단 그룹은 김규식을 자기 진영으로 끌어들이려고 노력하고 있으며, 신진당을 지지하고 있다."

이 보고서에서 주목되는 점은 최능진과 조병옥의 갈등을 개인적 차원이 아닌 이승만 지지세력과 흥사단세력의 대립으로 분석하고 있다는 점이다. 이것은 수사국장에서 물러난 후 최능진의 정치적 행보를 이해하는 단서를 제공한다.

수도경찰청장 장택상과 성명전

경찰 숙정문제와 조병옥 개인의 비행을 지적하는 최능진의 공개서
한으로 그에 대한 진상을 조사하기 위해 사문(査問)위원회가 구성되
었다. 조병옥이 수세적 입장에 처하게 되자, 12월 7일 같은 한국민주
당계열로 경찰 수뇌부에 몸담고 있던 장택상 수도경찰청장이 조병옥
을 지원사격하는 성명을 발표하였다.

그는 이 성명에서 '오히려 최능진이야 말로 말살과 탄압과 억류와
체포를 좌익에 대하여는 주저하지 말라'고 자기를 '협박'할 정도로 극
우의 '편당적인 경찰행정을 강행'하여 왔다고 몰아세웠다. 그는 최능
진이 자신에게 '위협적인 언사로 공갈'했다는 것을 다음과 같은 최능
진의 주장을 인용하면서 내세웠다.

> "그대도 조(趙)부장과 같은 운명에 닥쳤으나 살아갈 길이 하나 있다.
> 그것은 현 간부급을 전부 파면하고 중국에서 건너온 애국자나 국내에
> 있는 단체의 간부로 경찰수뇌부를 조직하여 강력경찰을 나타내어 조선
> 독립을 촉진시키라."[128]

이 인용문은 전직 고등경찰을 파면하고 민족주의적 색채가 강한
인사들을 기용해야 된다는 최능진의 평소의 주장을 적절히 전해 준
다. 장택상은 최능진의 이 말을 듣고 '비장한 결심으로 거절'하였다고
밝혔다. 그러면서 "조선의 현단계에서 좌익사상을 발본색원할 수 없
기 때문"이라는 이유를 들었다.

결국 장택상의 조병옥 지원성명은 최능진의 '경찰숙정' 주장이 친

---

128) 『경향신문』, 1946년 12월 8일.

일파 경찰의 파면에 있다기보다는 좌익을 철저히 탄압하려는 그의 극우적인 성향에 있다고 강변한 셈이다.

또한 장택상은 그의 성명에서 '시기가 시기인 만큼' 조병옥이 '풍설(風說)에 넘치는' 요정출입을 삼가고 '자숙할 필요'가 있다고 지적해 은근히 그를 비판하기도 하였다. 당시 경찰의 수뇌부였던 장택상과 조병옥의 미묘했던 관계가 느껴지는 성명이 아닐 수 없다.

최능진은 자신의 해임배경을 설명하는 장택상의 성명서가 나오자 12월 13일 다시 반박성명을 발표한다. 그는 조병옥과 장택상이야말로 '한민당의 책동에 의하여' 경찰행정을 수행해 왔다고 논박하였다. 나아가 장택상의 성명은 '좌익진영에 대한 비열한 추파'라고 지적하면서, 자신은 '민족분열과 동족상쟁을 조장하는 극좌·극우'만을 '탄압'했다고 밝혔다. 또한 그는 이 성명에서 '신구(新舊) 부정경관의 총퇴진'을 주장하였다.

"장택상 씨 성명에 의하면 나의 성명은 사감(私感)만으로 조병옥 씨를 비방하였다고 하고 나를 좌익진영의 탄압경찰관이었다고 지적하였으나, 나는 사감이 호무(毫無)하였고, 조·장 양씨야말로 경찰행정을 한민당의 책동에 의하여 자행하여 온 것이 사실이며 금반 장 씨의 성명은 주로 좌익진영에 대한 비열한 추파에 불과하다. 오직 나는 재직 시에 민족분열과 동족상쟁을 조장하는 극좌·극우를 극도로 탄압하여 온 것은 자인하는 바이다.

더우기 매일 밤 요정향락의 독점으로 이기성을 발로하여 유위(有爲)한 청년경찰관을 낙망퇴진케 하고 권세와 향락과 모리(謀利)에 전념하는 부정경찰의 양(梁)을 조장시켜 민중을 해롭게 하는 趙씨 이하 신구(新舊)부정경관의 총퇴진을 주장하는 바이다. 일정(日政)의 전직(경찰)퇴진에 관하여는 일제 주구가 일조일석에 애국자가 되어 민중지휘자가 될 수는 없으므로 청장·서장·간부급에서 이들을 제거하고 하부 진영에

만 경찰기술자를 존치시켜 민주경찰진의 강화를 희구하였으나 조 씨는 끝끝내 나와 의견이 대립돼 있었다.

금일의 경찰은 친일경찰이 아니고 무엇일까. 일제 고등주임이 현재 사찰과장의 요직에 있어 독립운동자를 지도·취체하며 체포할 수 있을까? 올여름 전북 김제에서 검거된 우리의 애국자 김성숙(金星淑)씨를 위시하여 서대문 형무소에는 그들에게 검거·투옥된 애국자가 얼마인가? 그들의 마수에 희생된 순국열사는 지하에서 비분함을 또 한 번 참지 못하리라고 나는 믿는다."[129]

"(친일경찰의) 마수에 희생된 순국열사는 지하에서 비분함을 또 한 번 참지 못하리라"는 대목에서는 친일경찰 청산에 대한 최능진의 결기가 느껴진다.

이 성명서를 내기 전 최능진은 아서원(雅敍園)에서 장택상과 만났다. 이 자리에서 그는 장택상에게 경찰 내부의 비리에 대해 상세하게 전달했다.

"제一 전과자등용. 전과 사기 3범 이해진을 전남감찰관으로 임명한 후 전혀 경성에 주재시킨 것

제二 (가) 가옥명도사건. 경찰관이 이모(李某)의 향응에 의하여 성북동 음벽정 가옥명도에 불법 가담한 사실은 현 대법원장 김용무(金用茂)씨도 잘 안다.

(나) 거금인출사건. 전(前)조선군 정원 참모장(井原 參謀長)의 주구이며 친일파의 거두인 이종회(李鍾檜, 豊村裕)로 하여금 11개 공장관리 운영자금으로 1천3백만원을 융자케 한것

제三 (가) 한 공안과장 피소건. 한 씨는 전북 재임시 임정원 김형섭(金炯燮)의 상행에 대하여 지방 모 부호의 청탁으로 일개월간 불법감금 인권유린이 정식으로 제소되었으나 휴지화시키고 한씨를 영전시킨 것

(나) 김계조(金桂祚)사건. 김과 동방하던 피의자가 출감 후 김의 부탁

129) 『경향신문』, 1946년 12월 14일

으로 수도청사찰과 홍택희(洪澤憙) 경위에게 전하는 말에 의하여 홍의 보고로 조(趙)씨가 김(金)으로부터 40만원 받은 것을 알게 되었는데 당시 사문위원회에서는 홍이나 출감 전언한 자 등의 조사도 없이 그대로 묵살한 것"130)

최능진의 성명서에 따르면 아서원회담에서 장택상은 우선 서울시내에서 전 총독부보안과원 현 사찰과장인 최운하(崔雲震), 전 부산서고등주임으로 현 본정서장(本町署長)인 이구범(李九範) 등의 파면을 약속한다. 그러나 장택상은 이를 파기하고 이 내용을 파면 당사자들에게 알려주었다.

이처럼 전현직 미 군정경찰 수뇌부의 세 사람이 뜨거운 성명전을 거듭하고 있는 동안, 조병옥 경무부장의 비위사실을 조사하기 위해 구성된 사문위원회는 별다른 활동도 없이 해체되었다.

조병옥 경무부장은 최능진을 파면시킨 뒤 곧이어 경무부 내의 최능진계 간부들을 지방으로 좌천시켰다. 이때 건준 평양 치안부원으로 활동하다 최능진과 함께 월남한 나병덕 특무과장, 김세준 총무과장, 이종호 정보과장 등 세 사람도 조병옥에게 사직서를 제출하였다.131)

결국 대구 10·1대구사건을 계기로 두 달 가까이 갑론을박하던 경찰 숙정문제는 최능진의 퇴진으로 흐지부지 끝나고 말았다.

친일경찰 청산문제는 1948년 정부수립 직후 통과된 '반민족행위(反民族行爲)처벌법'에 따라 구성된 반민특위(反民特委)에서 다시 한 번 제기되지만 최능진이 겪은 좌절을 다시 한 번 확인하는 것으로 끝나버렸다.

---

130) 『경향신문』, 1946년 12월 14일
131) 나병덕 특과장은 제주 감찰관으로, 김세준 총무과장은 전남 감찰관으로, 이종호 정보과장은 경남감찰관으로 인사발령이 났다. 『서울신문』, 1946년 12월 8일.

13. 서재필 박사 대통령 추대운동

1946년 12월 수사국장에서 물러나 1948년 5월 제헌국회의원 선거전에 나서기까지 약 1년 반에 걸친 최능진의 행적을 지금의 시점에서 구체적이고 소상하게 추적하기는 어렵다.

그는 경찰에 몸담고 있을 때 조선정구협회 평의원(1946.1), 조선빙상연맹(2월), 조선축구협회 중앙위원(5월) 등으로 선출되었고, 경찰을 나온 후인 1947년 11월에는 조선육상경기연맹 부회장으로 선임되었다. 해방 후에도 신생 체육계의 주요 인사로 활동한 것이다.

그는 1936년 12월 전조선아마추어권투협회 창립총회에서 이사로 선임되기도 했는데, 해방 후에도 권투에 큰 관심을 두었다. 1947년 3월 30일에는 안재홍 민정장관 등과 함께 서울운동장 특설링에서 열린 정복수 선수의 경기를 직접 관람하기도 하였다.

최만립은 "정복수 선수는 여러 번 후암동 우리 집에 찾아왔던 기억이 납니다. 뭘 부탁한 것인지는 모르겠지만 우리 선친이 격려해주는걸 여러 번 봤어요. 그때 마라톤 우승했던 손기정 선수도 집에 찾아와 저도 여러 번 보았죠."

1947년 3월 30일 서울운동장 특설링에서 경기를 마친 정복수 선수와 함께 기념촬영.
앞줄 오른쪽 2번째부터 최능진, 안재홍 민정장관, 정복수 선수, 양근환 독립지사, 김
병문 고아원장. 앞쪽 어린아이는 최능진의 장녀인 유치원생 최화선이다.

　　그러나 경찰에서 파면된 후 그는 체육계보다는 정치 일선에 나서
는 길을 선택하였고, 흥사단계열 인사와 친형인 최능익이 참여하고
있던 재미한족연합회계열과 정치행보를 같이 하였다.

　　당시 국내 정국은 혼란스러웠다. 통일임시정부 수립을 논의하기
위해 1946년 3월에 열린 제1차 미소공동위원회는 5월에 결렬됐고, 김
규식과 여운형 중심으로 추진된 좌우합작운동도 기대만큼 성과를 내
지 못하고 있었다. 이승만세력을 중심으로 '38선 이남지역이라도 우
선 임시정부를 수립해야 한다'는 '단정론'이 제기되면서 정치권의 논
란이 가열됐다.

　　이러한 상황에서 중간파를 중심으로 극좌, 극우세력을 배제하고
좌우연합을 통해 통일정부를 수립하고자 하는 노력들이 이어졌다. 이

러한 움직임의 결과 1947년 2월 김규식, 여운형 중심의 좌우합작위원회 외에 새로운 좌우합작 추진 단체로 민주주의독립전선이 결성된다. 이 단체는 남과 북, 좌와 우의 갈등으로 인한 분단을 우려하면서 좌우연합전선 성격을 띠고 이념의 좌·우 편향을 버리고 먼저 민족의 자주독립을 위해 총집결할 것을 호소하며 조직되었다.

이극로(李克魯), 이동산(李東山), 조봉암(曺奉巖), 배성룡(裵成龍) 등이 주요 인사로 참가했고, 민족주의 계열의 여러 정당과 단체 및 개인들이 참여하였다. 참여단체로는 청우당, 신진당, 근로대중당, 사회대중당, 해방동맹, 독립운동자동맹, 조선민중해방동맹, 좌우합작촉성회, 조선어학회, 해운협회 등이 있었다. 그리고 신민중동맹, 조선청년당, 재미한족연합회, 3·1 건국동지회, 천도교, 진단학회, 유도회, 불교중앙정무원 등의 단체가 지원했다.

당시 최능진은 흥사단계 인사 외에도 신진당과 재미한족연합회 인사들과 주로 교류했던 것으로 보인다. 1946년 9월 15일 창당된 신진당에는 재미한족연합회·청우당·신한민족당 등 8개의 군소정당이 참여하고 있었고, 미국 유학 시절 흥사단활동을 통해 인연을 맺은 김호, 한시대, 김원용(金元容) 등이 주요 인사로 참여하고 있었다.

1947년 4월 민주주의독립전선은 미소공동위원회 각파 연합대회를 주최하는 등 남한의 정당사회단체들이 미소공위에 참여하고 통일국가를 위해 이 위원회가 성공하도록 도와야 한다는 결의문을 발표했다.

1946년 1월 예비회담을 거쳐 3월 제1차 미소공동위원회가 열렸으나, 임시정부 수립에 관한 협의에 참여할 정당과 사회단체의 선정을 둘러싸고 의견이 대립하여 5월 6일 다시 모일 기약도 없이 결렬되고 말았다. 그러자 이승만이 1946년 6월 3일 전북 정읍에서 다음 같은 발언을 남겼다.

"이제 우리는 무기 휴회된 미소공동위원회가 재개될 기색도 보이지 않으며, 통일정부를 고대하나 여의케 되지 않으니, 우리는 남방만이라도 임시정부 혹은 위원회 같은 것을 조직하여 38이북에서 소련이 철퇴하도록 세계 공론에 호소하여야 될 것이니."

이것은 남한 단독정부 수립을 시사하는 발언이었다. 남한 단독정부를 수립하고자 하는 이승만을 중심으로 한 우익세력에 여운형과 김규식 등이 좌우합작위원회를 조직하여 맞섰다. 미군정도 남한에서의 극심한 좌우대립을 완화시킬 목적으로 좌우합작운동을 벌이는 중도세력을 지원하였다.

최능진도 흥사단계열, 신진당 인사, 미군정 관리 등과 접촉하며 휴회된 미소공동위원회를 다시 여는 것이 시급한 일이라고 판단했다.

이 무렵 서재필을 환국시켜 정치권 통합의 중심인물로 부각시켜야 한다는 의견이 제기되고 있었다. 남한주둔 사령관 하지 중장에게 서재필의 환국을 건의한 것은 김규식이었다. 하지는 자신의 정치고문인 랭던을 통해서 연합군사령관에게 1946년 9월 21일자로 미 국무성에 전달하는 전보를 보냈다. 하지는 이 전보에 서재필의 약력을 소개하고, 그를 특별고문관으로 임명하려는 이유를 밝혔다.

"현재의 정치적 혼동과 과열상태에서 현대 한국에서 정치 개혁운동을 창시하여 명성을 날리고, 역사적인 일들에 연관을 가진 서재필 같은 존경받는 위인이 한국에 온다면, 타협을 이룩하고 이성을 되찾는 데 좋은 영향을 끼칠 수도 있고, 우리 사령부에게 현명한 자문도 하여 줄 수 있을 것입니다.

이승만은 서재필 씨가 그를 능가할 수 있을 것이기 때문에 그가 이곳에 오는 것을 반대하고 있는 것으로 알려져 있습니다만, 그렇게 된다면 현 시점에서 우리에게 유리할 것입니다. 좌익의 지도자인 여운형은

1947년 7월 1일 귀국한 서재필을 마중하러 나온 김규식과 여운형이 함께 자동차 안에서 찍은 사진.

사사로운 자리에서 서재필을 환영한다고 말했으며 현 정치 단계에서 그가 유용할 것이라고 말했습니다."

이 전보는 곧바로 국무부에도 전해졌고, 국무부는 하지 사령관에게 10월 3일자 전보로 서재필의 건강 상태가 좋지 못하다는 회신을 보냈다. 하지는 이 전보를 받고 서재필의 귀국 요청을 철회했다.

한편 미군정은 1946년 12월 남조선과도입법의원을 출범시키고, 김규식이 의장을 맡았다. 그러면서 김규식의 끈질긴 요청으로 서재필의 귀국도 다시 추진되었다. 미군정으로서도 서재필 같은 인물이 꼭 필요했다. 하지는 1947년 1월 13일 미 국무부로 전보를 보내 다시 서재필의 환국을 요청했다.

이 전보는 서재필이 하지 사령관의 특사를 만나 귀국을 승낙한 이

1947년 7월 귀국 후 미군정 행사에 참석한 서재필(왼쪽에서 3번째).

후에 보내졌다.

1947년 3월 초 워싱턴에 갔을 때도 하지 사령관은 서재필을 직접 만나 한국 사람의 이익을 위해, 그리고 미군정에 도움을 주기 위해 서울로 와 달라고 부탁했다. 이에 서재필은 이렇게 답했다.

"나는 이미 노령으로 아무 야심도 없다. 나는 지위도 원치 않고 명예도 바라지 않는다. 나의 유일한 관심은 국민교육에 있다. 만일 진정으로 한국 사람들이 나를 원하고 내가 감으로써 나의 사랑하는 조국 국민을 자유와 독립과 번영으로 인도하는 데 조금이라도 도움이 된다면, 나는 조금도 주저하지 않겠다."

하지는 서재필의 귀국 수락을 김규식에게 알렸고, 김규식은 3월 3일 입법위원에서 하지로부터 서재필이 미군정의 최고고문으로 귀국하게 되었다는 통보를 받았다고 보고했다.

1947년 8월 15일 서울에서 열린 8·15해방 기념식에는 마침 제2차 미소공동위원회 기간이어서 서울에 온 소련 대표단도 참석했다. 소련 대표단장인 스티코프 중장이 축사를 하고 있다

서재필은 1947년 7월 1일 마침내 인천항에 도착했다. 49년 만의 귀국이었다. 김규식과 여운형이 마중을 나왔다.

서재필은 조선호텔에 여장을 풀었다. 미군정 최고고문이자 과도정부특별의정관으로 미 군정청에서 7월 3일부터 공무를 시작했다.

서재필에게 각 분야의 저명인사들도 찾아와 면담했다. 그가 귀국한 후 첫 한 달 동안에 접견한 손님이 무려 100여 명에 이르렀다.

때마침 그가 귀국했을 때는 제2차 미소공동위원회가 열리는 시점이었다. 이 무렵인 1947년 8월 15일 제2주년 해방기념식이 서울운동장에서 성대하게 열렸다. 식장에는 하지 중장을 비롯하여 러취, 브라운 소장을 비롯해 미소공동위원회 소련측 대표단인 스티코프 수석대표, 발라사노프 대표 등도 참석했고, 이승만·김구·안재홍 민정장관 등 주요 정치지도자들이 총출동했다.

서재필도 이 기념식에 참석하여 기념 연설을 했다. 여기에는 서재필이 평생을 추구해 왔던 '해방과 독립'에 대한 생각이 잘 드러나 있다.

〈서재필의 해방 2주년 기념식 연설〉

"해방이란 속박이나 구속으로부터 자유롭게 되는 것을 의미합니다.

여러분은 근 40년 동안 여러분을 구속했던 속박으로부터 풀려났기 때문에, 이날을 기쁨과 감사로 축하하는 것이 당연합니다. (중략) 결코 쉬운 일은 아니지만 한국인 전체가 조국을 더 이상 정치적이나 경제적인 구속이 없는 자유롭고 독립적인 민주국가로 만들겠다는 하나의 목적으로 뭉쳐서 노력한다면 불가능한 것도 아니라고 믿습니다.

여러분들의 힘만으로는 이겨낼 수 없지 않을까 우려가 되는 한 가지 구속이 더 있습니다. 그것은 바로 이 나라를 둘로 나누고 있는 38선입니다. 이렇게 나라를 절단한 것은 여러분이 아니라 여러분을 해방시켜 준 열강의 군사적 작전에 따른 부수적인 결과였습니다. 이 선이 남아 있는 한 한국은 절대 하나의 독립국이 되지 못할 것이고 여러분의 경제적 상황도 개선되지 않을 것입니다. 저는 미국이 이 선을 없애고 한국을 다시 하나로 만들기 위해 가능한 모든 노력을 다하고 있다는 것을 잘 알고 있습니다."

그는 다시 찾아온 조국이 아직도 완전한 자주독립을 하지 못하고 있는데도 각종 정치단체들이 난립하여 서로 대립하고 분열되어 있는 것에 아쉬움을 나타냈다. 그리고 우리 민족이 일치단결하여 국권을 먼저 회복하고 민주주의 원칙에 따라 통일된 자주독립 정부를 세우는 것이 우선이라고 역설했다.

"우리는 당파 정치운동을 초월하여 먼저 국권을 회복해야 할 것입니다. 정부가 한국 인민으로 조직된 후에 정당이고 정치운동을 하는 것도 좋을 것입니다. 그러나 지금 국권도 회복하지 못하고 정부도 없는데 정책이니 정당이니 하고 또는 정권운동을 함은 좋지 못합니다."

간접적으로 단독정부 발언을 한 이승만을 간접적으로 비판한 셈이다.

서재필 박사는 당시 80세의 고령이었다. 최능진은 독립운동의 대원로인 서 박사를 중심으로 그보다 연하인 김구·김규식·이승만 3인이 뭉쳐 민족진영의 대단결을 이룩한다는 취지 아래 '서재필박사 추대준비위원회'의 부위원장으로서 활동하였다.

여운형과 장덕수 암살

7월 12일 서울운동장에서 열린 서 박사 환영대회를 계기로 이 운동은 본격화되었다. 그러나 여운형과 장덕수 암살로 정국은 요동쳤다.

서재필 박사 환영대회가 있은 지 일주일 뒤인 7월 19일 혜화동 로타리에서 여운형이 암살되었다. 미군 트럭에 탄 괴청년들이 계동 자택으로 향하던 여운형의 승용차를 가로막고 총을 발사한 것이다. 당시 근로인민당 당수로서 좌우합작과 미소공동위원회를 위해 동분서주하던 몽양은 왼쪽 배에 관통상을 입고 그 자리에서 절명했다.

사건 발생 77시간 만인 7월 23일 범인이 서울 충무로에서 붙잡혔다. 그의 이름은 19세의 한지근(韓智根)이었다. 당시 사건을 보도한 동아일보 1947년 7월 25일자에 따르면 평안북도 영변 출신 우익청년으로 알려진 범인은 "전모를 털어놓으면 유리하게 해주겠다"는 경찰의 설득에도 국사를 위해 일을 했다며 자신의 범행사실을 떳떳이 밝힌 것으로 알려진다. 결국 '단독범행'으로 결론이 났다.

정치적 이념은 달랐지만 청년시절부터 인연을 맺었고, 서재필 추대운동에도 힘이 되어줄 그의 죽음에 최능진은 큰 충격을 받았다. 그는 직감적으로 다음 암살대상은 김규식이라고 예상하였다.

그는 즉각 경찰인맥을 동원해 여운형 암살사건의 진상을 파악하고, 문서로 작성해 하지 중장의 정치고문인 버치 중위에게 전달하였다. 이 문서에서 최능진은 "경찰서장들의 모임에서 김규식, 여운형,

안재홍 등의 암살에 대한 토의가 있었고, 여운형의 암살자는 23세의 신○○이라고 하였다. 경찰이 체포한 한지근이 범인이 아니라는 내용이다.[132]

최능진이 지목한 범인은 신동운일 가능성이 크다. 이 정보는 정확하였다. 신동운은 후에 경찰이 자신을 연행한 뒤에 노덕술과 타협하여 범인을 한 명만 내놓기로 하고, 한지근의 단독범행으로 조작하여 자신은 불기소 처분으로 석방됐다고 증언하였다.[133]

보고서에서 최능진은 "다음 희생자는 김규식이 될 것"이라고 지적했다. 그러나 다음 희생자는 김규식이 아니라 한국민주당 정치부장 장덕수였다. 그는 1947년 12월 2일 자택에서 현직 경찰과 학생에게 암살당하였다. 당시 한민당을 이끌던 장덕수는 이승만과 정치적으로 대립하고 있었고, 그 무렵 재개됐던 제2차 미소공동위원회에 참가하자고 주장해 김구와 이승만의 추종자들로부터 '반탁진영에서의 이탈자'라는 비난을 듣고 있었다.

여운형, 장덕수의 암살 행동대의 배후에는 이승만을 지지하는 친일경찰이 있었다. 실제로 장덕수 암살자 뒤에 악질 친일경찰의 대표격인 노덕술 수사과장과 최운하 사찰과장이 있다는 설이 당시에도 떠돌았다.

두 정치지도자의 암살을 겪으면서 최능진은 더욱 친일경찰을 감싸는 이승만이 대통령이 되어서는 안 된다는 생각을 굳혔다. 본격적으로 서재필 추대운동에 나선 이유일 것이다. 특히 5·10총선거에 출마가 좌절되자 최능진은 서재필을 대통령으로 추대하려는 생각을 갖게 됐다.

132) 「박태균의 버치 보고서(21) - 여운형의 죽음과 친일경찰」 『경향신문』 2018년 8월 19일.
133) 박태균,정창현, 『암살-왜곡된 현대사의 서막』, 역사인, 2016, 115~116쪽.

당시 추대위원회의 선전간사였던 이병희(李秉熙)는 서재필추대위원회의 실질적인 주도자가 최능진이었다고 증언했다.

"최능진씨는 이 추대준비위원회의 부위원장이었으나 실질적으로 이 운동을 주도했었지요. 우리는 먼저 일정한 서식으로 된 30만장의 추대장을 받아갈 무렵에 이 운동은 중단되었습니다. 이승만 측, 구체적으로 윤치영(尹致暎)이 발간하던 『평화신문』 등이 온갖 중상과 비난을 퍼부어 논란이 일자, 이승만처럼 권력에 대한 집착이 강하지 않은 서 박사 자신이 시비에 휘말려들지 않으려고 한사코 사양했기 때문이지요."

서재필의 사양에도 최능진은 계속 이 운동을 밀고 나갔다. 그는 1948년 6월 11일 안동원(安東源)·백인제(白麟濟)·노진설(盧鎭卨)·이용설(李容卨)·김붕준(金朋濬)·여행렬(呂行烈)·정인과(鄭仁果) 등과 독립협회확대준비회의 형식으로 1차 모임을 갖은데 이어 18일에도 남대문로 명신백화점(明信百貨店) 3층에서 제2차회의를 열고 독립협회확대준비발기인 명의로 서재필에게 승인요청서를 결정하여 전달했다. 당시 세간에는 이러한 서재필 추대운동이 향후 수립될 정부에 서재필을 참여시키기 위한 것이라는 관측이 나돌았다.

그러나 서재필은 대통령 출마를 거부하면서부터 자신이 이 나라에 머물러 있으면 새로 출범하는 이승만 정부에 짐이 될 것이라는 생각을 하고 있었다. 그래서 7월 10일 하지 장군을 찾아가 미군정 최고고문직 사임의사를 밝히고 미국으로 돌아가겠다고 말했다.

서재필이 다시 미국으로 돌아간다는 사실이 알려지자 말리는 사람들이 많았다. 특히 김구·김규식·안재홍은 서재필이 미국으로 돌아가는 것을 극구 말리려 하였다. 서재필 같은 지도자가 한국에 있으면서 이승만을 제제하지 않으면 그가 통일의 수단으로 전쟁을 도발할 수도 있고, 북한에서도 서재필을 존경하고 있는 만큼 그가 그대로 한국에 체류한다면 평화적인 남북통일의 가능성이 커질 것이라고 생각했던 것이다. 그들은 송별연 명분으로 서재필을 찾아와서 출국을 말렸다.

서재필은 그들의 말에 공감하면서 자신도 이승만의 정책에 관해 일말의 불안감을 가지고 있다고 말했다. 하지만 일단 그를 선출한 이상 그에게도 기회를 주어야 하며, 자신이 최소한 당분간 한국을 떠나기로 결정한 것을 변경할 수는 없으며, 그렇게 하는 것이 한국을 위하는 것으로 믿고 있다고 했다.

7월 17일 헌법과 정부조직법이 공포되었다. 그리고 이 법에 따라 7월 20일 이승만이 대통령으로 선출되었다. 서재필은 이승만이 제헌 국회에서 초대대통령에 당선되었을 때, 그에 대한 우려와 기대를 나타냈다.

> "권리와 책임은 국민에게 있는 것이며 어떤 독재자의 수중에 있는 것이 아니니, 국민은 감정싸움을 포기하고 합심하여 신정부를 육성해가기를 바란다. 내가 진심으로 원하는 것은 한국 민족이 참으로 자성하여 진정한 독립 정부로 발전하는 것이며, 그렇다면 나는 죽어서도 만족한다."

1948년 8월 정부 수립을 앞두고 라디오방송 연설에서 서재필은 '독재' 가능성에 대해 경고하는 뉘앙스의 발언을 했다.

> "한국 국민들 가운데에는 공산주의자들의 파괴적인 술책에 대한 증오나 혹은 한국이 아직 민주주의를 맞이할 준비가 되어 있지 않다는 잘못된 믿음으로 인해 한국에서는 일종의 독재가 필수적이라고 생각하는 사람들이 있는 것 같습니다. 이것은 매우 유감스러운 일입니다. 독재가 일시적으로는 편리한 방편일 수도 있겠지만 우리는 여러 가지 독재의

심각한 위험으로부터 우리 자신을 지켜야만 합니다. 우리는 장기적으로 볼 때 민주주의가 다른 어떤 정치적 이데올로기보다 더 훌륭하다는 사실을 간과해서는 안 됩니다."

그는 또한 개인의 기본권 보장을 강조하며 경찰문제를 언급했다.

"민주정부는 표현과 집회, 조직, 종교의 자유 등 다른 권리도 모두 보호해야 합니다. 경찰력을 없앨 수는 없겠지만 경찰력은 개인의 권리를 보호하고 사회질서를 유지하는 데 도움이 되는 선에서 그쳐야 합니다. 경찰의 권력 남용을 막기 위해 경찰 조직은 분산되어야 하며, 치안 방법은 과학적이고 현대적이어야 합니다."

이러한 서재필의 발언은 최능진의 생각과 행보와도 기본적으로 일치하는 것이었다.

그러나 서재필이 대통령 추대요청을 거부하고 1948년 9월 한국을 떠나면서 최능진이 야심차게 추진했던 '서재필 대통령 만들기' 시도는 실패로 끝났다.

14. 좌절된 이승만과의 선거 대결

이승만 지역구에 출마 결심

서재필 추대위원회 활동을 하면서 최능진은 직접 국회의원 총선거에 출마하기로 결심한다. 당시 최능진이 참여하고 있던 민주주의독립전선 내부에서는 남한만의 단독 선거가 현실화 되자 치열한 논쟁이 벌어졌다. 총선 참여파와 거부파 사이의 논란은 결국 하나로 모아지지 못하고 각자의 길을 걷는 것으로 귀결되었다. 최능진은 조봉암과 함께 참여파의 중심인물이었다.

1948년 2월 2일 최능진은 하지 주한미군사령관의 정치고문인 랭던을 만나 자신의 정치적 입장을 밝혔다. 당시 최능진은 "한국의 많은 공산주의자들은 사상적인 이유보다는 정치적 이유로 공산주의를 선택한 사람들이 많으므로 그러한 좌파도 끌어들여서 UN으로 복귀해야만 통일된 독립국가를 건설할 수 있다"고 생각하고 있었다.

1948년 1월 31일 그는 서울의 한 음식점에서 45명의 좌파(민주주의독립전선 참가자)를 모아 회담을 가졌고, 유엔을 지지하기로 하였다. 이 회담은 경찰의 방해를 받았지만 미군방첩대(CIC) 요원 2명이 지켜줬다.[134]

---

134) 「랭던과 다니엘 최의 대화 요지」. 오승진, 「최능진」『해방공간 1945~1948』(대한

랭던은 최능진에게 하지 사령관이 다시 만나고 싶다고 한 말을 전달했다. 수사국장에서 파면된 뒤에도 최능진은 하지 사령관을 만나는 등 미군정과 긴밀한 협력관계를 유지하고 있었던 것을 알 수 있다. 또한 그는 5·10총선거 이전에 미군정과 중도좌파까지 포함한 반이승만 측 정치인들을 규합해 유엔 지도아래 통일정부를 구성하고자 하는 노력을 하고 있었다.

그러나 '단정(單政)'이 결정되어 5·10선거가 공고되자, 최능진은 동대문 갑구에서 입후보한다. 동대문 갑구는 바로 이승만이 입후보한 선거구였다.

5·10 선거 때 최능진을 도와 선거사무장을 맡았던 강원식(姜元植)의 증언이다.

> "선거가 확정되자 가까운 사람들끼리 모여서 논의를 했지요. 이승만 씨가 당시의 분위기대로 대통령이 돼서는 안 된다는 데 의견이 일치했습니다. 이 씨가 대통령이 되면 민주주의도 통일국가도 어려워진다는 생각이 지배했습니다."

최능진은 당시 '이승만이 대통령이 되어서는 이 나라가 안 된다'는 신념으로 이곳에 입후보자 등록을 시도한 것이다. 여기에는 계속해서 서재필을 초대 대통령으로 추대하기 위한 포석이 깔려 있었다.

최능진은 후에 혁명의용군사건 재판 때 "동대문 갑구에 국회의원 입후보한 것은 이 대통령을 낙선시키고 서재필 박사를 대통령으로 하고 양김 씨(김구, 김규식)의 합작으로써 정부를 조직하려던 의도"였다고 진술하였다.

그의 후보 등록에는 두 가지 변수가 작용하고 있었다. 첫째는 이승

민국역사박물관소장자료집4), 196쪽.

1947년 12월 10일 김규식과 여운형이 중심이 되어 활동했던 좌우합작위원회가 해산하면서 마지막 기념촬영하는 모습. 앞줄 왼쪽부터 강순, 신숙, 여운홍, 안재홍, 김붕준, 김규식, 김성규, 원세훈, 오하영, 최동오, 이극로, 두 번째 줄 왼쪽부터 최석창, 김학배, 김시현, 이명하, 강원룡, 박명환, 신기언, 장자일, 정이형, 박건웅, 박승환, 송남헌, 3번째 줄 왼쪽부터 권태양, 정종철, 김동석. 오른쪽 끝에 1947년 7월 암살된 여운형의 사진이 추가되어 있다. 이들은 대부분 1947년 최능진이 좌우합작에 뛰어들었을 때 직접 간접적으로 교류한 인사들로, 특히 최석창, 박건웅은 1950년 최능진이 '종전 평화운동'을 전개할 때 주로 접촉했던 인물이다.

만의 추종세력이 펴는 집요한 등록방해 공작이고, 둘째는 최능진을 통해 이승만을 소외(?)시키고 가능한 한 김규식을 남한의 지도자로 내세우려는 미군정 당국의 은밀한 지원이었다. 이 두 가지 서로 모순되는 변수는 서로 얽혀 작용하다가 5·10선거 바로 이틀 전 최능진의 등록취소로 막을 내린다. 그 과정을 구체적으로 살펴보자.

　1948년 2월의 UN 소총회는 'UN한국위원회가 접근할 수 있는 지역', 즉 남한만의 단독선거를 결정했다. 시류에 편승한 이승만은 자신의 조직인 대한 독립촉성국민회(獨促)와 그 전위행동대격인 독촉청년회를 배경으로 한민당과 손을 잡고 5·10선거에서 동대문갑구 후보자 등록을 마친다.

그러나 당시 김구·김규식을 중심으로 한 '단정 반대'의 거센 흐름으로 일반민중 속에는 '선거 보이콧'의 분위기 또한 무시할 수 없는 상태였다.

이 같은 어수선한 분위기 하에서 최능진은 당시 초대 대통령으로 유력하게 거론되던 이승만의 국회 진출길을 봉쇄하려고 동대문 갑구에 입후보하였다. 경무부 수사국장으로서 한민당계의 조병옥·장택상 등과 대립한 최능진이 하필이면 이승만에 정면으로 도전해 오자 갖가지 방해공작이 줄을 이었다.

1948년 5·10선거 당시 최능진을 도와 선거사무장으로 활동하였던 강원식의 증언은 아주 구체적이다.

"이승만 추종자들이 이(李)의 단독 입후보, 즉 무투표 당선을 위해 벌인 방해공작은 참으로 악랄했습니다. 당시의 후보등록에는 유권자 2백 명의 추천이 필요했어요. 각 동(洞)선거위원회에서 추천인의 적법여부를 인준해 주면 이를 모아 동대문 갑구 선거위원회에 2백장의 추천서를 접수시켜야 정식으로 등록이 끝나게 되는 것이지요. 그런데 애써 추천인의 도장을 받아 동선거위원회에 가면 선거위원이 자리에 없다는 등 인준을 고의로 기피하곤 했습니다. 더욱이 골목길 같은 곳에 폭력배들이 숨어 있다가 인준을 받으러 가는 우리 측 사람을 습격, 추천서가 들어 있는 가방을 빼앗아 가는 사건도 몇 차례 있었습니다."

당시 최능진의 추천서를 탈취해 갔던 범인들은 다름 아닌 서북청년회 맹원들이었다. 이러한 사실은 서북청년단을 이끌던 문봉제(文鳳濟)의 증언에 잘 나타나 있다.

"솔직히 고백하면 무투표 당선작전은 이화장(梨花莊)을 이 박사에게 기증한 백성욱(白性郁, 전 내무부장관)의 요청에 의해 감행됐다. (중략) 그는 '박사를 꼭 국회에 보내야 된다. 출마를 하면 단일후보가 돼야 하지 않겠는가'면서, '경비는 걱정말라'는 말까지 덧붙였던(중략). 이렇게 돼 서북청년단의 성북지부장 계호순(桂晧淳) 등 2명의 행동대가 최능진을 그림자처럼 미행, 마침내 마감 전날 선거관리위원회에서 나오는 최를 기습, 추천서를 비롯한 등록서류 일체를 몽땅 날치기해 등록을 실력으로 막았다."[135]

이런 상황에서 결국 등록 마감일인 4월 16일까지 최능진은 입후보 등록을 하지 못했다. 이에 최능진은 딘 군정장관에게 이승만 측의 등록방해사실을 직접 항의해 마감일을 두 차례나 연기하는 우여곡절 끝에 4월 21일에야 겨우 동대문갑구 선거위원회에 입후보등록을 마칠 수 있었다. 당시에 상황에 대해서는 서울시 동대문구 공무원으로 선거관리위원회에 차출돼 활동한 송홍섭의 증언이 생생하다.

"본 선거구에서는 이미 신문지상 혹은 전언 등으로 이번 선거에 출마할거라고 거명되어오던 다른 인사들이 이승만의 선두 주자격인 입후보 등록으로 압도당해 기가 죽었는 듯 감감무소식인 채 마감날이 다가오고 있었다. 그런 차 때마침 우리 선관위 사무실로 불쑥 찾아온 낯모른 중년의 신사가 있었다.

그 방문객은 초면 인사로 자기의 성명이 최능진이라며 (중략) 그는 지니고 온 가방에서 서류를 내놓으며 이번 선거에 입후보 하려는 등록 신청서이니 접수해달라고 요청했다. 선거 사무 개시 이래 오직 이승만 1인만이 입후보 등록을 싱겁게 여기던 젊은 종사원들은 이 최능진이란 방문객을 반가운 표정으로 응대하면서 그가 제시한 서류를 받아 즉시

135) 『중앙일보』 1973년 2월 8일

심사를 시작했다.

(중략) (선관위원 중) 백달례는 우리 관내의 거주자로서 호적부 또는 기류부에 기재되어 있는 세대주의 성명이며 한번 대면해 본 자에 대한 인상까지 거의 알고 있는 특수한 능력자였다. 최능진의 입후보 등록 신청 서류도 그런 백달례 중심으로 선거인 명부 또는 호적부며 기류부등과 대조해가며 세밀히 조사를 진행했다. 그런 끝에 여타의 구비서류와 함께 조금의 하자도 발견되지 않아 통과시키기로 했다."

그런데 결재를 받으려 위원장에 보고하자 위원장이 "우리 선거구에선 이승만 박사 외에 다른 입후보 등록 신청자에겐 누구든 핑계와 이유를 내세워 접수를 거절하라는 압력이 이미 내시되었는데 뜻밖에 등록 신청자가 나타났다니 이런 경우 어떻게 대처해야 하겠는가"라며 당황한 표정을 지었다고 한다. 그는 그러면서 "이번의 그런 압력은, 특히 수도경찰청장 장택상이 직접 지시한 사항이니 어떡해야겠어요. 소인들이란 대세에 순응해야만 이런 혼란기에 살아남을 수 있으니 말이야"라며 선거위원들을 설득했다. 그러나 백달례가 "지금 저쪽 종사원 사무실 내에서 대기하고 있는 최능진이란 신청자는 전에 군정청 중앙 경무부 수사국장이란 걸로 알고 있습니다"라고 하자 깜짝 놀란 선관위원장이 최능진의 입후보 등록서류에 떨린 손으로 접수를 확인한다는 서명 날인을 하여 등록필증을 교부해 줬다고 한다. 당시 현장에 있던 송홍섭의 증언이다. 이후 송홍섭과 백달례 등 선관위원들은 사찰계 형사들에게 불려가 고초를 당했다고 한다.

등록마감일을 9일이나 연기하면서까지 최능진이 등록을 어렵게 마칠 수 있었던 데에는 앞서 간단히 언급한 대로 최능진을 통해 이승만을 권력의 핵심에서 소외시키고 가능한 한 김규식을 전면에 부각시키려는 미군정의 입김이 크게 작용한 것으로 추측된다.

당시 미군정이 최능진을 도왔다는 것은 공공연한 비밀이었다.

선거가 시작되자 일석은 독립운동 경력, 친일경찰 처벌을 주장했던 사실 등이 부각되며 높은 인기를 누렸다. 당시 지지도는 이승만을 상회하거나 위협하는 수준이었다. 당시 동대문경찰서에서 작성한 '유권자 지지 성향 조사 결과 정보보고서'를 보면 민심이 이승만보다 최능진에게 기울어 있는 것으로 나온다. 이 때문에 이승만의 '정적(政敵)'으로 부각되었다.

"선거구민들 뿐 아니라 온 서울시민들의 시선이 이 싸움판으로 집중되듯 직장 혹은 일터 등의 모임터마다 불꽃 튕기는 동대문구의 선거전을 입에 올리곤 했다. 그러던 차에 뜻밖의 기현상이 일어났다. 처음 며칠간은 이 선거 전세를 용호상박전이 아닌 용과 개미의 맞대결 같이 싱겁게 끝장나지 않겠느냐고 웃으며 관망을 했었다. 그러나 날이 갈수록 웬 영문인지 선거구민들의 민심 동향은 점점 이승만 편으로부터 약자로 보았던 최능진 편 쪽으로 기울어져가는 현상이 곳곳의 유세장 호응도 등에서 나타나 보였다."[136]

경찰의 최능진 떨어뜨리기 공작

이같은 미군정의 의도를 최능진이나 이승만측이 알아차렸는지는 확인할 수 없으나, 당시 동대문갑구 선거위원회는 최능진의 추가 등록이 '선거법을 무시하는 강압'이라고 반발해 선거위원들이 총사퇴한다. 뒤이어 이승만을 추종하던 독촉 선전부장 양우정(梁又正)은 4월 29일 기자단과의 회견에서 최능진 입후보문제에 대하여 강경하게 항

136) 송홍섭, 「비원(悲願)」『예향』 1월호, 1993, 248쪽.

5·10 총선거 홍보포스터

의한다.

"최능진 씨 사건은 단순한 이박
사 대 최 씨의 문제가 아니다. 등록
방해한 증거가 없음에도 불구하고
UN이나 하지중장이 법을 무시하고
불법적으로 등록을 시켰다는 것은
한국의 독립 이외의 야심에서 나온
의도라고 본다. 이러한 태도로 나
온다면 우리는 선거를 보이콧할 의
사이다."137)

이승만과 하지중장이 반목하
고 대립한 것은 널리 알려진 사
실이다. 애당초 하지는 이승만이 미국에다 정치적 배경을 두고 있는
만큼 미국정책의 대행자인 하지에게 협조적일 것이라고 기대하였다.

그러나 이승만은 완고함과 극우적인 성향이 미군정과 매번 충돌하
게 되자, 하지는 이승만을 '말썽꾼' '선동자'로 멀리하게 되고, 이승만
은 하지를 '용공주의자'로 비난하기에 이르렀다. 하지는 1946년의 제1
차 미소공동위원회 이래로 미 국무부가 남한에서 견지한 '극좌·극우
를 배제한다'는 정책을 수행하는 과정에서 좌우합작위원회를 주도한
김규식에게 커다란 기대를 걸었다. 실제로 김규식은 1946년 12월부터
1948년 5월까지 입법의원(立法議院) 의장으로서 미군정과 긴밀한 관
계를 유지하였다.

그러나 내외정세의 변화에 따라 김규식은 김구와 함께 '단정수립

137) 『경향신문』 1948년 4월 30일

반대·남북협상 추진' 노선을 걸으면서 결국 하지중장과는 결별하게 되었다.

최능진의 입후보자 등록문제는 이 과정에서 생긴 하나의 해프닝이 었음을 송남헌(宋南憲)의 증언을 통해 알 수 있다.

"우사 김규식선생은 5월 5일 남북협상에서 돌아와 다음 날 백범 김구선생과 공동으로 '주의와 당파를 초월하여 단결할 수 있다는 것을 또한 번 행동으로써 증명하였다"는 성명을 발표하고 국내 정세를 예의 주시하고 있었습니다. 미 군정당국에서는 미국의 정책을 가장 잘 이해하는 한국의 지도자로서 우사 선생을 꼽아왔기에, 5·10선거를 며칠 앞두고도 우사 선생에 대한 미련을 버리지 않았어요. 그들은 5·10선거 후 우사 선생을 시국담당자로 밀 계획을 세우고 있었지요. 그래서 우선 이승만을 실각시키고 등록 마감일자를 연기해서까지 최능진의 입후보 등록을 돕고 그의 신변을 보호해 주기도 했습니다."

추천서 날치기 등 노골적인 등록방해공작에도 최능진이 미군정의 도움을 받아 등록기일을 연장해 가까스로 동대문갑구에 후보자등록을 마치게 되자, 이승만 측은 제2단계의 공작을 추진하지 않을 수 없게 되었다. 그들은 결국 최능진이 접수시킨 추천서가 엉터리라는 트집을 잡아 이승만 단독입후보, 즉 무투표당선의 목적을 달성하였다.

더욱 놀라운 사실은 목적달성을 위해 경찰을 동원해 최능진의 추천인들을 협박하였다는 점이다. 김태선(金泰善, 전 서울시경국장)의 회고담이 이를 단적으로 말해준다.

"당시 동대문 경찰서장 윤기병(尹箕炳)은 사찰주임 최병용(崔秉用)에 게 유권자의 지지도가 이박사보다 최능진에게 유리하게 기울어가고 있다는 정보보고를 받고 당황하지 않을 수 없었다. 이때 윤 서장은 장택

이승만과 최능진의 선거 홍보전단지. 최능진은 "남북통일을 하자! 동족상잔을 피하자!"를 구호로 내세웠다.

상 수도경찰청장으로부터 '무슨 일이 있어도 이(李) 박사를 당선시키라'는 극비지령을 받고 있었기 때문이었다. (중략) 윤 서장은 최사찰주임과 궁리 끝에 최능진의 추천인을 내사해 보기로 했다. 윤 서장은 사찰계 형사 전원을 동원, 최 후보의 추천인 배후와 추천경위를 확인토록 했다."138)

결국 최능진은 서북청년회와 경찰 등 이승만 추종자들의 집요한 방해공작에다 김규식과 하지 미군정의 결별로 인한 지원(?) 중단으로 5월 8일 등록말소를 당하고 만다. 선거 이틀 전이었다.

---

138) 『중앙일보』, 1974년 11월 13일.

만약 최능진이 당시 선거에 출마했다면 한국현대사가 전혀 다른 방향으로 흘렀을지 모른다. 이 사건은 이승만이 최능진을 두려워하고 미워하게 만든 결정적 계기가 되었다.

15. '혁명의용군사건'으로 체포되다

5·10선거에서 결과적으로 이승만에 패배한 최능진에게는 '이승만에게 감히 도전했다는 이유 하나만으로' 수난의 길이 기다리고 있었다.

최능진의 장남 최필립의 회고에 따르면 선거 후 군정장관이었던 딘(Dean, William F.) 소장은 최능진에게 미국으로 피신할 것을 종용했다고 한다. 그러나 최능진은 노기에 차서 "이 무슨 정신 없는 소리! 내가 이 나라에 있어야지 비겁하게 왜 도망을 가? 이 나라에서 할 일이 태산 같은데…"라고 말했다.

그는 선거에는 입후보하지 못했지만 여전히 정치권에 깊이 발을 들여놓고 있었다. 8월 15일 대한민국 정부 출범 이후 최능진은 민주주의독립전선에서 활동했던 조봉암(무소속으로 당선), 박건웅(朴建雄)·김찬(金燦)·이광진(李光鎭) 등과 자주 맞나 김구·김규식을 중심으로 한국독립당과 민주한국당 등을 근간으로 이승만 정부에 맞서는 강력한 야당 결성을 추진했다.[139]

그러나 이러한 움직임에 대해 이승만 정권은 중심인물인 조봉암을 초대 농림부 장관에 등용하고, 또 다른 중심인물인 최능진에 대해서는 탄압하는 강온양면 작전을 펼쳤다.

---

139) 『서울신문』,1948년 8월 20일.

3남 최만립의 증언에 따르면 문봉제가 후암동 집으로 두세 차례 찾아와 선친을 회유를 했다고 하다.

"문봉제가 우리 집에 두 번, 세 번 찾아와가지고 '이승만 박사가 이걸 제안하니 좀 받아주시오' 그러니까 내용을 보니 내무장관이나 주미대사를 하라는 것이었어요. 그런데 우리 선친은 김구, 김규식과 행보를 같이 할 것이기 때문에 자기 혼자 이걸 할 수가 없다고 했어요."

1948년 6월 당시 국청(國靑) 성북지부장 박영구(朴永九)는 '추천서 날치기사건'은 날조된 것이라고 주장하면서 최능진을 명예훼손죄로 고소했다. 정치적 탄압의 신호탄이었다. 이것은 시작에 불과했다. 그에게는 이보다 더욱 큰 시련이 기다리고 있었다. 이른바 '혁명의용군(革命義勇軍)사건'이다.

정부가 수립된 지 한 달 보름째 되는 1948년 10월 1일 오후 3시 수도경찰청 형사대는 전격적으로 최능진을 체포해 종로경찰서에 구금했다. 가택 수색도 이어졌다. 정부수립 전에 최능진이 주동이 되어 작성한 서재필(徐載弼)박사 대통령 추대에 관한 서류와 그에 관련된 인쇄문 수 만 매가 증거물로 압수되었다.

구속영장에 의하면 최능진은 독립운동가 서세충(徐世忠), 광복군 출신인 여수 6연대장 오동기(吳東起) 소

이승만이 선출된 초대 대통령 선거결과를 보도한 평화일보 호외.

령 등과 공모해 '국방경비대로 하여금 혁명의용군을 조직하고 기회가 도래하면 대한민국 정부를 전복시킴으로써 정권을 차지하려는 일종의 쿠데타를 음모'했다는 것이다.

결국 10월 19일 최능진은 내란음모죄로 서울구치소에 수감되었다. 당시 이 사건의 연루자는 다음과 같다.

> 구속 : 최능진(51), 서세충(61), 김진섭(金鎭燮, 36)
> 불구속 : 오동기(47·육군소령) 외 9명

그런데 공교롭게도 최능진이 서울구치소에 갇힌 그 다음날(10월 20일) 새벽 2시 '여순사건'이 일어났다. 여수반란이 한참 확대되고 있던 10월 22일 수도경찰청장 김태선은 기자회견을 갖고 '혁명의용군사건'의 전모를 다음과 같이 밝혔다.

"소위 '혁명의용군사건'은 그 주모자 최능진·오동기·서세충·김진섭 등이 남북노동당과 결탁, 무력으로 정부를 전복하고 김일성과 합작하여 자기 몇사람이 숭배하는 정객을 수령으로 공산정부를 수립하려고 공모한 후 쿠데타를 감행하려는 직전에 검거·송청하였다. 그런데 그 말단 세포분자들이 금반 여수반란사건을 야기한 것은 유감천만으로 생각한다.

그 주모자 최능진은 5·10선거 당시 동대문 갑구에서 출마하려고 할 때부터 공산분자 및 해외에서 무정부주의자로 활약하다 귀국한 서세충, 기타 불평정객들과 결탁하여 UN감시 하의 정부수립을 방해하려다가 그 목적을 달성치 못하였다. 그후 소위 남북협상도 공염불에 돌아가자, 최후수단으로 국방경비대(國防警備隊)를 이용하여 소기의 목적을 달성코자 김진섭의 동지인 안종옥(安鍾玉) 외 7, 8명을 국방경비대에 입대시켜 원주·춘천 각 연대에 분산 배치케 하여 병사 중에서 동지를 규합케

한 결과, 원주연대에서 약 2백명의 병사를 선동·가입케 하였다.

한편 오동기는 금년 7월 여수연대장으로 취임한 것을 기화로 그 연대 내에서 약 1천명의 병사를 동지로 획득·가입케 하였으며, 최능진이 제공한 거액의 현금을 군자금으로 하면서 종종 밀회하여 혁명방법의 세칙을 토의한 결과

1. 봉기와 동시에 살포할 혁명취지서를 초안하여 둘 것
2. 경무대 및 중앙청을 점령하여 각 국무위원을 처치할 것
3. 국회를 점령하고 국회에 대하여 자기들이 기도한 정체(政體)와 정강을 결의·발표케 할 것
4. 중앙방송국을 점령하여 사용케 할 것
5. 남북 완전자주독립을 위하여 혁명을 야기하였다는 호소문을 작성, 전 국민에게 방송할 것
6. 수도경찰청을 접수하여 수도 치안을 혁명군이 장악할 것
7. 치안을 확보하여 파괴·살상을 가급적 방지할 것
8. 남북통일을 급속히 실천하도록 노력할 것

등을 결의하고 파리 UN총회 개회 중에 전기 각 연대 병사와 공산분자가 봉기하여 소기의 정권야욕을 채우려고 만반의 준비를 다하고 있던 차에 법망에 걸리게 되어 주모자 전부와 중견 간부급까지 검거·송청하였다. 그리고 말단 병사는 군부에서 분산배치정도로 관대히 취급하게 하였다. 그런데 검거자 이외의 지도자가 선동하였던지 금번 여수반란 사건을 야기한 것이다."[140]

옥중에서 김구 살해 소식 듣고 통곡

김태선 수도경찰청장의 발표를 액면 그대로 받아들일 경우 '혁명

---

140) 『조선일보』 1948년 10월 23일

의용군사건'은 정부가 수립된 직후 발생한 실로 대단한 음모라 아니 할 수 없다. '남북노동당과 결탁'하여 '무력으로 정부를 전복'한 후 '김일성과 합작'하여 '공산정부를 수립'하기 위해 쿠데타를 계획했으며, 그 '말단세포들'이 여수반란 사건을 일으켰기 때문이다.

그러나 관계자들의 증언에 따르면 이른바 '혁명의용군'이란 허상의 군대에 지나지 않았다는 것이다. 따라서 이는 관계자들의 증언대로라면 정부 수립 후 일어난 최초의 정치보복일 것이다. 최능진의 선거사무장이었던 강원식의 증언이 이를 뒷받침한다.

"갑자기 아무 영문도 모른 채 최능진 선생이 경찰한테 붙들려 가자 이런 생각이 떠오릅디다. '결국 정치적 보복을 당하는구나'하고 말입니다. 그래서 저는 최 선생이 붙잡혀 간 그날 저녁, 최 선생 집에 가서 반이승만적인 자료는 모두 불태워 버렸습니다. 최 선생의 구속을 어차피 이승만과 관련짓지 않을 수 없었기 때문이지요."

이 증언에서 확인할 수 있는 것은 이른바 '혁명의용군사건'이 다분히 정치 보복의 성격을 띠었다는 점이다.

최능진은 공판과정에서 당당하게 자신의 소신을 피력했다. 당시 신문들은 2월 8일 열린 2차 공판 소식을 전하면서 "최 피고는 곤색 두루마기에다 전번 공판 때 보다 더한층 창백한 얼굴로 그러나 부동한 의지에 산다는 결의를 표시하듯 태연한 자세"로 심문에 응했다고 보도했다.

최능진은 서울지방법원 4호 법정에서 열린 2차 공판의 모두진술에서 자신의 정치노선에 대해 다음과 같이 말했다.

"나는 이 사건을 혁명이라고 하지 않는다. 또한 혁명이라는 말조차

하지 않았다. 다만 민족통일을 위함이라고 말하였을 뿐이다. 근자 경찰에서는 '불평'이라는 어구를 '반대'라는 말로 취급하는 경향이 있는데 내가 말한 '민족통일'이라는 말을 혁명이라는 말로 곡해하고 있는 것 같다.

내가 당초 이 사건을 일으키게 된 동기는 작년 4월에 김구(金九)선생과 김규식(金奎植) 박사가 남북협상을 하겠다고 세상에 공포하였을 때 남한 우익진영에서는 이구동성으로 양 김씨에 대하여 공산주의자니 크렘린의 신자니 하고 온갖 비평을 하였으므로 나는 외치기를 남한에는 청년들이 다 썩어 버렸다고 하였다. 그것은 민족의 지도자에게 대한 모욕적 언사를 듣고도 반박성명 하나 못하고 있는 형편이기 때문이었다.

더구나 나는 생각하기를 김구선생이나 김규식박사가 정당한 말을 한다고 소련의 주구니 무엇이니 하고 말한다면 이 땅에는 애국자가 없을 것이라고 하였다.

그리고 내가 김진섭동지를 알게 된 것은 위에 말한 바와 같이 남한 청년들은 믿을 수가 없다는 비관으로 집안에서 마치 소크라테스 모양으로 자아를 연구하고 생을 연구하여 오던 중 우연히 김진섭동지가 찾아와 국방경비대 내에 동지가 많으니 군대를 상대로 동지를 구해보자는 의견을 진술하기에 나는 유일한 동지를 얻었다 하여 그 때부터 김동지와 손을 잡게 되고 그 당시 내가 관계하고 있던 미군 정보기관인 G2에서 50만 원을 얻어 김 동지에게 주었는데 이는 군대 내의 동지 획득을 위한 공작비였다.

그런데 나는 이 50만 원을 김 동지에게 주면서 말하기를 군대 내 청년을 포섭하는 데는 좌우익을 막론하고 민족주의정신통일에 중점을 두라고 하였다. 이와 같이 군대 내에까지 동지 포섭공작을 하게된 유일한 이유는 유엔에서 남북통일 총선거를 주장할 때 남의 대한민국정부와 북의 인민공화국이 서로 손을 맞잡지 못하고 분열만 하게 될 때에는 내가 조직한 의용대로서 남과 북에 사전교섭을 하여 전혀 통일의 가능성이 없는 것을 알게 되면 내 힘이 있는 데까지 무력으로 남북 양 정부를 쳐부술 각오였다. 그리고 내가 강조하고 싶은 것은 동족상잔을 나는 절대로 원치 않는 사람이다. 그런데 여수·순천 반란사건의 동기를 나에게 전가하는 것은 천만부당이다."141)

최능진의 진술에 따르면 그는 미군 정보기관과 협조관계에 있었고, 김진섭에 준 돈도 이 정보기관이 제공한 것이었다.

2차 공판 때 진행된 재판장의 심문 요지는 다음과 같다.

문   이른바 민족혁명의 방안은 어떠한 것인가?

답   나는 민족혁명이란 말을 쓰지 않았다.

문   기소사실에 쓰여 있지 않은가?

답   경찰에서 자기네 마음대로 조작한 말이다. 나는 5·10선거 당시에는 '민족정신 통일'이란 말을 하였으며 그전에는 '좌우합작' 또는 '좌우청년평화합작'이라 말했다.

문   좌우청년평화합작이란?

답   좌익청년 측의 거두 이지택(李知澤)과 수차 만나 역설하였지만 나는 북조선에서 소군(蘇軍)이 덮어 놓고 "동무 동무"하며 빼앗아가는 것을 분격해서 월남하여 군정청에서 일해 보았으나 이것마저 나는 만족을 보지 못했다. 이렇던 차에 미소공위(美蘇共委)가 결렬되어 나는 우리들의 힘으로 통일해야 하겠다고 결심하였으니 이것이 즉 내가 말하는 정신통일이다. '민족혁명'이란 말은 경찰에서 자기네에게 유리하게 쓰려고 조작한 술어이다.

문   피고 최능진은 정신통일운동자금으로 돈을 피고 김에게 제공했다고 말했는데 하필 군대에만 돈을 주어야 자주독립을 지향할 수 있다는 것은 무슨 이유인가?

답   정신통일 대상으로는 거리의 청년단체보다 군이 더 중요한 까닭이다.

---

141) 『연합신문』,1949년 2월 9일

문　유엔에서 조선문제가 불리하게 될 때에는 폭동을 일으키려고 했지?

답　유엔의 결의는 남북통일선거가 그 주요 목적이다. 그러나 소련 측에서 입북을 거절하는 때에는 결국 남북통일은 기대할 수 없게 되니 대한민국과 북한은 마땅히 민족자주독립을 전취하여야 할 것이며 양쪽 어느 편에서든지 이것을 거절하면 나는 대한민국도 북한도 보이코트하려고 했다. 내가 폭동을 일으킬 사람은 절대로 아니다.

문　폭동이란 말은 어폐가 있을지 모르나 유엔에서 조선문제가 재미없이 되면 인민의용군을 출동시키려고 한 것은 사실이지? (피고의 답변도 있기 전에 검사가 다른 질문을 하였다)

검사　대한민국을 승인한 유엔이 다시 남북을 통한 선거는 절대로 안 할 것이다.

답　나로서는 할 수 없다고 보며 또 그렇게 하여야 할 것이다.

변호사　피고의 진술은 경찰·검찰·공판에 3부에 걸쳐 전혀 다른데 어찌된 셈인가?

답　경찰에서는 고문으로 허위자백 했고 검찰청에서는 속히 공판에 회부시키려고 그랬고, 공판에서는 자유로운 분위기니까 사실대로 말했다. 그 때 검찰청에서 저기 계신 강(姜) 검사한테 솔직히 고백한즉, 검사께서도 "네가 통일민족운동을 했는데 무슨 죄가 있느냐" 하시면서 기소할 필요가 없다고까지 말씀했다. 그 때 나는 강검사의 인격을 훌륭하다고 생각하였다. 그러던 것이 돌연 장관 명령으로 기소하라니 무조건 기소했다고 강 검사 영감도 말하지 않았소. 사법의 신성을 위해서라도 이런 맹랑한 일은 지적하여야 하겠다.[142]

이렇게 '피고' 최능진은 흥분도 하고 유모로 말하며 검사 쪽으로

---

142) 『독립신보』, 1949년 2월 10일

손짓도 하였다. 이와 같은 진술은 당시 이 사건의 담당검사 강석복(姜錫福)의 회고에서도 확인된다.

"최능진 씨가 검찰청으로 이첩되자, 나는 최능진 씨와 별실에서 조용히 이야길 나누었습니다. 경찰 측의 발표가 하도 어마어마해서 아마도 고문을 받아 터무니없이 조작된 것이 아닐까 하는 의심이 들어서였지요. 그런데 최 씨는 '내가 이승만을 반대하여 온 것은 사실이다. 그리고 어떤 정치단체의 결성에 대해서도 구상해 왔다. 그러나 그러한 움직임은 정치인으로서 당연히 할 수 있는 성질로 합법적인 것이다. 그런데 이를 좌익과 연결시켜 모함한다면 이 나라의 장래에 불행한 일이다'라고 담담하게 말합디다. 그래서 나는 '이 박사가 재임하는 동안만이라도 고생 좀 해야겠다'고 말하면서 대통령의 임기에 해당하는 4년을 구형했습니다. 지금 시점에서 볼 때 그는 필리핀의 아키노 같은 사람이 아니었나 생각됩니다."

애당초 발표되었던 '사건의 전모' 내용대로라면 당연히 중형이 따랐어야 했다. 그런데도 군인인 오동기(吳東起)는 불구속으로 처리되고 서세충(徐世忠)도 곧 풀려났다.

1심에서 최능진에게 3년 6개월 형이 내려졌다. 전 경찰부 차장 최경진, 인천서장이던 윤무선, 미군정 하의 대법원장격이던 김용무(金溶茂) 등을 비롯한 지인들이 무료로 변론을 맡아주었다. 혐의가 엄청난 것이라 아무도 나서 주려하지 않는 가운데 미군정 시기 하지 중장의 통역관이자 동우회사건 감방동지였던 이묘묵이 어떻게 해서라도 석방시키려고 애를 썼지만 모두 뜻을 이루지 못했다.

최능진은 2심에서 오히려 5년의 징역형을 언도받았다. 2심이 1심보다 무거워진 이유는 옥중에서 김구 서거 소식을 듣고 대성통곡했기 때문이라고 한다.

"1949년 6월 최능진은 옥중에서 김구선생이 살해되었다는 소식을 듣고 대성통곡하고 애국가를 불렀다. 이것이 화가 되어 고등법원에서는 5년의 징역형을 언도받았다. 이 동안 검사실과 경무대 비서실 간에는 전화연락이 빈번하였다 한다."[143]

1970년 방송작가 김교식을 찾아온 오동기는 때때로 긴 한숨을 내쉬며 '혁명의용군 사건'의 진상을 설명했다.

"조작입니다. 나에게 죄가 있다면 중국에서 항일운동을 한 죄밖에는 없습니다. 내가 만약 공산당이었거나 공산주의를 좋아하는 사람이었다면 6·25 때 괴뢰군을 따라 북으로 가지 않고 나를 박해한 자들이 세도를 부리고 있는 이 땅에 남아 있을 리가 있습니까? 혁명의용군, 그런 것은 있지도 않았습니다. 방송을 듣다가 여순사건 이야기가 나오기에 역사의 기록만은 사실대로 하도록 해야겠다는 생각이 들어 이렇게 찾아왔습니다."[144]

그러나 그 경위가 어쨌든 당시 상황에서 최능진은 이승만 대통령의 추종자들이 파 놓은 정치 공작의 올가미에서 벗어날 수 없었다. 그는 1심에서 3년 6개월의 징역형을 선고 받았는데, 이례적으로 2심에서는 그보다 더 많은 5년형을 선고 받는다. 당연히 이승만 대통령의 심기가 반영된 결과였다.

---

143) 『서울일일신문』, 1960년 9월 19일
144) 김교식, 『죽음을 부른 권력』, 마당문고사, 1984 참조.

16. 전쟁의 소용돌이-인민군 치하 90일

1950년 6월 전쟁이 터지면서 최능진의 운명은 다시 한 번 역사의 격랑에 휩쓸렸다. 대법원에 상고하여 서대문형무소에 복역하던 중 한국전쟁이 발발한 것이다.

비록 반(反)이승만의 길을 걸어 감옥에 갇혔었다고는 하나, 미 군정청 수사국장이란 경력은 그에게 도움이 될 수가 없었다. 그는 종로구 권농동 14번지 자택에서 은거하면서 공산군의 동태와 정세의 변화를 주시하고 있었다.

당시 서울에는 김규식, 조소앙 등 임정계열 인사를 비롯해 사전에 연락을 받지 못해 피난 못간 상당수의 주요 정·관계 인사들이 자택이나 친척 집에 은거하고 있었다. 1949년 국회프락치사건으로 서대문형무소에 수감된 전직 국회의원들도 최능진과 함께 석방되어 정세를 관망하고 있었다.

그는 서대문형무소에서 나온 후 1948년 5·10선거 때 선거사무장을 맡았던 강원식, 월남할 때 함께 내려온 박만경, 김승재 등과 긴밀히 접촉하였다.145) 가장 시급한 일은 서울에 누가 남아 있는지부터 파악하는 것이었다.

---

145) 박만경과 김승재는 최능진이 경무부 수사국장으로 있을 당시 경감과 경위로 각각 근무한 경험이 있다. 박만경은 9.28수복 후 복직되어 경북 경찰국에 근무했다.

1950년 6월 28일 인민군 부대들이 서울에 진입하고 있다.

6월 28일 밤 김규식이 기거하고 있던 삼청장으로 한국독립당과 민족자주연맹 계열 인사들이 모였다. 이들 서울 잔류인사들은 김규식과 함께 향후 처신을 어떻게 할 것인가 하는 문제를 논의하였다. 처음에는 일반적인 난상토론이 벌어졌고, 이구동성으로 "정부가 믿으라고 하면서 저희들만 꽁무니를 빼고 한강다리를 끊어버렸다"며 원망과 증오 섞인 욕설이 터져 나오기도 했다. 참석자들은 막연히 기다릴 수 없으니 빨리 공동대책을 세우자는 데 의견일치를 봤다.[146]

다음날 이승엽(李承燁)을 위원장으로 하는 서울시 임시인민위원회가 조직되었다. 김규식 등은 우선 서울시 인민위원회 간부와의 면담을 요청하여, 6월 30일에는 김응기(金應基)를, 7월 2일에는 이승엽 위원장을 만나 신변보장을 요구하였다.

한편 최능진은 6월 29일 집으로 찾아온 장봉옥 성남호텔 사장을

146) 김광운, 『통일독립의 현대사』, 지성사, 1995, 305쪽

만났다. 그는 북한군이 서울 입성한 후 지명수배 당했다며 신변보호
와 성남호텔 재산을 보호해달라고 부탁하였다. 최능진은 3일간 그를
자택에 숨겨준 뒤 박건웅(朴建雄)에게 부탁해 20여 일 동안 숨겨주
었다.

이 시기에 최능진이 가장 많이 접촉한 인물이 일제 때 중경 임시정
부에서 활동했고, 해방 후에는 민족자주연맹에서 함께 정치활동을 한
박건웅과 최석창이었다. 당시 박건웅은 서울시 인민위원회 부위원장
한지성과 가까운 사이였고, 최석창은 북한 내무성 정보국과 연결돼
활동하고 있었다.

최능진은 6월 말부터 7월 15일까지 종로 성남호텔에 출입하면서
이곳을 거점으로 김규식 등 서울 잔류 정치인들과 자주 만나는 등 공
개 활동에 나섰다. 서울시 인민위원회와의 창구는 박건웅이 맡았다.
이를 통해 조카 최봉주와 함께 대한독립청년단을 조직해 독립운동을
한 조형신,147) 임시정부 요인이던 김홍서 등을 인민군으로부터 구출
해줬고, 경찰 출신의 측근 김용성, 박만경, 김승재 등을 보호해줬다.

또한 최능진은 김규식을 비롯해 민족자주연맹 계열의 인사들과 조
심스럽게 접촉해 '종전 평화운동'을 추진하였다. 그는 7월 초부터 성
남호텔에서 원세훈, 여운홍, 윤기섭, 장건상, 박건웅 등과 만나 정세를
논의하였다. 이 자리에서 그는 국민을 위하여 인민군과 담판하여 민
족을 구해야 한다고 주장하였다. 이를 위해 그는 좌·우 중간파를 망
라해 '평화호소대회' 개최를 추진하였다. 동족끼리 전투행위를 중지
하고 국제연합(UN)을 통해 문제를 해결하자는 취지였다.

이에 대해서는 강원식의 증언이 구체적이다.

---

147) 조형신은 최능진과 같은 강서군 출신으로, 그의 부친은 1919년 3월 4일, 평안남
도 강서군 반석면 상사리의 사천만세시위를 주도한 후 체포돼 사형당한 조진탁
(曺振鐸) 장로다.

"최능진이 북한의 남침 직후 참상을 목격한 나머지 정전이 요청된다고 판단하고 이를 여러 인사들과 의견일치를 보았으며, 1차적으로 정전하여 피해의 확대를 막고 수습책을 강구할 수 있는 시간을 벌어야겠다는 의도에서 유엔이 신용할 만한 인사들이 참여하는 평화 호소대회를 추진했으며, 2차적으로는 김규식을 유엔에 대표로 파견하여 유엔의 주도 하에 대한민국 정부, 북한, 이른바 중간파의 의견을 종합하여 연립정부를 수립케 하자고 했으나, 서울시 인민위원회의 반대로 개최되지 못했다."

이 운동의 내용은 김규식의 비서를 역임한 송남헌(宋南憲)의 증언에도 상세히 나와 있다.

"이 운동은 철저한 민족주의자로서 반공활동을 했던 최능진이 주동이 되어 당시 성남호텔에서 50여 명의 인사가 모여 숙의를 거듭한 끝에 이루어진 것입니다. 즉 김규식박사 등 민족진영의 지도자로 하여금 좌우합작위원회 좌파 대표였던 박건웅을 통해 김일성과 당시 이른바 서울시 인민위원장이었던 이승엽에게 첫째, 전쟁을 즉시 중지하고 둘째, 민족·공산 양진영 대표를 UN에 보내 UN주선 하에 민족문제를 평화적으로 해결하자고 제의했던 움직임을 가리킵니다. 물론 이 운동은 현실적으로 어려움이 많을 것으로 예상했겠지만, 최능진은 이러한 운동을 계기로 피난을 못간 민족진영 인사들이 단합, 적치하에서 신변안전을 꾀하면서 나아가 민족상잔의 비극을 중지시키려고 생각한 듯합니다."

최능진은 서대문구치소에서 풀려나온 직후 구한 소형 무전기를 통해 UN에서 한국문제가 거론되면서 전투행위 즉시 중지를 결의하였고, 이어 UN군이 참전하리라는 정보를 입수하고 있었다고 한다. 그는 서울에 잔류해 있던 김규식·원세훈 등 중간파에 속하는 인사들을 찾아가 취지를 설명하고, 공산군에게 전쟁을 즉시 중지한 후 UN의 알선

파괴된 한강 인도교를 건너 피난가는 시민들. 이승만 정부는 인민군의 남하 소식을
전하지 않고 먼저 대전으로 이동한 후 인도교를 폭파시켜 주요 인사와 시민들이 서울
에 고립되는 원인을 제공했다.

하에 남북통일을 이룩해 보자고 제의한 것이다.

당시 서울시 인민위원회 측에서 이 제의에 관심을 나타냈다. 7월 3일 조선노동당 군사위원회에서 "새롭게 해방된 지역에서 각계각층 주요 인사들과 통일전선을 강구하고, 그런 사람들과의 관계를 강화해서 통일국가 건설에서 일익을 담당할 수 있도록 통일전선사업을 강화해야 한다"는 결정이 있었기 때문이었다.

동상이몽이었지만 양측은 1950년 7월 15일 서울에서 '정전·평화호소대회'를 열기로 합의하는 등 진전을 보았으나, 결국 무산되고 말았다. 당시 '평화 호소대회' 준비위원으로 활동한 강원식은 북한 측의 무리한 요구로 대회가 무산됐다고 증언하였다.

"이 운동이 처음 제기되었을 때엔 공산측의 반응이 그리 부정적인 것은 아니었습니다. 최능진씨의 당초 복안(腹案)은 이러한 운동을 통해 잔류해 있는 민족진영 인사들을 보호하고, 한편으로 지금껏 UN의 한국문제 개입을 반대해온 공산측을 UN으로 끌어들여, 대화에 의해 민족문제를 해결해 보자는 것이었지요. 우리측에서는 김규식을 수석대표로 하고 본인은 승락을 미처 못받은 분도 있습니다만, 원세훈(元世勳)·안재홍(安在鴻)·조소앙(趙素昻)·최동오(崔東旿) 등의 민족진영인사로 UN에 파견할 대표단까지 내정해 놓았어요.

그런데 공산측은 갑자기 태도를 바꿔 7월 15일에 열기로 한 '정전·평화호소대회'에 곁들여 '이승만 타도대회'를 개최하라고 강요합디다. 결국 이 문제로 공산측과 갑론을박하기도 했고, '정전·평화호소대회'에서 채택한 대(對)UN건의문과 연설문 사전검열의 시비로 모처럼의 협상은 깨어지고 말았습니다. 최능진 씨 등이 양보를 하지 않아 별 다른 진전이 없게 보이자, 공산측의 정치보위부는 최 씨의 지난날 경력을 문제삼아 체포해 갔지요. 얼마 후 박건웅이 힘을 써 풀려나오긴 했습니다만, 9·28수복 때까지 줄곧 숨어 다니는 처지였지요."

7월 15일 '정전 평화 호소대회'가 무산된 후 정치보위국에 끌려갔다 구사일생으로 풀려나온 최능진은 이후 자주 갔던 성남호텔에도 발길을 끊고 숨어 지냈다.

'정전 평화 호소대회'가 무산된 후 북한의 정책에도 변화가 있었다. 서울시 임시인민위원회는 대다수 국회의원들이 모여 대책회의를 연 바 있지만 아직까지 자수하지 않은 국회의원들은 7월 20일까지 자수하면 신변조장을 하겠다는 공고를 냈다.[148] 그리고 7월 26일 "괴뢰 국회와 정부를 부인, 인민공화국 절대지지, 소위 국회의원 48명 결의"라는 제목의 기사를 내보냈다.[149]

국회의원을 비롯해 서울 잔류 정치인들의 발목을 확실히 잡아놓겠다는 의도였다. 8월 16일 자택을 빠져나와 몸을 숨긴 최능진에게는 참으로 암울한 시기였다. 가족들도 마찬가지였다. 장남 필립은 남창동 김경환의 집으로 피신하였고, 차남 봉립은 의용군에 붙잡혀 갔다가 탈출해 3남 만립과 함께 김규식의 집 토굴 속에서 숨어 지냈다고 한다.

---

148) 『해방일보』, 1950년 7월 19일.
149) 『해방일보』, 1950년 7월 26일.

17. 체포와 총살

김창룡 주도로 체포

역사의 조류는 다시 바뀌었다. 미군이 참전하면서 전세가 역전된 것이다. 최능진은 9월 28일 서울이 수복된 뒤 인민군에게 납북될 것을 우려해서 숨어 지내는 한편 남한 정객들과 접촉을 시도했다. 공산측에 의해 서대문형무소를 출감한 탓도 있었고, 무엇보다도 전시하에서 지난날의 사건(혁명의용군사건)에 대해 공정한 재판을 받기는 어렵다고 판단했기 때문이었다.

당시 19세였던 장남 최필립(전 스웨덴 대사)의 증언에 따르면, 최능진은 이승만, 이기붕, 조병옥에게 "조국 재건에 정적이 있을 수 없다"는 서신을 보내 화해를 모색했다고 한다. 그는 서신을 '혁명의용군사건'에 같이 연루된 서세충 편으로 이기붕에게 전달해 전시 하에서 잠정적인 화해를 모색한 듯하다.

"혜화동 이필석(李泌奭, 前산업은행 총재)의 집에 숨어 있으면서 최능진은 미군측 수뇌부에 서신을 전달하는 등 자신의 문제를 미국측에서 조정, 공정하게 처리되길 기대한 듯하다."(이필석과 이병희의 증언)

그러던 어느 날 권농동의 최능진 자택에 낯익은 사람이 찾아왔다.

이승만 대통령으로부터 훈장을 받는 김창룡. 그는 전쟁 전에는 숙군(肅軍)의 실무책임
자로 활동했고, 전쟁 중이던 1950년 10월 4일부터 경인지역 군검경합동수사본부장으
로 임명돼 부역자(附逆者) 체포를 주도했다. 1951년 5월 15일 김창룡은 제5대 특무부
대장으로 취임했다. 이승만 대통령은 김창룡을 친자식처럼 아꼈다고 한다.

최능진의 부하였고 선거운동에도 나선 일이 있는 경찰정보원 하나가
시 경찰국 사찰과 간부와 함께 온 것이다. 그는 "(최능진을) 경찰고문
으로 모시기로 했어요. 이제는 북진통일을 하게 됐으니 아무 염려 마
시고 우리를 만나게 해 주세요"라고 회유하고 돌아갔다.

　이 사실을 가족들이 명륜동의 지인 집에 숨어있는 최능진에게 전
했더니 그는 흔쾌히 대답했다.

　"만나보자! 이젠 전쟁이 문제가 아니야!"

　가족들은 극구 만류했으나 아버지 최능진의 뜻을 꺾을 수는 없었
다. 돈암동의 삼선교에 있는 중국 음식점에서 만나기로 약속이 정해
졌다.

　최능진은 그들과 헤어진 뒤에 지금까지 아무에게도 알리지 않는

명륜동 지인의 집을 가르쳐 주어도 좋다고 했다.

이틀 뒤에 그들이 다시 오자 가족들은 염려하면서도 그들을 최능진에게 안내했다. 만남이 끝난 후 창경원을 지나 집 앞에 왔을 때에 최능진은 아들의 손을 잡고 미소를 지으며 "안심해도 좋다. 근심 말고 기다려. 가끔 올테니…"라고 말했다.

그러나 그것이 죽음의 시초였다. 11월 초 최능진은 '이승만 측과 화해가 되었다'며 밝은 얼굴로 집을 나섰다(이필석의 증언). 시경고문으로 취임하는 것으로 알고 시경에 간 최능진은 며칠간 사찰과 과장실 소파에 누워 지내는 신세가 되었다. 그리고 불쑥 나타난 군·경·검찰 합동수사본부 요원들에 의해 최능진은 연행돼 갔다. 최능진은 곧바로 당시 국일관에 자리 잡은 군·경·검찰 합동수사본부에 연행되어 취조를 받고 구속되었다. 당시 합동수사본부장은 일본 관동군 헌병 오장(하사) 출신으로 악명을 떨치던 김창룡이다. 죄목은 국방경비법 제32조 위반 '이적죄'였다.

수사본부의 검사가 마침 같은 교회 신자여서 가족들이 "제발이지 군사재판으로만 돌리지 말고 민사재판에 회부해 달라"고 진정했으나, 검사는 "하여튼 이 박사에게 협조 안한 것은 사실 아니오? 이제 와서 돌보아 달라니 어쩌란 말이오?"라고 퉁명스럽게 말했다고 한다.

어렵게 수사본부로 부인 이풍옥 여사가 면회가 갔을 때 최능진은 여전히 "곧 나가니 염려 말고 기다려요. 내가 무슨 죄 있나 무어. 당신은 어서 아이들 데리고 피난이나 가요"라며 오히려 가족 걱정을 했다. 가지고 간 옷도 좋은 것들은 모두 돌려보냈다.

이 말을 믿고 이풍옥 여사는 가족들을 데리고 부산으로 피난을 갔다.

그러나 한 양심적 민족주의자에 대한 '정치보복'은 일사불란하게 진행됐다. 군사법정에 선 최능진에게 사형을 선고한 것이다. 그리고 명륜동 이필석의 집을 나선 지 석 달 후 최능진은 총살된다.

1951년 1월 20일 대구에서 열린 육군본부 중앙고등군법회의의 판결기록을 살펴보면 최능진의 기소내용은 다음과 같다.

피고인에 대한 기소죄과는 국방경비법 제32조 위반 이적죄(利敵罪)로 그 범죄 사실은(중략) 1950년 7월초에서 7월 15일에 이르는 기간에 서울에서 김일성의 특사 민간인 현철갑을 통해 김일성에게 소위 평화호소(平和呼訴)를 건의하고 한편, 괴뢰 서울시 인민위원회의 협조를 받아 시내 종교·정당·사회단체 요인 약 80명을 망라하여 7월 15일을 기해 화평호소대회(平和呼訴大會)를 개최하고 UN에게 즉시 정전을 하고 동시에 대한민국정부를 부인하는 괴뢰측과 동측에 아부하는 소위 중간 애국 지사파를 총망라한 연합정부 수립을 제안, 호소할 것을 기도함으로써 UN군의 실력행사를 무의미케 하며, 대한민국 국권을 전복코자 하였다.
(중략) 피고인이 김일성 지시 하에 UN에 대해 즉시 정전을 요구하고 우익·좌익·중간파를 망라한 연합정부 수립을 획책하기 위한 소위 평화호소대회를 개최할 준비를 진행 중 괴뢰측의 반대로 유회에 이른 사실은 일전 서류 및 피고인의 법정에서의 진술을 의하여 명백한 바이다. 피고인은 평화호소대회 개최 의도는 조국통일 완수와 동족상잔의 회피를 원한 것이라고 하나, 피고인의 이같은 행위는 UN군의 실력행사를 무의미하게 하며, 대한민국 정부의 부인 내지 전복을 기도하였다 인정하지 않을 수 없으므로 결국 피고인의 행위는 적을 구원하는 것이라 할 것임.

육군중령 황철신을 재판장으로, 육군중령 정관윤·송의근이 배석한 군법회의는 그 밖의 몇 가지 '범죄사실'을 열거하면서 최능진의 '즉시 정전·평화통일운동'을 이적으로 판결하였다. 특히 민족상잔의 비극을 막기 위한 즉시 정전의 요구와 민족통일정부 수립을 위한 좌우익과 중간파의 연합정부수립 추진이 바로 'UN의 실력행사를 무의미하게 하며 대한민국 정부의 부인 내지 전복을 기도'하는 이적행위로 판시해 최능진에게 사형을 언도하였다.

좌우합작위원회 선전부파에서 활동했던 강원룡 목사는 이에 대해 다음과 같이 말한다.

> "당시의 전황은 중공군이 공세를 취하고 있었기에 극히 불리했어요. 그런 상황에서 별다른 증거도 없이 졸속으로 이루어진 재판이 아닌가 생각됩니다. 이제는 다 지나간 일이니까 뭐라고 말할 수는 없습니다만, 최능진 씨의 죽음은 그가 이승만 측과 대결했던 점과 떼어놓고는 도저히 생각할 수 없다고 봅니다.
> 따라서 최능진 씨가 이 민족의 비극을 막기 위한 순수한 의도에서 비롯된 '즉시정전·평화통일 운동'이 좌익적인 불순한 운동으로 왜곡받아 부정적으로 평가된 점은 이제 바로잡아져야 할 것 같습니다."

김규식의 비서로 활동한 송남헌도 최능진의 죽음을 애석해 하면서 그가 실질적으로 추진하였던 '즉시정전·평화통일운동'이 "민족과 국가를 위한 그의 신념에서 비롯된 것"이라면서 "전시 하라는 어려운 여건 속에서도 민족상잔을 막으려는 한국의 양심세력 편에 서서 고투(苦鬪)"하였다는 점에서 긍정적인 평가를 내렸다.

2통의 유서 남기고 사형되다

1951년 2월 11일 최능진은 경북 달성군 가창면 파동(巴洞)에서 총살되었다. 총살형이 집행되는 날 그는 가족과 군법회의 앞으로 2통의 유서를 남겨놓았다. 이 유서들은 최능진의 정치적 신조가 어떠하였는지를 적절히 알려주고 있다. 가족 앞으로 남긴 유서 내용은 다음과 같다.

최능진이 가족 앞으로 남긴 유서 원본

　정치사상이 민족을 초월할 수 없다는 최능진의 유언은 기독교도인 그가 '이것 아니면 저것'이라는 극좌·극우의 극한적인 대립을 염려하면서, 이데올로기의 틈바구니에서 동족상잔을 겪는 민족이 하루빨리 통일되길 열망해 왔다는 점을 잘 보여준다.

　최능진은 또한 사형판결을 내린 군법회의 앞으로 남긴 유서에서 민족독립을 위해 투쟁하던 그가 "사상적으로 될 수 없는 공산주의자인 좌익이라는 죄명으로 아무 증거 없이 일부 군인들의 감정으로 된 재판의 결과로" 죽는 것은 큰 문제가 안 되지만, "군인이 정치에 직접 간섭하는 것은 역사를 통해서 민주국가 운영의 불길(不吉)을" 의미한다는 우려를 표명하였다.

가아 필립, 봉립, 만립, 화선, 자립과 애처요 친우인 이풍옥에게 끝으로 부탁과 사과의 말씀을 남긴다.

父의 금일의 운명은 정치적 모략에서 됨인데 너희들은 조금도 누구에게 반감을 갖지도 말고 또한 父의 원수를 갚을 생각도 말고 오직 너희 오남매는 父가 있을 때보다 더 서로 사랑하며 외로운 모를 잘 봉양하여라.

우리 국가가 이 모양으로 간다면 너희들의 생명도 안전치 못할 것이다. 연이나 필립, 봉립, 만립 너희 三인은 유엔군(UN군)과 끝까지 행동을 같이 하여라. 처 풍옥에게는 사과할 뿐이오. 아이 둘 잘 길러주시오.

생각할 점 몇 가지

一. 정치사상은 혈족인 민족을 초월해 있을 수는 없다.

二. 정치, 경제 기타 문화는 인격을 조성치는 못하는 바이고, 오직 내부 즉 양심적 변화가 있어야 하는데, 그것은 종교이다. 기독교를 신봉하기 바란다.

三. 친동생들끼리 상부하고 국가민족에 충성하여라.

四二八四년 二月 十一日

대구 형무소에서

父 能鎭 書

최능진이 군법회의 앞으로 보낸 유서와 유서를 담은 봉투

군법회의 귀중

근 六十평생을 오직 우리 민족의 독립을 위하여 해내 해외로 투쟁해 오던 몸으로, 이제 독립한 대한민국의 반역자와 또한 사상적으로 될 수 없는 공산주의자인 좌익이라는 죄명으로 아무 증거 없는 일부 군인들의 감정으로 된 재판의 결과로 최능진의 일인의 생명이 끊어지는 것쯤은 별 큰 문제가 아니 되지마는 군인이 정치에 직접 간섭하는 것은 역사를 통해서 민주국가 운영의 불길을 말함이 되므로 본인은 오직 우리 국가 민족을 위하여 군인이 정치사상의 재판관이 아니 되어주시기를 바라며, 국가의 운명은 끊어졌다가도 몇 번이고 갱생할 수 있으나 민족이 죽으면 민족도 국가도 재건할 수 없사오니, 하루 빨리 우리 국가 내에서 민족상잔 전을 정리하는 것만이 장래 자존을 위한 애국운동이오니 명찰해 주시기 바랍니다.

물론 모든 것을 참작해 가지고 최능진을 최고형에 처한 줄 아오나 대한민국의 반역자도 아닌 것만은 잘 인증해 주시기 바랍니다.

四二八四년 二月 十一日

그는 "군인이 정치사상의 재판관"이 되어서는 안 된다고 자신의 심경을 밝혔다. 그는 마지막으로 자신이 '대한민국의 반역자'가 아니라는 점을 강조했다.

최능진은 민간인 신분이었지만 군사재판을 받았다. 당시 정전(停戰)운동을 했다는 이유로 사형된 사람은 최능진이 유일했다.

대표적으로 박진목(朴進穆), 최익환(崔益煥) 등도 전쟁 기간에 정전운동을 펼쳤지만 무겁지 않은 처벌을 받았을 뿐이다. 박진목은 남조선노동당 출신으로 1951년 직접 평양을 방문해 당시 대남책임자였던 이승엽(李昇燁)과 정전문제를 협의하고 돌아왔지만 국가보안법 위반으로 체포돼 1년 징역형을 받았다. 그와 함께 정전운동을 한 독립운동가 최익환도 고초를 겪기는 했지만 1977년 독립유공자 포상을 받았다.

두 사람 모두 최능진과 마찬가지로 합동수사본부에서 조사를 받았다. 당시 합동수사본부를 지휘한 김창룡은 일제 관동군 헌병 오장 출신으로 이승만 대통령의 핵심 측근이었다.

박진목은 체포돼 조사를 받을 때 김창룡에게 호통을 쳤다고 한다.

"나를 취조한 김창룡 방첩대장이 소리를 치기에 내가 '일제 고등형사가 독립운동을 했던 사람을 취조하느냐'고 고함을 질렀지. 김창룡이 기가 죽어 이북 가서 무얼 했냐고 묻기에 내가 '전쟁을 끝내라, 그것을 북한의 실력자에게 호소하러 갔다'고 했지. 김창룡이 나중에 도와주겠다고 하더구면."

결국 세 사람 모두 비슷한 시기에, 동일한 정전운동을 펼쳤지만, 최능진만 총살형에 처해졌다. 당시 공정한 재판이 이뤄진 것이 아니라 '정치적 고려'가 작용했던 것이 확실한 셈이다.

최능진은 친일경찰 청산을 강조하고, 친일경찰을 등용한 이승만 대통령에게 맞섰지만, 오히려 '친일경찰' 출신들의 '용공조작'으로 희생이 된 것이다.

18. 9년 만에 열린 추도회와 장례식

1951년 1월 23일 대구시 서성로 상공은행 2층 고등군법회의 법정에서 최능진에게 부역혐의로 총살형이 언도됐다는 기사가 신문에 보도되었다. 그리고 20일 뒤 총살이 집행됐다.

그러나 가족들은 피난살이에 바빠 이 사실을 전혀 몰랐고, 법원에서도 통지를 해 주지 않았다.

대구로 이감됐다는 소식을 듣고 대구형무소로 찾아갔으나 대답은 언제나 "그런 사람 없다"는 상투적인 말뿐이었다.

그리고 2년여가 흐른 1953년 당시 UN군에 복무하던 둘째아들 최봉립이 직접 아버지의 생사를 확인코자 대구의 육군본부 법무감실을 찾아갔다. 당시 그를 만난 법무관 한동섭 소령은 최봉립이 보여준 사진을 보더니 고개를 끄덕이고 눈물을 흘리면서 그때서야 최능진의 최후를 말해주었다.

"김창룡 밑에 있던 한동섭 소령이라는 아버지 지인이 총살당한 곳을 알고 있었어. 전쟁이 끝난 후 만립이를 조용히 불러서 '누구에게도 말하지 말라'며 매장한 곳을 알려줬어. 그때까지는 어디서 돌아가셨는지도 몰랐어. 당시엔 장례식도 못했지. 4·19 후에야 시신을 수습해 경기도 파주로 이장할 수 있었어."(최필립의 증언)

1953년에 조성한 최능진의 묘와 묘비

한 소령의 말에 따르면 그는 최능진을 존경하고 있어서 저승길이나마 편안히 가시게 하고자 그 날 아무도 모르게 뒤를 따라갔다고 한다.

당시 전쟁시기 부역자(附逆者)를 비롯해서 수십 명이 형장으로 끌려갔다. 헌병 5·60명의 감시 아래 경북 달성군 가창면 파동의 산골짜기에서 그들은 처형되었다. 한동섭 소령은 그때 그들과는 따로 최능진이 혼자서 처형되는 것을 보고 다음날 다시 찾아갔다. 그는 사재(私財)를 털어서 관을 하나 사 가지고 시신을 넣고, 무덤을 빚어 그 앞에 바윗돌을 하나 놓아두었다.

"사형 직전에 아버지는 술과 담배를 주겠다는 말도 거절하고 다만 애국가나 부르게 해달라고 했답니다."

한 소령은 이렇게 최능진의 운명날을 최봉립에게 말해주었다. 그는 총살 현장을 굽어보는 산꼭대기에 사는 산지기 노인 여방구 씨에게 잘 돌보아 주기를 부탁까지 했다고 한다. 전쟁 시기 부역자들 상당수가 처형장소도 알려져 있지 않고, 시신도 수습하기 어려웠던 점을 고려하면 최능진의 경우는 그나마 천운으로 시신이나마 수습할 수 있게 된 것이다.

가족들이 총살 현장에 가보니 여전히 해골이 여기저기에 뒹굴고 있었고, 소가 파헤치고 들짐승이 짓밟고 해서 끔찍하기 이를 데 없었다고 한다.

최봉립은 준비해 간 관에 다시 시신을 수습해 매장하고, 비석을 세웠다.

    ✝ 일석 선생 수성 최능진지묘(崔能鎭之墓)

    Daniel Choy

    자(子) 필립·봉립·만립, 여(女) 화선·자립

그렇게 최능진은 다시 7년 동안 거기에 묻혀 있었다. 그리고 4월혁명으로 이승만 대통령이 물러난 뒤인 1960년 8월 15일 유족들은 이곳에서 정식으로 장례식을 치렀다. 최능진이 총살된 지 9년 만이었다. 추도사가 낭독되는 동안 가족들은 오열했다.

    "다시 아버지 앞에서
    아버지, 제가 여기 돌아와 있습니다. 아버지, 어찌 보면 아버지의 운명은 아버지 개인만의 운명이 아닌가 봅니다. 아버지의 경우에 의해서 전형적으로 대표 되었다고 볼 수 있는 이승만 독재의 반민주주의적 악

1960년 9월 17일 최능진의 유해를 경기도 양주군 광적면 가납리로 이장해 안장하고, 유족들과 조문객들이 조의를 표하고 있다.

정을 생각할 때에 아버지 당신의 희생은 바로 이 땅, 이 겨레의 희생이라고 볼 수가 있습니다. 아버지.

아버지의 유서에 따라서라도 저희들은 원수를 갚는다느니 가해자들의 희생을 원한다느니의 행동을 삼가겠습니다.

예수께선 (너의 원수를 사랑하라)고 하셨거늘 더구나 아버지의 뜻이 그러하온데 어찌 복수심을 품겠습니까!

정상적이라면 모조리 철저히 몰살하는 이승만 노인의 전철을 되풀이하지 않기를 바라는 마음으로 우리는 四월 혁명의 승리로 만족하겠습니다.

아버지.

여기 계절의 꽃향기가 훈훈합니다. 자유의 열매가 맺어지려 합니다. 아버지가 사랑하시던 땅에 이제 영광이 깃들기 시작한 것입니다. 아버지 부디 고이 잠드소서. 예수 그리스도의 이름으로 아버지의 명복을 비

1960년 9월 17일 최능진 선생 묘소 이장과 장례식을 마치고 묘비를 세운 후 유족들이 기념촬영. 왼쪽부터 최화선(최능진의 딸), 최봉국(최능진 조카), 최봉립(최능진의 차남), 이항규(최능진의 처남), 이풍옥(최능진의 부인), 최필립(최능진의 장남), 주남복(이항규의 친구)

나이다.

아멘

一九六十년 八月 十五日 기

일석 최능진기념사업회

한 달 뒤인 1960년 9월 17일 유족들은 최능진의 묘를 경기도 양주군 광적면 가납리로 이장했다. 이틀 뒤 19일 서울 명동 대성빌딩에서는 각계 인사가 참석한 가운데 강신명(姜信明), 한경직(韓景職) 목사 축도로 추도식이 거행되었다. 추도식에서 당시 민의원 부의장이던 김도연(金度演)은 추도사를 통해 최능진의 죽음을 "이 땅에 싹트기 시작

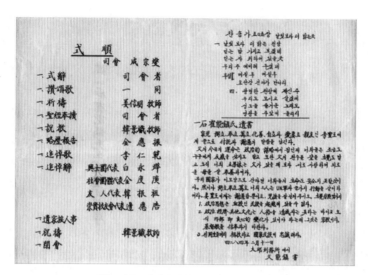

서울 명동 대성빌딩에서 열린 최능진 선생 추도회 리플릿

1960년 9월 19일 서울 명동 대성빌딩에서 거행된 최능진 선생의 추도회 제단 전경

서울 명동 대성빌딩에서 열린 최능진 선생 추도회에서 한경직 목사가 추도사를 하고
있다. 추도회에는 김구 선생의 차남 김신 장군을 비롯해 한근조 민주당 의원 등 많은
인사들이 참석했다.

한 이승만 독재정치를 미리 장비하기 위한 거룩한 희생자"로 규정하
였다.

19. 험난했던 명예회복의 길

미망인 이풍옥 여사는 43세에 과부가 되어 '빨갱이 가족' 소리를 들으며 5남매를 힘겹게 길렀다. 덕분에 장남 최필립은 1970년대 초반 남북적십자회담에 참여하고 스웨덴 대사를 지내기도 한 외교관으로 성장했다. 3남 최만립은 대한체육회 부회장과 대한올림픽위원회 부위원장을 역임하는 등 체육계의 거목이 되었다.

장남 최필립은 당시를 이렇게 회고한 바 있다.

> "어머니가 부산과 서울 동대문시장에서 노점장사를 하셨어. 형제들은 연탄배달을 했고. 김창룡은 이유도 없이 나에 대한 체포령을 내렸어. 그 부하로 있던 동창이 알려줘서 피할 수 있었지. 전쟁 중에는 아버지와 잘 알던 잭이라는 미 정보기관 한국지부장의 도움으로 보호를 받을 수 있었어. 그때 그를 도와 대북침투공작대에서 일했어. 직접 북한에 가서 작전을 벌이기도 했지. 죽는다는 두려움 같은 건 없었어. 아버지를 잃은 후엔 산다는 것 자체가 의미 없게 느껴졌으니까."

전쟁이 끝난 후에도 장남 최필립에 대한 수배령은 계속 됐다고 한다. 그는 여러 지인들의 도움으로 미국 유학길에 오를 수 있었다.

그는 "여의도에서 비행기를 타고 출발하면서 절대 돌아오지 않으리라 결심"할 정도로 한국의 정치상황에 절망했다.

1954년 삼남 최만립이 미국 유학가기 전 최능진의 추모식에 모인 가족들. 1번째 줄 최봉주, 이풍옥 여사, 둘째줄 왼쪽부터 최봉국, 황성도, 최화선, 최애인, 최봉신의 부인. 셋째줄 오른쪽부터 최봉전, 최필립, 최봉립.

하지만 1960년 4월혁명으로 이승만 정권이 무너지자 동생이 전화를 해 "안 돌아오면 의절하겠다"고 협박(?)해서 그는 다시 돌아왔다.

그는 정계에 입문하라는 민주당 지도자 김도연, 장면 등의 제안을 사양하고 외교부에 촉탁직(계약직)으로 들어갔다. 그러나 그는 선친의 죽음을 둘러싼 의혹들을 신문에 폭로하고 명예회복을 추진하였다. 5·16군사쿠데타가 발생하면서 최능진에 대한 명예회복은 제대로 되지 않았다.

"1960년 4·19 후에 바로 서훈을 신청했더라면 이렇게 복잡하지도, 시간을 끌지도 않았을 거야. 그땐 명예회복이 다 된 줄 알았어. 그동안 우리가 다 바쁘게 사느라 신경을 못 썼지."(최필립의 증언)

최능진의 유족들은 1960년 4·19민주항쟁으로 민주당 정부가 수립되자 최능진의 무죄와 명예회복을 위해 여러 신문에 기고를 하고, 민주당 주요 인사들에게 억울함을 호소했으나 5·16쿠데타가 발생하면서 오랜 세월을 기다려야 했다. 사진은 1960년에 여러 신문과 잡지에 실린 최능진 관련 기고들을 모아놓은 스크랩의 일부이다.

김영삼 정부가 들어선 1993년에야 유족들은 "부친을 독립운동가로 서훈해달라"며 국가보훈처에 진정을 냈지만, 이듬해인 1994년 '국방경비법 제32조(이적죄) 위반으로 사형을 받은 경력이 있어 현행(당시) 상훈법의 규정상 서훈은 불가하다'는 답변이 돌아왔다.

한동안 방법을 찾지 못하던 유족은 2005년 진실화해를 위한 과거사정리위원회가 출범하자 국방경비법의 위법성을 주장하며 진실규명 신청을 냈다. 2009년 9월 진실화해위원회 위원 15명은 만장일치로 '최능진은 이승만에게 맞선 것을 계기로 헌법에 설치근거도 없고 법관의 자격도 없으며 재판 관할권도 없는 군법회의에서 사실관계가 오인된 판결로 총살됐다'며 부당한 죽음을 당했다고 결론짓고 국가의 사과와 법원의 재심 수용을 권고했다.

유족들은 법원에 재심을 청구했고 법원은 "당시 최능진 씨의 진술만으로는 공소사실을 인정하기에 부족하다"며 무죄를 선고했다.

서울중앙지법 형사합의28부(부장판사 최창영)는 2015년 8월 27일 6·25 전쟁의 와중인 1950년 국방경비법상 이적 혐의로 기소돼 이듬해 처형까지 당한 최능진의 재심에서 "이 사건 공소사실은 범죄의 증명이 없는 경우에 해당한다"며 무죄를 선고했다. 그의 죽음이 '정치적 타살'로 공식 인정된 셈이다.

이날 재판부는 "국가기록원과 국방부 검찰단에 당시 재판 기록을 촉탁했지만, 모두 남아 있지 않다"며 "검사가 제출한 증거 중 공소사실에 부합하는 자료는 재심 대상 판결문이 유일하지만, 여기에 기재된 피고인의 진술만으로는 유죄를 인정하기에 부족하다"고 판시했다.

이어 재판부는 "6·25 전쟁 당시 서울이 북한군에 점령당한 상태에서 일석이 주도한 '즉시 정전·평화통일 운동'은 김일성 등에게 전쟁을 중지하고 민족문제를 평화적으로 해결하자는 취지를 제의함으로써 민족상잔의 비극을 방지하려는 목적으로 이뤄진 것으로 보인다"며 그에게 적용된 국방경비법 위반 혐의를 일축했다.

특히 재판부는 이례적으로 "우리 사법체계가 미처 정착·성숙되지 못한 혼란기에 6·25라는 시대상황 속에서 허망하게 생명을 빼앗긴 고인에게 안타까운 마음을 표한다"며 "이번 판결이 고인의 인격적 불명예를 복원하고 과거사를 바로잡으며 유가족이 자긍심을 되찾는 위안

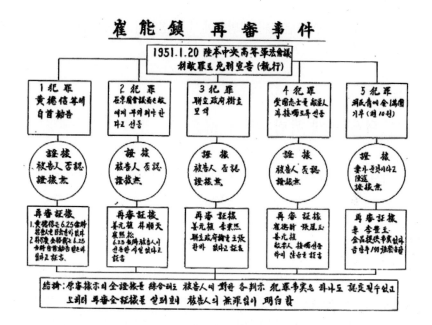

의 계기가 되기를 바란다"는 염원도 밝혔다.

재판을 방청한 삼남 최만립 대한체육회 원로고문은 "통한의 세월이었다"면서 "사법정의가 이뤄졌다고 생각하며, 이제야 선친의 한을 풀고 명예회복을 했다"는 말로 감격을 표현했다.

그간의 재판 과정에서 최만립 고문은 "형님(최필립)이 돌아가시면서 '아버지의 명예를 회복해 달라'는 유언을 남겼다"며 "선친은 '이승만과 싸운 죄밖에 없다. 선친은 돌아가시기 전 '정치적으로 가는 것'이라는 말과 함께 애국가를 1절부터 4절까지 다 부르고 돌아가신 것으로 알고 있다"고 밝혔다.

그는 "지금 이북 5도민들이 모인 파주 동화묘지에 선친의 묘소가있는데 모든 절차를 밟은 다음 국립묘지에 모시고 싶다"고 추가적인명예회복 절차를 언급했다.

이날 판결은 2016년 6월 대법원에서 확정됐다. 65년 만에 억울한 죽음에 대해 명예회복이 된 것이다.

남은 과제 독립유공자 서훈

재심을 통해 65년 만에 '이적죄 위반'이 무죄로 판명 났기 때문에 최능진에 대한 '정치적 복권'은 이뤄졌다. 남은 과제는 독립유공자 서훈을 통한 '역사적 복권'이다.

1993년 유족들이 낸 최능진에 대한 '독립운동가 서훈' 요청은 '이적죄 위반'을 이유로 반려됐다. 이 부분은 대법원의 무죄 판결로 이제 걸림돌이 되지 않는다. 그러나 유족들과 국가보훈처 사이에는 여전히 입장 차이가 있다. 최능진이 1937년 동우회사건으로 체포돼 보석으로 출감하면서 일제의 강요로 낸 '국방헌금'과 출감 후 활동이 불투명하다는 것이 핵심 쟁점이다.

정부의 포상기준은 선공후과(先功後過), 즉 항일운동을 하다 친일로 돌아선 경력이 있으면 안 된다는 것이다. 독립유공자 포상에 엄격한 심사기준을 적용하는 것은 합당한 일이다. 그렇지만 옥석을 가릴 필요가 있다.

동우회사건 이후 최능진은 일제의 감시 아래 표면적으로 국내와 만주를 오가며 조그만 회사를 운영했지만 여전히 미국에서 활동하던 친형 최능익과 연계를 가지고 있었고, 친일행적은 확인되지 않는다. 오히려 그가 독립에 대한 의지를 피력하며 비밀리에 충칭 임시정부와 연계를 가지고 '자금 지원' 등을 했을 가능성을 보여주는 증언도 남아 있다. 무엇보다도 해방 후 '친일경찰' 숙정에 앞장 선 그의 행적 자체가 출감 후 '친일'과 전혀 관련이 없었다는 점을 잘 보여준다고 할 수 있다.

20. 진정한 보수적 민족주의자

'독립운동가 → 친일청산 앞장 선 경찰 → 이승만의 정적(政敵) → 평화운동가 → 공산당 부역자(누명) → 총살'로 이어진 최능진의 생애는 일제 강점과 해방, 좌우 이데올로기의 대립과 분단이라는 한국 현대사의 명암만큼이나 굴곡진 삶이었다.

그는 독실한 기독교 신자였다. 그는 기독교인인 부모님을 따라 교회에 다니기 시작했고, 스스로 기독교를 깊이 받아들였다. 1951년 대구형무소에서 가족들에게 남긴 유서에도 "기독교를 신봉하기 바란다"라고 당부하였다. 그는 "정치, 경제, 기타 문화는 인격을 조성치는 못하는 바이고, 오직 내부 즉 양심적 변화가 있어야 하는데, 그것은 종교"라는 신념을 평생 가지고 있었다.

그는 일찍부터 '무실역행(務實力行)을 통한 독립운동'이라는 안창호의 사상에 공감해 흥사단과 동우회에 가입해 활동하며, '인재와 지식과 재정의 3대 자본'을 결집하고 확충하는데 전력을 기울였다. 미국 유학을 통한 지식 습득, 숭실전문학교 교사로서 인재 양성, 실업가로서 재정 획득 등 일제강점기에 보여준 그의 행적은 누구보다도 안창호와 흥사단의 이념과 지향을 충실히 따랐다는 것을 보여준다. 그는 스스로도 생을 마감하기에 앞서 남긴 유서에서 "60평생을 오직 우리 민족의 독립을 위하여 해내 해외로 투쟁해 오던 몸"이라고 자부하였다.

안창호는 일찍부터 근대민족운동에 대한 총체적 구상을 갖고 있었고, 우여곡절이 있었지만 그의 모든 활동은 이러한 전체 구상 속에서 추진되었다.

그의 구상은 직접 작성한 단계별 '민족운동 방략도'에 잘 나타나 있다. 민족운동의 전 과정이 제시된 이 자료에서 안창호는 위기에 빠진 민족의 현실과 미래를 넓고 길게 내다보면서 종합적이고 체계적인 민족운동론을 제시하였다.

이를 통해 그는 우리 민족운동을 크게 기초단계부터 진행준비, 완전준비, 진행결과, 완전결과의 5단계로 설정하였다.

제1단계 기초는 신애(信愛), 충의, 용감, 인내 등의 덕목을 갖춘 인물을 키워 행동을 일치하게 하고 역할을 분담하며 주의를 일치시켜 정신적 단결을 꾀함으로써 장차 민족운동의 핵심 간부를 양성하는 단계이다. 이 단계에서는 자질 있는 청년들을 모아 조직적으로 인격훈련과 단결훈련을 시켜 민족운동의 핵심 간부로 양성하는 것이다. 흥사단은 바로 이 기초운동 단계를 위하여 설립된 조직이다.

제2단계 진행준비는 기초단계를 통해 배출된 간부들이 조직적으로 학업단과 실업단을 만들어 활동하는 단계이다. 수많은 학업단과 실업단을 구성하여 활동함으로써 조직적인 교육과 경제활동으로 장차 독립운동과 독립 후의 국가건설에 필요한 인재와 재정을 확보한다는 것이다. 이를 통해 독립군, 장관, 정치가, 공학가, 의원, 실업가, 학술가 등 독립전쟁 수행에 필요한 각 분야의 인재들을 양성하고자 하는 한편, 군기, 군재, 군량, 건설비, 외교비 등에 소요되는 재정을 마련하려고 하였다.

제3단계 완전준비는 학업단과 실업단의 활동에 의해 각 부분의 전문 인재가 속속 배출되고, 필요한 재정이 비축되는 단계이다. 제4단계 진행결과는 드디어 독립전쟁을 결행하고, 동시에 그 과정에서 민족정권을 수립하는 단계이다.

제5단계 완전결과는 일제를 몰아내고 조국광복을 실현하여 이상적인 민족국가를 건설하는 단계이다. 준비단계에서 확보된 재정과 인재를 기초로 일제와 독립전쟁을 결함과 동시에 독립전쟁을 지휘할 수 있는 지도체로서 민족정권을 세운 다음 광복을 달성하고 번영된 민족국가를 건설하는 것이다.150)

민족운동의 단계별 구상은 독립전쟁에서 승리하여 자주독립의 민족국가를 수립하고, 한민족이 새로운 발전단계로서 '조국증진'의 길로 나가는 것을 궁극적인 목표로 하였다.

이러한 안창호의 구상은 민주공화국가의 건설이라는 궁극의 목표 아래 일제를 상대로 한 독립전쟁의 준비를 당면과제로 했던 비밀결사 신민회가 탄압받으면서 첫 단계부터 시련을 겪었고, 1937년 동우회사건으로 국내의 많은 동우회원들이 전향하거나 친일파로 전락됨으써 좌절되었다. 그러나 안창호의 사상과 활동은 해방 후에 '중도우파' 혹은 보수적 민족주의세력의 기반으로 계승되었다.

일제강점기 최능진은 안창호의 사상과 노선에 가장 충실했던 교육가이자 경제인이었다. 그가 체육학을 전공하고 교육가의 길을 걸었던 선택도 그러했고, 만주사변이후 실업계에 뛰어들어 재정 확보에 나선 것도 그러했다.

최능진은 일부 민족주의세력, 동우회 일부 회원들의 타협적·개량주의적 경향과도 선을 그었다.

좌우연합전선으로 결성된 신간회가 해체된 후 민족주의세력 내부에서는 합법운동, 당면이익 획득운동 등을 내세우며 자치운동으로 방

150) 『홍사단 100년사』, 154~156쪽 참조.

향을 전환하려는 움직임이 강하게 나타났다. 자치운동은 독립에 도달하는 한 단계로서 자치권을 획득하는 것이 필요하다는 단계적 운동론을 내세우고 있었다. 그러나 이들의 단계적 운동론은 안창호가 내세운 '민족운동 구상'과 달리 예속자본으로 전락하고 있던 민족자본 최상층과 정치적 욕구를 충족하고자 했던 일부 타협주의자들이 일제 지배자들과 야합하려 했던 '정치적 거래'를 합리화하려는 논리에 지나지 않았다.

이광수, 주요한 등을 대표로 하는 타협적·개량주의적 경향은 결국 독립운동으로부터 일보 후퇴한 자치운동론으로까지 나아갔고, 1930년대 중반 이후에는 일제 지배 아래서 종속적 근대화의 길을 선택하여 적극적인 친일의 길로 들어섰다.

그러나 최능진은 이들과 결별하고, 안창호의 유지대로 '자강적 민족주의자'의 길을 조용하게 실천하였다. 당시 자치운동론으로 기운 민족주의 우파와 달리 여전히 독립의 가능성을 모색하던 민족주의 좌파의 대표적인 인물은 안재홍(安在鴻)이었다. '자강론적 민족주의'로 요약되는 그의 정치사상은 일제강점이라는 특수한 상황 아래서 시민사회적 발전과 비타협적 민족주의운동의 중심세력으로서 중산계층을 설정한데 특징이 있었다. 안재홍은 일제의 억압 아래 중산계층이 성장할 수 없기 때문에, 민족적인 중산계층과 노동자·농민 계급의 결합, 민족주의자와 사회주의자의 연합이 필요하다고 생각했다.

일제 말기 최능진은 이러한 안재홍의 사상과 노선을 공유했다고 볼 수 있다. 그런 점에서 굳이 나눈다면 최능진은 '민족주의 우파'적 지향을 가졌다고 평가할 수 것이다. 그는 자신의 사상적 편린을 보여주는 글을 거의 남기지 않았다. 1930년대에 『동광』에 기고한 글은 대부분 전공과 관련된 것이 대부분이고, 이것조차도 일제의 검열을 통과한 '노예의 언어'로 발표되었다. 다만 그는 말보다 실천으로 독립을 향한 신념을 보여줬다.

해방 후에도 최능진은 불의와 타협하기보다는 자신의 신념을 지키기 위해 노력하였다. 경무부 수사국장에서 파면된 직후 낸 성명서에서 최능진은 "일제 주구가 일조일석에 애국자가 되어 민중의 지휘자가 될 수 없다"고 강조하였다. 해방 후 세간에서 '친일파의 소굴'이라고 불린 한국민주당, 동우회사건의 옛 동지였던 경무부장 조병옥, 친일경찰을 감싸며 중용한 이승만 등과 멀어질 수밖에 없었던 이유였다. 그는 미군정 인사와 가깝게 교류하며 공산주의에 반대했지만, 친일파와 반민족행위에 대해서는 타협할 수 없었다.

광복 후 경찰에 투신해 경찰 수뇌부와 대립하면서까지 친일경찰 청산을 주장하고, 이를 실행에 옮기다 파면까지 당한 사실은 하나의 사례에 불과하다. 그는 민족통합이라는 대의를 위해 '민족분열과 동족상쟁을 조장하는' 극좌와 극우를 배척하고 중간파적 입장에서 좌우합작과 남북합작의 길을 모색하였다.

해방정국에서 좌우합작운동에 참여했던 '중도파', '중간파'로 분류되는 정치세력은 크게 세 부류로 나눌 수 있다.

첫째는 건국준비위원회가 조선공산당의 영향력 아래 들어가자 탈퇴한 안재홍을 중심으로 하는 그룹이다. 안재홍은 좌우합작체였던 신간회에 참여한 이래 일제강점기를 통해서 비타협적 독립노선을 걸었고, 해방 후에는 신민족주의 정치이론을 내놓고 박용희·명제세 등과 함께 국민당을 결성하였다.

두 번째 그룹은 임시정부의 일원으로 환국하였지만 김구가 주도하는 임정법통론과 비현실적 반탁노선에 반대하여 임정에서 이탈한 김규식·유동열·김붕준·최동오 등이다 김규식은 중국에서 좌우합작정당으로 출범했던 민족혁명당의 대표였고 임정요인으로 환국한 뒤에는 김구의 반탁노선과 거리를 두고 좌우합작운동을 주도하여 좌우합작위원회의 우익 측 영수로 활약하였다.

세 번째 그룹은 한국민주당에 참여했다가 친일파 중심의 인적구성과 보수성에 실망하고 이탈하여 좌우합작운동에 참여한 원세훈·김병로·김약수·송남헌 같은 인사들이다.

중도우파 인사들은 서로간의 이념적·인적 친밀성과 연고에 토대하여 결속했다가도 해방정국의 구체적 정치 사안들에 따라 이합집산을 거듭하기도 하였지만 좌우합작에 공통된 이해관계를 가지고 있었고, 1947년 좌우합작위원회가 해체되고 여운형이 암살된 뒤에는 김규식을 대표로 하여 범중도파 연합기구로 조직된 민족자주연맹에 망라되었다. 특히 안재홍이 제기한 신민족주의나 민족자주연맹이 표방했던 '조선적 민주주의'는 중도우파가 가지고 있던 정치적 지향을 잘 대변해준다.

친일파 청산과 좌우합작, 신민족주의와 신민주주의는 해방 후 최능진의 행보와도 맥락이 닿아 있다. 실제로 민족의 생존을 위해서는 친일·부패분자를 도태시키고 건전한 민족세력이 주도권을 잡아야 한다는 게 최능진의 일관된 주장이었다.

해방정국에서 최능진과 함께 활동한 중도우파세력의 정치사상에서 하나의 세계관적 토대를 이루는 것은 민족을 다른 어떤 가치보다 우월한 가치로 상정하는 민족주의적 관점이다. 그들에게 민족은 개인이나 계급·파벌의 이해를 초월하는 최고 지상의 가치였으며 세계·인류라는 가치보다도 우월한 것이었다. 어떤 정치사상도 민족을 초월해서는 존재할 수 없다고 생각하고, 계급적 이해관계를 민족에 앞세우는 좌·우파의 사상을 배척한 최능진의 사상과 정확히 일치한다.

최능진은 총살 전 남긴 유서에서 정치사상이 민족을 초월할 수 없다는 신념을 강조하였다.

"국가의 운명은 끊어졌다가도 몇 번이고 갱생할 수 있으나 민족이 죽으면 민족도 국가도 재건할 수 없다"

　생애 마지막 순간 남긴 이 말은 그의 민족주의 사상을 압축적으로
담고 있다.

체육교수 최능진의 체육사상과 업적

박주한 | 서울여자대학교·서울시체육회 부회장

최초의 체육학자이자 실천가

일석 최능진은 그 동안 독립운동가로, 경찰간부로, 정치인으로 재조명되었다. 특히 1948년 이승만정권이 수립된 후 첫 '정치적 희생양'으로 세간의 주목을 받았다. 그러나 아쉽게도 최능진이 1917년 미국으로 유학을 떠나 스프링필드대학에서 체육학을 전공한 첫 한국인이라는 점은 잘 알려져 있지 않다. 미국에서 체육학을 전공하고 숭실전문학교에서 체육 교사로 활동한 최능진이 관서체육회를 이끌면서 경평축구 활성화에 기여한 체육분야의 업적은 한국 근대체육사에서 반드시 재조명되어야 할 가치가 있다. 그는 미국을 중심으로 한 체육, 즉 '신체의 교육에서 신체 활동을 통한 교육'으로 전환되는 시기에 새로운 학문과 문화를 체험하고 연구한 한국 최초의 체육학자이면서 실천가였다.

또한 최능진은 항일 민족주의 사상을 지닌 스포츠인임과 동시에 교육자로서 서구의 현대 스포츠문화를 직접체험을 통하여 익히고서 조국 한국(평양)에 보급한 최초의 인물이다. "신체의 교육에서 신체 활동을 통한 교육"이라는 체육의 새로운 가치 실현과 미국의 선진화된 스포츠문화를 전달하는 스포츠인 또는 체육교수로서 역할에 충실한 선각자였다.

미국 유학과 선진 스포츠문화 체험

최능진은 평양 숭실중학교를 중퇴한 후 중국을 거쳐 미국으로 건너가 미국 매사추세츠주에 있는 스프링필드대학을 1929년에 졸업하였다. 당시 유학을 한다는 것은 쉬운 일이 아니었으며 능력과 재력 모두를 갖추어야 가능하였다. 최능진은 지주 집안의 넷째 아들이기 때문에 경제적 측면에서는 가능했을 것이다. 그렇지만 그가 일본을 택하지 않고 미국을 택한 것은 새로운 선진학문을 체험하고 도입하고자 하는 의지와 조국의 독립을 준비하고자 하는 측면이 있었다고 볼 수 있다. 당시 시도하기 어려운 유학과정을 통하여 다른 학문을 전공하지 않고 체육학을 전공한 것은 스포츠에 대한 애착은 물론 적성과 소질을 지니고 있었기 때문일 것이다.

스프링필드대학 시절 최능진은 육상과 구기 종목에서 탁월한 능력을 보였다. 농구를 최초로 창안한 스프링필드대학을 수학했기 때문에 농구를 비롯한 각 종 구기 종목을 경험함으로써 다른 사람보다 탁월한 능력과 애착을 나타냈다. 특히 스프링필드대학 재학 시에는 학교 대표 축구선수 및 레슬링 선수로 활약하였다.

당시 미국은 체육의 개념이 체조 중심의 신체 교육에서 스포츠, 체조, 무용 중심의 신체 활동을 통한 교육으로 전환하는 시기였다. 이러한 상황 속에서 대학생 최능진은 놀이, 게임, 스포츠 활동 중심으로 체험하고 연구함으로써 새로운 선진 스포츠문화를 연마할 수 있었다.

특히 졸업하기 전인 1928년 3월 미국의 탄생지인 뉴잉글랜드지역을 돌아보는 견학여행을 통해 그 지역의 체육학교와 체육계를 시찰하는 현장학습도 병행하였다.

선진 스포츠문화 도입과 후진 양성

최능진은 유학을 마치고 귀국하여 평양 숭실전문학교의 체육교수가 되어 평양에서 최초로 현대 스포츠, 즉 축구, 농구, 수영, 육상 등의 보급 활동을 적극적으로 추진하면서 동시에 후진 양성을 위하여 노력하였다. 미국의 LA 등지의 교민단체에서 강연하는 등, 이미 그의 이름은 미국 동포사회는 물론 국내에까지 알려져 있었다. 당시 동아일보(1929. 10. 09.)는 「만능주장선수 최능진 씨 귀국, 12년 만에 금의환향」의 제목으로 기사를 게재하면서 "조선 체육계를 지도할 한 개의 별이 나타났다. 그는 평양 출신 최능진 씨로 미국 매사추세츠주의 스프링필드 체육대학을 마치고 얼마 전에 귀국해서 숭실전문학교 체육부 주임으로 한국 청년들의 체육을 지도하고 있다. 그는 미국에서 축구와 럭비, 농구, 테니스 등 만능선수이며 다년간 주장으로 활약을 한 우수한 체육지도자로 그의 앞날이 기대된다"고 평가하였다. 당시 조국의 발전과정에서 신학문을 공부하고 돌아온 최능진 교수에 대한 평가와 국민의 기대를 그대로 반영한 기사라고 할 수 있다.

평양 숭실전문학교 교수 시절에 최능진이 심혈을 기울인 것은 축구, 농구, 수영, 육상 등을 젊은 학생들에게 널리 보급하는 것이었다. 그의 장남 최필립에 증언에 의하면 수영은 영법교육을 평양에서 최초로 실시하였고, 대동강에서 수영대회를 개최하였으며, 농구의 보급 활동은 물론 관중보고서를 작성하여 지속적인 발전을 모색하기도 하였다고 한다.

특히 최능진은 축구의 보급을 위해서 모든 노력을 아끼지 않았다. 그는 숭실전문학교 축구단 코치로 활동하며 숭실전문축구단을 중심으로 구성된 평양선수단을 이끌었다. 1929년 10월 8일 조선일보 주최로 서울의 휘문고등학교에서 개최된 제1회 경성평양대항축구전에 참가한 평양선수단에도 최능진 코치가 관여했을 것이다.

당시 경평축구전은 "부지중에 민중적 차원으로 화합하자는데"에 취지가 있었다. 조선일보 부사장 안재홍은 개회사에서 "경기로 끝내는 것이 아니라 조선의 역량을 과시하는 기회로 승화되어야 한다"고 발언하였다. 이처럼 경평전은 일제치하에서 민족의 단합과 극일의 저항정신을 키운 본보기로 평가받는다. 중외일보(1930. 09. 27.)도 '본보 지국 주최의 전조선축구대회 만반준비진척'이라는 제목으로 10월 3일과 4일 개최된 전조선축구대회 준비과정을 보도하면서 준비임원진에 최능진 교수가 포함되어 있었던 사실을 확인했다.

중단된 경평축구전은 조선축구협회의 주선으로 경평대표자들이 모임을 갖고서 1933년 경성축구단과 평양축구단을 기념하여 봄가을에 경성과 평양을 오가면서 경기를 개최하기로 결정한 후 1935년까지 개최되었다. 이 때 최능진은 심판(1933년)으로 참가하였다. 또한 최능진은 평양축구단 조직의 고문으로 역할을 하면서 창단 조직의 중심적 인물로 활동을 하였다. 축구선수 출신으로 타계한 김용식 씨는 생전에 "내가 최능진 선생으로부터 축구를 배웠으며, 우리나라 축구의 창건자는 바로 그분"이라고 말했다고 한다.

그러므로 1929년부터 간헐적으로 열린 경·평 축구경기대회, 즉 경성과 평양 간 축구대회는 경성과 평양축구단이 창단되면서 본격적으로 이루어질 수 있었다. 경·평 축구경기대회는 일제 식민 하에서 젊은이들이 공개적으로 모일 수 있는 유일한 수단이 되었다. 이를 통하여 민족의식을 고취함과 동시에 민족화합과 단결을 통한 항일의 의지를 심을 수 있는 계기가 되었다.

그러나 이러한 활동이 지속하지는 못하였다. 1936년 베를린 올림픽대회 손기정 선수의 일장기 말소사건을 계기로 동아일보는 무기정간(1936. 8. 29.)되고, 1938년 7월 4일 조선체육회를 일본인 단체인 조선체육협회에 통합시킴으로써 조선의 체육계는 암흑기에 접어들게 된다. 더구나 최능진 자신도 흥사단 국내단체인 동우회사건으로 구속된다.

이로써 그의 사상과 활동은 비록 꽃은 피우지 못했으나 역사의 한 매듭이 되어 길이 남게 되었다. 최능진은 10여 년간 서구 선진 스포츠의 국내보급과 동시에 스포츠를 통한 민족화합과 단결을 도모함으로써 항일의 의지를 심어주기 위하여 노력한 최초의 체육학자, 체육교육자로 평가할 수 있다.

선각자 최능진의 체육사상

최능진은 미국 유학시절부터 여러 글을 신문이나 잡지에 기고하였다. 우선 그는 유학시절 「육장군의 민족관」이라는 제목의 글(『신한민보』, 1929년 4월 19일자)에서 우리 민족이 실패한 원인이 신체적 퇴화의 결과이며 이로 인하여 정신적으로도 용기가 부족하고 실천력이나 응집력도 미흡하다고 주장하면서 체육활동을 통하여 생존(건강 체력)은 물론 신체적, 정신적 성장과 발달, 그리고 일본인에 대항할만한 신체적 능력, 즉 독립군의 자격을 가진 신체를 형성할 필요성이 있다고 역설하였다. 또한 로크의 "건전한 신체에 건전한 정신이 깃든다"는 말을 인용함으로써 인간의 성장과 발달에 있어서 체육·덕육·지육의 필요성과 조화로운 발달을 강조했다. 즉 '신체 활동을 통한 교육'이라는 체육의 개념과 가치를 역설한 것이다.

평양에 돌아와 숭실전문학교에 자리를 잡고 동우회에 가입한 후 최능진은 동우회 기관지 『동광』에 집중적인 기고활동을 함으로써 자신의 체육사상을 피력하였다.

『동광』 제18호(1931. 2. 1.)의 「학교선택특집」이라는 제목의 글에서는 체육과 관련하여 신체적 건강에 대하여 기고하였다. 그는 "건강은 성공의 자본이며 신체가 건강해야 정서도 의지도 건강해질 수 있다. 만약 질병에 걸리게 되면 경제적, 학업적 손실을 초래함과 동시에 실패자가 되어 가족이나 사회에 큰 손실을 가져올 수 있다. 그러므로 반드시 건강해야 한다"고 주장했다. 그리고 루소(Jean-Jacques Rousseau, 1712~1778)의 주장과 같이 덕육과 지육의 바탕이 되는 체육의 중요성을 강조함으로써 체·덕·지를 주장하였다.

『동광』 제22호(1931. 6. 1.)의 「스포츠맨십, 운동 정신 및 도덕」이라는 논설형태의 기사에서는 "스포츠맨십은 스포츠인들이 갖추어야 할 정신 또는 도덕을 의미한다고 정의하면서, 스포츠맨십과 관련된 정신적 덕성이 부족한 당시 사회의 스포츠계에 스포츠맨십의 함양과 실천"을 주장하고 "스포츠를 통한 건전한 인격체를 만드는 교육적 가치"를 강조하였다.

최능진은 당시 스포츠계에 도덕성이 결핍한 원인은 운동경기를 교육의 한 방식으로 간주하지 않고 기록이나 승리의 수단으로 간주한 결과라고 지적하면서 감독이나 코치의 선임 시에도 인격적인 측면보다는 기술적인 측면을 높게 고려하였다고 비판적 관점에서 성찰하였다. 그러면서 그는 노동 실행의 정신, 실력, 자신, 용감 등 4가지 정신을 스포츠맨십의 중요한 요소로 강조하였다.

첫째, '노동 실행의 정신'은 운동경기에서 노동의 정신과 그 습관성을 기를 수 있다는 것이다. 즉 운동경기는 유희가 될 수도 있고 노동이 될 수도 있으나 운동경기에서 노력하는 정신과 언행 합일 정신을 체험하고 학습하면서 습관화시킬 수 있다. 그리고 이러한 행위는 실사회로 전이되어 나타날 수 있다는 것을 역설하였다.

둘째, '실력'에서는 '실력이 성공의 어머니'라는 것을 강조하고 있다. 충분한 연습으로 실력을 연마하여 반드시 승리하라는 것이다. 그러나 스포츠맨십을 준수하여 정정당당하게 승리할 것을 강조하고 있다. 그리고 스포츠는 실력이 제일이라는 것을 체험하게 만드는 기회를 제공해주는 교육의 중요한 하나의 수단임을 강조하였다.

셋째, '자신'을 말하면서 일반적으로 실력이 있으면 자신감이 생기지만 실력이 있어도 자신감이 없을 수도 있다. 예컨대 신인선수의 경우 실력은 있어도 자신이 없어서 수족이 떨리고 정신이 혼미 되어 자신의 실력을 발휘하지 못하는 경우가 있다. 그리고 자신이 있으면 용기가 생기고 용기가 생기면 못할 것 같은 것을 할 수도 있다. 그러므로 스포츠는 이 귀한 자신감을 형성할 수 있도록 기회를 제공해준다.

넷째, 스포츠맨십에서 가장 귀한 것은 용감성이다. 이 용감성은 신비의 능력을 발휘하게 하는 인류의 큰 힘이라고 역설하면서 운동경기에서 이러한 품성을 학습할 수 있다고 주장했다. 미국과 일본을 비롯한 각 나라의 교육자들은 운동경기의 가치를 높이 인정하고 나라마다 운동경기를 주민들에게 보급하고 있다고 소개했다.

이러한 4가지 주장은 스포츠가 사회적 축소판임을 강조하면서 스포츠라는 사회에서 경험으로 학습된 덕성은 스포츠를 벗어나 실사회로 전이되어 사회 적응에 큰 도움이 될 수 있음을 설명하고 있다. 즉, 스포츠맨십은 신사도(Gentlemanship)와 상호 관련된다는 것이다. 그러므로 스포츠는 교육의 한 수단으로 스포츠를 통한 교육, 즉 전인교육임을 강조하고 있다.

『동광』 제23호(1931. 7. 5.)에 기고한 「정직, 운동 정신의 요체(要

諦)」라는 논설형태의 기사에서는 "경기장에서 상대 선수나 심판에게 정직하지 못한 행동을 하다가는 벌을 받게 되면 망신도 당하고 학교의 명예도 실추시키게 된다"며 체육경기에서의 정직을 강조하였다.

그는 지도자가 운동팀의 우승보다도 선수 개개인의 인격 향상을 위하여 정직하지 못한 자를 반드시 벌해야 한다고 주장하면서 하나의 예를 들고 있다. 한 대학의 야구 선수가 정직하지 못한 방법으로 승리한 후 이를 고백함으로써 팀에서 퇴출당하게 되었지만 먼 훗날 이를 교훈 삼아 평생 정직하게 살았으며 또한 부자가 되었다는 일화이다.

최능진은 당시 다소 부패하고 정직하지 못한 우리의 사회적 환경에서 운동경기를 학생들에게만 맡기지 말고 반드시 인격적이면서 능력 있는 지도자를 택하여 운동장 교육의 목적을 달성하기를 염원한 것이다. 이는 스포츠경기에서는 경기력보다도 도덕성의 중요성을 강조함으로써 스포츠맨십의 함양에 초점을 둔 것으로 훌륭한 선수 이전에 훌륭한 인간이 먼저 되어야 한다는 것을 강조한 것이다. 즉 스포츠에서 선수와 팀이 윤리적 탁월함을 추구할 때 스포츠문화는 그 본질을 고수하고 더욱 빛날 수 있다는 점을 설파한 것이다.

『동광』 제24호(1931. 8. 4.)에 기고한 「수영, 물에 안 빠지는 법과 빠진 때에 살아나는 법」이라는 글은 아주 흥미롭다. 이 글에서 최능진은 수영이 건강을 위한 운동인 동시에 여가를 선용케 하는 유희가 되기도 하고 자신과 타인의 생명을 구하는 구호법도 된다고 강조하였다. 그리고 "개인적으로 약한 자나 민족적으로 약한 민중은 수영장으로 나아가기를 권한다"며 스포츠를 '민족의 장래'와 연결시켰다.

그는 수영이 건강에도 좋으나 여가를 선용하게 만드는 좋은 수단이라고 강조하면서 사랑방에 모여 좌담이나 장기 등의 정적인 행동보다도 단체로 수영을 하거나 백사장에서 노는 것이 더 효율적이라고 하면서, 특히 시간에 여유가 있는 사람들은 민족의 장래를 위하여 중국 요리점이나 기생집으로 가지 말고 수영장으로 나아가기를 권하였다.

즉 여가를 선용하여 향락문화에 빠지지 않기를 바라는 마음으로 스포츠로 향락문화를 추방하고 건전한 시민 육성을 위한 전인교육 차원에서 접근하였다.

이외에도 최능진은 선진 체육이론의 도입에도 깊은 관심을 보였다. 『동광』 제30호(1932. 1. 25.)에 기고한 글에서 그는 소콜(sokol)에 대한 단상으로 덴마크의 닐스 북 체조가 조선에 보급하는 것이 적합한지 여부에 대하여 자신의 견해를 논설형태로 기술하였다.

그는 닐스 북의 리드믹 체조가 일종의 자연적 체조로 아주 효율적인 운동이지만 자세를 좋게 만들기 위해서는 기본적인 체조(병식체조)에 더 관심을 가지면서 신체적 놀이, 게임, 스포츠 활동에 참여하는 것이 바람직하다고 비평하였다. 그리고 유익하고 재미있는 아침운동 8원칙을 제시하면서 '건강한 사람에게는 희망이 있고 희망이 있는 사람은 무엇이든지 다 할 수 있다(He who has health has hope, and he who has hope has everything)'고 건강 운동을 강조하였다.

이 글에서 최능진은 기본적으로 건강한 자세를 만들어주는 체조교육에 있어서 리듬을 이용한 응용 체조도 효율적이지만 기본적인 체조, 즉 당시의 일본식 병식체조의 중요성을 강조하면서 새로운 체육교육, 즉 체조, 무용, 스포츠를 기반으로 한 전인교육의 활성화를 주장한 것으로 보인다.

이와 같이 최능진은 미국 유학시절 배운 이론과 현장학습을 기반으로 조선 체육계와 민중이 처한 현실을 냉정하게 성찰하면서 개인차원에서 민족차원으로 체육의 역할을 끌어올렸다. 무엇보다도 민족을 우선시한 그의 사상이 체육이론을 통해서도 잘 나타나고 있는 것이다. 아쉽게도 일제 말기에 그는 숭실전문을 떠나 실업계에 진출하였고, 해방 후에는 경찰관, 정치인으로 변신해 해방된 조국에서 체육분야에서 뚜렷한 업적을 남기지는 못하였다.

그러나 최능진은 항일 민족주의 사상을 지닌 체육학자, 체육교육자로서 서구의 현대 스포츠를 한국(평양)에 보급한 최초의 한국인이며, 평양축구단을 창설하여 경·평 축구경기대회를 발전시키는 등 일제 식민사회에서 스포츠를 이용한 민족의식 고취와 항일의 의지를 심어주기 위해 노력한 체육인이었다.

최능진은 체육인으로서 건강을 중시하는 체조 중심의 체육에서 전인교육을 중시하는 스포츠, 체조, 무용 중심의 체육으로 전환되는 시기에 새로운 체육문화를 미국에서 학습한 후, 그것을 국내실정을 고려하여 보급한 스포츠 실천가이면서 체육학자였다. 더 나아가 체육을 통해 민족의 사기 앙양과 민족통합, 그리고 항일의지(민족의식 고취)를 도모하기 위하여 노력하였다. 일제 강점하에서 스포츠를 통하여 민족의식을 고취하고, 민족화합과 단결을 도모하고 나아가서는 항일의지를 다지는 수단으로도 적극적으로 활용하고자 했던 것이다. 그리고 그는 체육, 덕육, 지육 중에서 체육의 중요성을 강조함으로써 루소와 같은 체·덕·지의 사상을 실천하였다.

그는 해방공간에서 친일청산과 진정한 민주주의를 실현하기 위하여 노력하다가 권력에 의하여 용공 조작, 공작정치의 최초의 희생자가 되어 군사 법정에서 총살형을 당하게 되는 체육학을 전공한 비운의 민족주의자로 되었다. 그는 권력이나 집단의 이익 또는 당리당략이나 이념이 아닌 바로 민족적 관점에서 바라보고 삶을 살아온 소신과 신념을 지닌 실천가였다. 여기에 더해 최초로 선진 체육이론을 도입한 체육사상가 최능진, 외세의 지배하에서 체육을 민족운동과 결합시키고 한 독립운동가 최능진의 면모를 재조명하는 것이 향후 체육학계의 과제로 남아 있다.

험난했던 최능진의 '국방경비법 위반'사건 재심과 무죄판결

이명춘 변호사 | 법무법인 정도

1. '최능진의 국방경비법 위반 사건'에 대한 진실 화해위원회의 조사과정과 결과

진실화해를위한과거사정리위원회(이하 진실화해위원회)는 진실화해를위한과거사정리기본법(이하 기본법)에 의해 설치되었다. 기본법은 일제강점기 또는 그 직전에 행한 항일독립운동을 비롯해 1945년 8월 15일부터 권위주의 통치시기까지 헌정질서 파괴행위 등 위법 또는 현저히 부당한 공권력의 행사로 인하여 발생한 사망, 상해, 실종사건, 그밖에 중대한 인권침해사건과 조작의혹사건을 신청 또는 직권으로 조사, 결정하도록 규정하고 있다.

최능진의 3남 최만립은 항일독립운동에 대해서는 신청하지 않고, 1951년 군법회의에서 국방경비법 제32조 위반으로 사형을 당한 사건을 조사 신청하였다. 그런데 기본법은 진실규명 범위에 해당하는 사건이라도 법원의 확정판결을 받은 사건은 제외한다. 다만 진실화해위원회의 의결로 민사소송법 및 형사소송법에 의한 재심사유에 해당하여 진실규명이 필요하다고 인정하는 경우를 예외로 한다고 규정하였다.

최능진에 대한 국방경비법위반사건은 형식적으로 군법회의에서 국방경비법위반죄로 기소되어 유죄로 확정되고 사형을 집행한 것이 되었기 때문에 형사소송법 상 재심사유를 확인해야만 진실화해위원회의 의결로 조사개시결정을 할 수 있었다.

진실화해위원회는 우선 조사개시결정을 위한 예비조사를 위해 형사소송법상 재심사유를 확인할 필요가 있었다. 그러나 1950년 사건이며 신청인 등 관련자들이 재심사유가 무엇인지도 알지 못하여 재심사유를 확인할 만한 증거를 제출할 수 없었다. 형사소송법은 재심사유로 "원판결의 증거된 서류 또는 증거물이 확정판결에 의하여 위조 또는 변조인 것이 증명된 때", "유죄의 선고를 받은 자에 대하여 무죄 또는 면소를, 형의선고를 받은 자에 대하여 형의 면제 또는 원판결이 인정한 죄보다 경한 죄를 인정할 명백한 증거가 새로 발견된 때", "원판결, 전심판결 또는 그 판결의 기초된 조사에 관여한 법관, 공소의 제기 또는 그 공소의 기초된 수사에 관여한 법관, 검사 또는 사법경찰과에 대하여 공소의 제기가 있는 경우에는 원판결의 법원이 그 사유를 알지 못한 때에 한 한다"라고 규정하고 있다.

또 "확정판결로써 범죄가 증명됨을 재심청구의 이유로 할 경우에 그 확정판결을 얻을 수 없는 때에는 그 사실을 증명하여 재심의 청구를 할 수 있다. 단, 증거가 없다는 이유로 확정판결을 얻을 수 없는 때에는 예외로 한다."라고 규정하고 있다. 그러나 조사개시 결정 이전에 재심사유 사실을 확인할 수 없었다.

대한민국 헌법의 사법권은 법관으로 구성된 법원에 속한다. 법원은 "최고법원인 대법원과 각급법원으로 조직된다. 법관의 자격은 법률로 정한다"라고 규정하고 있다. 따라서 군법회의 판사는 법률로 정한 법관의 자격을 가졌는지, 군법회의가 헌법에서 정한 법원인지를 찾아보아야 했다. 1948년 제헌헌법에는 군법회의 구성조항이 없었으며, 1954년 이른바 '사사오입 개헌' 즉 2차 개헌 때에 비로소 군법회의 조항이 헌법에 규정되었다. 그렇다면 최능진 사건을 재판할 당시의 군법회의는 헌법에 근거가 없는 조직이었다.

따라서 군법회의는 법률이 정한 법관이 재판을 한 것이 아니라 일반 행정부가 사법권을 행사한 것이 되어 버렸다. 그렇다면 군법회의 판결은 법원의 판결이 아니고, 군법회의 재판관은 법관의 자격이 없는 자로 구성되었던 것이다. 결국 최능진에 대하여 사형판결을 한 판결은 법원이 내린 판결이라고 할 수 없었다. 그렇다면 삼권분립의 원칙을 위반하였고, 위헌적인 판결이었던 것이다. 진실화해위원회는 재심사유를 확인할 필요 없이 사건을 조사개시하기로 결정하였다.

최능진에 대하여 재심청구 및 재심개시 기각결정이 1973년, 2009년 두 번 있었다. 1973년 재심개시청구는 당시 사형시켰던 군법회의의 내용을 충실히 적어 청구를 하였다. 그러나 재심개시청구는 기각되었다. 그러나 재심청구서의 내용은 최능진의 범죄사실이 어떻게 조작되었는지를 알 수 있을 정도로 자세하였다.

진실화해위원회는 위 재심청구서, 각종 연구물, 잡지, 방송결과를 토대로 2009년 8월 18일 진실규명 결정을 내렸다. 결정요지는 총 8개였다. 1950년 7월경 서울이 수복되지 않는 상태에서 활동내용에 대한 사실관계를 왜곡하여 국방경비법 제32조(이적죄)를 적용 군법회의에서 사형을 선고(1951. 1. 20.)하고 총살(1951. 2. 10.)을 집행하였다.

최능진에 대한 판결은 당시 헌법상 근거가 없는 군법회의에서의 재판이므로 법원의 확정판결로 볼 수 없다. 또한 최능진에게 사형판결을 한 군법회의 판시 내용에 대해서도 동족상전을 피하고 평화적으로 전쟁을 종식시키려 노력하였던 최능진의 행위를 지나치게 편향적으로 해석하여 객관적인 사실관계가 왜곡되었다고 보기에 충분하다. 결국 최능진은 이승만에 맞선 것이 계기가 되어 근거도 없고, 법관의 자격도 없으며, 재판관할권도 없는 재판부에 의해 사실관계가 오인된 판결로 사형이 선고되고 총살당함으로써 중대한 인권인 생명권을 침해받은 것이다.

이에 따라 진실화해위원회는 국가는 재판권 없는 군법회의에서 최능진에게 선고한 사형이 위법한 공권력에 의한 것이라는 점에 대하여 유가족에게 사과할 필요가 있으며, 재심청구가 있는 경우 사법부는 위법한 판결형식을 바로잡기 위하여 재심수용에 따른 판결 등 적절한 조치를 취하는 것이 필요하고, 국회는 1954년 개정헌법에 의하여 합법화되기 전의 군법회의에 의하여 내려진 판결에 대하여 피해자들이 구제될 수 있도록 특별법 제정을 검토할 필요가 있다고 권고하였다.

2. 재심 개시와 무죄 판결

최능진의 첫째 아들 최필립과 셋째 아들 최만립은 육군본부 보통군사법원에 재심청구를 하였다. 그런데 군사법원은 "재심대상판결에 대한 고등군법회의에서의 심리 및 판결 당시 재판관할권을 보유하고 있었음이 명백하고 또한 재심청구인이 내세우는 과거사위원회의 결정은 1973년 1월 9일 최능진 3남 최만립이 육군 법무감실 보통심판부에 제출한 재심청구서 및 1951년 1월 28일 육군법무감 양정수가 작성한 '판결심의회' 심사자료의 기재내용과 당시 최능진의 공판정에서의 진술 등을 기초로 판단한 것으로서 '명백한 증거가 새로 발견된 때'에 해당된다고 보이지 않으므로 재심대상 판결에 따라 군사법원법 제469조 제5호의 재심사유가 있다고 할 수 없다'고 하며 재심청구를 기각하였다.

이에 따라 3차 재심청구는 진실화해위원회의 결정내용만으로는 재심을 진행할 수 없었다. 재심사건은 사실관계가 확정된 법원에 전속 재판권이 있다. 최능진을 국방경비법위반죄로 사형판결을 한 최종재판부는 고등군법회의였다. 따라서 최능진에 대한 재심관할이 군법회의인지, 일반민간법원인지가 문제되었고, 일반민간법원이라면 고등군법회의에 상응하는 고등법원인지, 첫 재판을 한 것이 고등군법회의이더라도 피고인이 3심을 모두 보장하는 의미에서 지방법원인지가 문제되었다.

최만립은 2011년 판례에 따라 서울중앙지방법원에 불법구금, 고문 가혹행위를 재심사유로 하여 청구하였다. 그런데 수년이 지나자 조급한 최만립은 서울중앙지방법원에 전화를 하여 재심개시결정을 확인했더니 서울중앙지방법원 담당재판부는 오래된 사건이므로 부담스럽다고 하면서 고등군법회의로 이송하였다. 고등군법회의는 사건을 다시 육군본부 보통군사법원으로 이송하였다.

최만립은 보충적으로 서울고등법원(고등군법회의에 상응하는 법원)에 재차 재심청구를 하였다. 그리고 사건을 서울 중앙지방법원으로 이송하라는 신청서를 제출하였으나 보통군사법원은 대법원의 결정을 통하여 군사법원이 이 사건에 대하여 재판권이 없다는 결정을 받아 서울중앙지방법원으로 이송하였다. 이 과정이 3년이나 걸렸다. 이에 따라 서울고등법원에 낸 재심청구가 결국 서울중앙지방법원으로 이송되어 나중에 신청한 청구를 취하하고, 재이송된 재심청구만 남게 되었다. 결국 서울중앙지방법원이 재심 개시결정을 하였고, 이 사건에 대해 무죄판결을 내렸다.

법원은 무죄판결을 하면서 자체의 반성을 판결문에 남겼다.

"우리 사법체계가 미처 정착 성숙되지 못했던 혼란기 6·25라는 시대적 상황 속에서 군사법원에 의한 그릇된 공권력의 행사로 말미암아 허망하게 생명을 빼앗긴 고인에 대하여 재판부로서 참으로 안타까운 마음을 가지지 않을 수 없다. 오랜 세월이 흘렀지만 뒤늦게나마 고인의 무죄를 공적으로 선언하는 이 재심판결이 이미 유명을 달리한 고인의 인격적 불명예를 복원하고 불행한 과거사를 바로잡는데 도움이 되기를 희망한다. 아울러 평생 마음의 상처로 고통받으며 인고의 세월을 살아왔을 재심청구인을 비롯한 유가족에게도 명예를 회복하고 자긍심을 되찾는 위안이 되기를 바란다."

검사의 항소(서울고등법원 2015노2549) 상고가 있었으나 2016년 6월 28일 모두 기각되어 무죄가 확정되었다.

국방경비법의 법률로서 요건인 공포의 과정에 대한 논란, 관습형법의 논란, 사형제도의 논란, 군법회의의 논란, 계엄령과 영장제도문제 등 수많은 헌법적, 형법, 형사소송법적인 문제를 남긴 최능진에 대한 재심사건은 어느 정도 일단락되었다. 여전히 논란이 많지만 법률적인 문제를 뒤로하고 보면 최능진을 사형에 이르게 한 국방경비법위반 사건은 국방경비법의 불법성을 실증한 역사적인 사건이 되었다.

|일석 최능진 선생 연보 |

1899년   • 7월 29일 평안남도 강서군 성태면 연곡리 743번지에서
          최경흠과 이경수의 7남매 중 6째로 출생.

1907년   • 반석소학교 입학

1914년   • 반석소학교 졸업
          • 숭실중학교 2학년 편입

1915년   • 숭실중학교 3학년 중퇴
          • 12월 중국 남경(南京) 금릉대학(金陵大學) 중학부 어학과에 입학

1916년   • 1월 형 최능익, 조카 최봉민이 미국으로 유학을 떠남

1917년   • 2월 1일 귀국
          • 8월 유학을 위해 미국 샌프란시스코 도착.
          • 11월 캘리포니아주 새크라멘토시 링컨소학교에 입학

1918년   • 6월 링컨소학교 4학년과정 마침
          • 11월 캘리포니아주 버클리소학교 7년생으로 편입.
          • 버클리한인학생양성소에서 생활
          • 학비를 벌기 위해 방학 중 농장에서 일함.
          • 12월 최능익이 흥사단 5차대회에 참가
          • 12월 27일 흥사단 입단 승인 (단우번호 89번)

1919년	• 3·1운동 발발
	• 샌프란시스코청년회와 대한인국민회 샌프란시스코 지방회에서 활동.
	• 3월경 고향에 있는 둘째 누님에게 편지를 보냄.
	• 4월경 링컨소학교 중퇴
	• 4월경 고향의 둘째 누님이 수차례 편지를 보냈으나 받지 못함.
	• 5월 청년혈성단 참가
	• 8월 고향의 둘째 누님으로부터 3·1운동 시위로 탄압 받은 가족 상황을 상세한 적은 편지를 받음.
1920년	• 2월 최능익이 윌로스비행학교 참가
	• 3월 1일 '새크라멘토구역 독립선언 제2년 경축예식'에 참석해 소년대 대표로 합창
	• 4월 최능익이 있는 캘리포니아주 윌로스 시로 이주.
	• 농장에서 노동
	• 12월 아이오와주 듀뷰크(Dubuque)시 듀뷰크대학 중학부(high school) 입학
1923년	• 6월 듀뷰크대학 중학부 졸업
	• 9월 듀뷰크대학 대학부 예비과 입학
1926년	• 6월 듀뷰크대학 대학부 예비과 마침
	• 9월 매사추세츠주 스프링필드 국제청년회대학(International YMCA College) 입학
1928년	• 1월 26일 '흥사단 제14회 뉴욕대회'에 참석해 '운동의 도덕적 영향'을 주제로 강연
	• 4월 뉴잉글랜드지역 견학여행
	• 4월 신한민보에서 「육장군의 민족관」이란 제목으로 기고
1929년	• 6월 국제청년회대학(International YMCA College) 졸업
	• 6월 15일 시카고에서 열린 '재미 유학생총회 중서부지방 연회

(年會)'에 참석
- 7월 31일 형 최능익의 환송을 받으며 귀국길에 오름
- 8월 숭실전문학교 체육교사로 부임

1930년
- 1월 28일 이화여전 출신 이풍옥과 결혼
- 관서체육회 추천인사로 활동
- 동우회 가입
- 8월 17일 '동우회 제1회 하기 수양회' 참석. 소년운동 위원으로 선출됨
- 장남 최필립 태어남

1931년
- 『동광』 6월호에 「스포츠맨 쉽, 운동정신 급 도덕」 기고
- 『동광』 7월호에 「정직, 운동정신의 요체」 기고

1932년
- 4월 숭실전문학교의 축구 코치로 활동(1933년 3월까지)
- 6월 숭실전문학교 교사직 사임.
- 9월 화학공업사 창립

1933년
- 1월 15일 평양축구단 고문으로 위촉됨.
- 10월 '밀(密)수출사건'으로 검거됨
- 12월 28일 남포체육회 주최 추기 체육강연회에 참석해 '체육운동과 우리 대중의 보건문제'란 내용으로 강연.

1934년
- 1월 보석 출옥
- 3월 화학공업사 폐업
- 10월 "밀수출사건으로 평양형무소에서 6개월 복역함
- 3남 최만립 태어남.

1935년
- 4월 평양형무소에서 만기 출옥
- 금광 및 토지매매 사업
- 동우회 주도로 만든 동우저금조합 참가
- 10월 만주국 하얼빈으로 가서 정미소 운영

1936년   • 2월 중국 대련 및 천진에 회사 설립해 인공견사(人造絹) 및
          설탕무역
         • 6월 평양으로 귀국
         • 7월 평양에 삼성상사주식회사(三盛商事株式會社) 설립 운영
         • 9월 안창호가 참석한 가운데 김동원의 집에서 열린 동우회 비
          밀회의 참석

1937년   • 3월 삼성상사주식회사(三盛商事株式會社) 매각.
         • 3월 금강(金剛) 자동차상회 운영
         • 6월 16일 동우회사건으로 체포돼 평양경찰서에 투옥됨
         • 7월 중일전쟁 발발
         • 7월 서울 종로경찰서로 압송됨
         • 11월 치안유지법 위반으로 서대문형무소에 투옥됨

1938년   • 7월 29일 보석으로 석방
         • 10월 18일 ㈜평양자동차공업 이사 취임

1939년   • 장녀 최화선 태어남
         • 12월 경성지방법원에서 무죄 선고받음.

1940년   • 8월 경성복심법원에서 징역 2년을 선고받음

1941년   • 상하이에 아세아상공회사 설립하고 사장 취임.
         • 뻰씨후(本溪湖)와 텐쓰부(田師付)에 수수정제공장 건설
         • 11월 경성고등법원 상고심에서 무죄 판결

1945년   • 8월경 평양으로 귀국
         • 8월 15일 4남 최자립 태어남
         • 8월 17일 오윤선 집에서 열린 주요 인사 대책회의에 참석
         • 8월 17일 결성된 평안남도 건국준비위원회의 치안부장에 선
          출됨.
         • 8월 26일 소련군 평양 입성

- 9월 3일 조선공산당 평남지구위원회 책임자이자 평남 인민정치위원회 부위원장 현준혁 암살됨.
- 9월 9일 미군 서울 진주
- 9월 15일 평양을 떠나 해주 도착
- 9월 17일 서울 도착
- 9월 경찰관강습소 한국인 소장에 취임.
- 10월 경무국 수사과장으로 자리 옮김
- 11월 하순 서울에 온 오윤선 장로를 만남
- 12월 '조만식 월남 작전' 추진했으나 실패

1946년
- 3월 경무부 수사국장으로 승진
- 8월 7일 '8·15평화 및 해방준비위원회' 경호부 위원으로 선출.
- 10월 '대구 10월사건' 조사책임자로 가혹한 공출, 친일파, 남조선노동당 등이 대구사건의 원인이었다고 발표.
- 12월 2일 조병옥 경무부장, 장택상 수도경찰청장과의 갈등으로 사직을 요청받음.
- 12월 5일 경무부 수사국장에서 파면됨. 「대(對)조병옥 성명서」 발표.
- 12월 13일 장택상 수도경찰청장의 성명서 반박하는 성명서 발표

1947년
- 7월 12일 서재필박사 환영대회 개최
- 10월 22일 숭실학원재건기성회 부회장에 임명됨.

1948년
- 4월 15일 김구(金九), 김규식(金奎植)에게 '민족적 정기로서 이승만 박사를 낙선시킴으로써 후일에 연출될 민족적 참극을 미연방지코저 이 박사 출마구에서 출마하였다'는 요지의 서신을 전달했다고 발표
- 4월 20일 서울시 동대문 갑구에 국회의원 입후보 등록
- 5월 8일 총선거 이틀을 앞두고 후보등록 취소됨.
- 6월 서재필 대통령 추대위원회 부위원장
- 6월 11일 백인제(白麟濟)·노진설(盧鎭卨)·이용설(李容卨)·김붕준(金朋濬)·정인과(鄭仁果) 등 흥사단계 인사들과 '독립협회확대

준비회의' 모임을 갖고, 서재필 박사 추대
- 6월 18일 '독립협회확대준비회의' 제2차회의를 화신백화점 3층
에서 열고, 독립협회확대준비발기인 명의로 서재필 박사에게
보내는 원문(願文)을 2·3일내로 서 박사에게 보내기로 결정.
- 7월 10일 서재필 박사가 미군정 최고고문직 사임하면서 추대운동
좌절
- 7월 조봉암, 박건웅 등 중간파 인사와 만나 이승만 정부에 맞
설 강력한 야당 결성 추진.
- 10월 1일 수도경찰청에 체포돼 종로경찰서에 구금됨
- 10월 19일 독립운동가 서세충(徐世忠), 광복군 출신인 여수 6연
대장 오동기(吳東起) 소령 등과 공모, '국방경비대로 하여금 혁
명의용군을 조직하고 기회가 도래하면 대한민국 정부를 전복
시킴으로써 정권을 차지하려는 일종의 쿠데타를 음모'했다는
내란음모죄로 서울구치소에 수감.

1949년
- 1월 21일 '혁명의용군사건' 고등법원 1심 1회 공판에서 혐의사
실 부인
- 2월 8일 '혁명의용군사건' 1심 2회 공판에서 남북협상지지 발언
- 5월 31일 '혁명의용군사건' 1심에서 징역 3년을 선고받음.
- 11월 2일 '혁명의용군사건' 2심에서 징역 5년형을 선고 받음.

1950년
- 6·25전쟁 발발로 서대문형무소에서 출감
- 7월 8월 서울 중구 다동 성남호텔에서 민족주의 진영의 애국
인사 구명활동과 정전평화운동 전개
- 11월 군·경·검찰 합동수사본부에 연행돼 구속됨.

1951년
- 1월 23일 육군본부 중앙고등군법회의에서 국방경비법 제32조
이적죄로 사형선고 받음.
- 2월 11일 2통의 유서를 남기고 경북 달성군 가창면 파동에서
총살됨

1953년
- 차남 최봉립이 한동섭 소령으로부터 최능진의 매장지 확인.
- 총살 현장에 시신을 수습해 매장하고 비석을 세움.

1960년	• 8월 15일 총살된 지 9년 만에 정식 장례식 엄수
	• 9월 17일 경기도 양주군 광적면 가납리로 묘소 이장
	• 9월 19일 서울 명동 대성빌딩에서 강신명, 한경직 등 각계 인사가 참석한 가운데 추도식 거행
1993년	• 유족들이 국가보훈처에 독립운동가 서훈 신청
1994년	• '국방경비법 제32조(이적죄) 위반으로 사형을 받은 경력이 있어 현행(당시) 상훈법의 규정상 서훈은 불가하다'는 답변 받음.
2009년	• 진실화해를 위한 과거사정리위원회에서 국가의 사과와 법원의 재심 수용 권고 결정
2015년	• 8월 27일 서울중앙지법 형사합의28부는 최능진의 1950년 국방경비법상 이적 혐의에 대해 "이 사건 공소사실은 범죄의 증명이 없는 경우에 해당한다"며 무죄 선고.
2016년	• 6월 28일 국방경비법 위반죄 재심에 대해 대법원 확정 판결

| 참고문헌 |

자필원고 1. 추념사

자필원고 2. 유언 1.

자필원고 3. 유언 2.

자필원고 4. 6쪽 자리 연설문?

2009년 고등군사법원 결정문

서재필 대통령 추대 요청서

국가기록원 소장 「판결문」

「동아일보」·「독립신문」(상하이판)·「신한민보」·「매일신보」

국사편찬위원회, 『대한민국임시정부자료집』 1-32, 2005~2009

국사편찬위원회, 『대한민국임시정부자료집』 별책2(조선민족운동연감), 2009

도산안창호선생전집편찬위원회, 『도산안창호전집』 1-6, 도산안창호선생기념사
　　　업회, 2000

일본외무성사료관 소장, 「朝鮮人部 在上海地方(3)」, 『不逞團關係雜件』(국사편찬위
　　　원회)

국가보훈처 공훈전자사료관, 「독립유공자 공적조서」

「국방경비법」 (군정법률, 제정 1948. 7. 5., 시행 1948. 8. 4., 타법폐지 1962. 1. 20)

부역행위특별처리법 (법률 제157호, 제정 1950. 12. 1. 시행 1950. 12. 1. 폐지 1952.
　　　4. 3.).

비상사태하의범죄처벌에관한특별조치령 (대통령긴급명령 제1호, 제정 1950.
　　　6. 25., 시행 1950.6.25. 타법폐지 1960. 10. 13.).

제주4·3사건진상규명및희생자명예회복위원회, 『제주4·3사건진상조사보고서』, 2003

『미군정 정보보고서』, 국토통일원, 1989

『G-Periodic Report HQ USAFIK』, 일월서각, 1977

『미군정청 관보(Official Gazette)』, 원주문화사 영인본, 1991. 『미군 CIC 정보
　　　보고서』, 중앙일보 현대사연구소, 1996.

『서울지방검찰사』, 서울지방검찰청, 1985.

『유엔한국임시위원단관계문서』, 국사편찬위원회, 1989.

『UN의 한국문제처리에 관한 미국무부문서』, 국사편찬위원회, 1998.

『2009년 하반기 보고서』 8권, 진실화해를위한과거사정리위원회, 2009.

정태수 편저, 『미군정기 한국교육사자료집(下)』, 홍지원, 1992. 『주한미군사
         (HUSAFIK)』, 돌베개 영인본, 1988.

『해방이후 수도경찰발달사』, 수도관구경찰청, 1947.

『해방직후정치사회사자료집』, 다락방, 1994.

『한국경찰사』, 경찰청 역사편찬위원회, 2006.

육군본부, 『법무약사』, 육군본부, 1975.

대한민국 국방부, 『국방부사 제1집』, 국방부, 1954.

국방부전사편찬위원회, 「한국전쟁사 제1권-해방과 건군』, 국방부, 1967.

문희옥외(1968), 한국전쟁사 〈제1권 해방과 건군〉, 서울 : 대한민국국방부 전
         사편찬위원화.

내무부 치안국, 『미군정법령집』, 내무부 치안국, 1956.

신오철, 『군법회의법 해설』, 국방부, 1964.

짐 하우스만/정일화 공저, 『한국 대통령을 움직 인 미군대위 하우스만 증언』,
         한국문원, 1995.

진실·화해를위한과거사정리위원회, 『2009년 하반기 조사보고서』, 진실·화해
         를위한과거사정리위원회, 2010.

문봉제, 「서북청년회」 39회, 『중앙일보』 1972. 2. 8.

김태선, 「국립경찰 창설」 30회, 『중앙일보』 1974. 11. 13.

김국태 옮김, 『해방 3년과 미국』 1, 돌베개, 1984.

리차드 D. 로빈슨, 『미국의 배반: 미군정과 남조선』, 과학과 사상, 1988

서울신학대학교 한국기독교역사연구소 편, 『해방공간과 기독교』 I, 도서출판
         선인, 2017.

김규만, 極東올림픽 大會-로 東京에 단녀와서, 『삼천리』 제7호, 1930.

최능진, 스포츠맨 쉽, 運動精神 及 道德, 『동광』 제22호, 1931.

『동아일보』, 이길용, 조선체육계의 과거 10년 회고(一), 1929. 1. 1.

『동아일보』, 예선대회의 절차, 1921. 3. 11

『동아일보』, 十里경주의 영관은 김순학 군의 두상에, 1921. 4. 18.

『동아일보』, 운동계의 회고와 희망, 1923. 1. 1

『동아일보』, 육상경기대회: 세계적 활약의 첫거름, 1924. 6. 25.

『동아일보』, 세계적으로 웅비하려면 육상경기대회에 참가하라, 1924. 6. 3

『동아일보』, 極東에 出張할 早大蹴球, 1927. 8. 15.

『동아일보』, 新秋의 四大運動, 1927. 9. 9.

『동아일보』, 早大蹴球團 來征日字遲延, 1927. 9. 11.

『동아일보』, 極東의 日本代表 早大蹴球招聘戰, 1927. 9. 16.

『동아일보』, 極東올림픽 覇者 早大軍招聘蹴球戰, 1927. 9. 17.

『동아일보』, 朝鮮의 蹴球史上 未曾有의 大競技, 1927. 9. 18.

『동아일보』, 龍襄虎博秋空에 大戰, 1927. 9. 19.

『동아일보』, 丁卯一年間의 朝鮮體育界 回顧, 1928. 1. 1.

『동아일보』, 東京大阪에 遠征 朝鮮武風을 發揮, 1934. 1. 1.

『동아일보』, 日本極東選手 四月下旬에 出發, 1934. 2. 13.

『동아일보』, 극동올림픽 권투예선, 1934. 2. 18.

『동아일보』, 제10회 극동올림픽의 권투예선의 규정, 1934. 2. 28.

『동아일보』, 극동올림픽을 목표로 임박한 권투예선, 1934. 3. 7.

『동아일보』, 올림픽권투예선 남은 이틀에 흥미 漸高 신청도 금일로 막음,
　　　　1934. 3. 9.

『동아일보』, 극동의 覇를 목표로 조선권투5명 출발, 1934. 3. 31.

『동아일보』, 극동올림픽에 몇 명이 갈까?(上), 1934. 3. 31.

『동아일보』, 극동올림픽에 몇 명이 갈까?(中), 1934. 3. 31.

상상된 아시아의 화합축제, 극동올림픽 / 33

『동아일보』, 극동올림픽 권투 朝鮮四選手 優勝, 1934. 4. 10.

『동아일보』, 조선의 金, 朴 양선수 극동올림픽 권투에, 1934. 4. 11.

김득중, "민간인학살 진상규명의 법- 역사적 접근 '국방경비법'을 중심으로",
　　　　『아세아연구』제53권 4호(2010).

최경옥, "미군정법령에 관한 연구 - 조선국방경비법과 조선해안경비 법의 자
　　　　료 발굴에 즈음하여 -『법사학연구』제29호(2002).

문준영, "미군정 법령 체제와 국방경비법", 『민주법학』제34호(2007).

고석, "한국 군사재판 제도의 성립과 개편과정에 관한 연구'', 서울대학교 대
　　　　학원(2006).

오마이뉴스, 「이승만 정적1호 최능진을 말한다.」, 2002. 3. 18.

김은효, 「군사법원의 설치현황 및 운영실태」, 법률신문 제2509호, 법률신문사,

1996.

MBC, 이제는 말할 수 있다, 「여수 14연대 반란」, 1999. 10. 17. 방송.

KBS1, 인물현대사, 「민족이 최선이다, 최능진」, 2003. 11. 21. 방송.

강정구, 「해방 후 월남동기와 계급성에 관한 연구」『한국 전쟁과 한국사회변동』, 풀빛, 1992.

강준만, 『한국현대사산책: 1940년대편 1권』, 인물과 사상사, 2013.

국사편찬위원회, 『한국독립운동사』 3-4, 1983.

그레고리 핸더슨 지음/박행웅·이종삼 옮김, 『소용돌이의 한국정치』, 한울아카데미, 2000.

김계유, 「1948년 여순봉기」『역사비평』, 1991.

김광운, 『북한 정치사 연구 I 』, 선인, 2003.

김광희, 『여명-조선체육회, 그 세월과의 싸움』, 올림픽기념국민체육진흥공단, 2001.

김교식(1979), 『광복 20년사(제2부 민족의 시련)』, 대학당.

김기협, 『해방일기 10: 해방을 끝장낸 분단 건국』, 너머북스, 2015.

김두식, 『법률가들-선출되지 않은 권력의 탄생』, 창비, 2018.

김득중, "민간인학살 진상규명의 법—역사적 접근: '국방경비법'을 중심으로", 아세아연구 제53권 제4호 (2010).

김득중, 「한국전쟁 전후 정치범 관련 법제의 성립과 운용」, 『사림』 제33호, 2009.

김민환, 『미군정기 신문의 사회사상』, 나남, 2001.

김용덕 외(20(B), 『서재필과 그 시대』, 서재필기념회.

김운하, 『대한여자애국단사(大韓女子愛國團史)』, 신한민보사, 1979.

김원용, 『재미한인오십년사(在美韓人五十年史)』, 1959.

김윤경, 「국방경비법과 재심: 진실화해위원회의 활동을 중심으로」『서울법학』 제25권 제3호, 2017.

김은지, 「대한민국임시정부의 국내 비밀결사 의용단의 활동」, 『한국근현대사연구』 47, 2008.

김인식, 『대한민국 정부수립』, 대한민국역사박물관, 2014.

김재명, 「이승만의 정적 최능진의 비극」『정경문화』 10월호, 1983.

김재웅, 「미국의 대북첩보활동과 소련의 38선 봉쇄」『역사비평』 113호, 2015.

김점숙, 「미군정과 대한민국 초기(1945~50년) 물자수급정책연구」, 이화여자대
학교 박사학위논문, 1999.

김종범·김동운, 『해방전후의 조선진상』, 돌베개, 1984.

김춘수, 「한국전쟁 시기 계엄의 성격」『사림』제50호, 2014.

김학재, 「한국전쟁기 대통령 긴급명령과 예외상태의 법제화」『사회와 역사』
제91권, 2011.

김행선, 『해방정국 청년운동사』, 선인, 2004.

김현식·정선태, 『'삐라'로 듣는 해방직후의 목소리』, 소명출판, 2011.

김현식·정신태 편저, 『삐라로 듣는 해방 직후의 목소리』, 소명출판, 2011.

김혜진, 「김창룡」『민족문제연구』가을호, 1993.

김희곤, 『대한민국임시정부』1(상해 시기), 독립기념관 한국독립운동사연구소,
2008.

내무부 치안국, 한국경찰사(1948. 8~1961.5), 1973.

노진호, 『민족혼을 두 주먹에』, 서울올림픽기념국민체육진흥공단, 1999.

대한체육회, 『대한체육회사』, 대한체육회, 1965.

독립운동사편찬위원회, 『독립운동사자료집』9(임시정부사), 1976.

류시중·박병원·김희곤, 『국역 고등경찰요사』, 안동독립운동기념관 자료총서,
선인, 2010.

문준영, 「미군정 법령체제와 국방경비법」『민주법학』제34호, 2007.

박명수, 『조만식과 해방 후 한국정치』, 북코리아, 2015.

박원순, 「전쟁부역자 5만여 명 어떻게 처리되었나」『역사비평』여름호, 1990.

박주한, 「체육교수 최능진의 생애, 사상과 업적」『한국체육학회지』제44권 제
6호, 2005.

박찬승, 『한국근대정치사상사연구』, 역사비평사, 1992.

박찬표, 『한국의 국가 형성과 민주주의』, 후마니타스, 2007.

박태균, 정창현, 『암살-왜곡된 현대사의 서막』, 역사인, 2016.

서동만, 『북조선사회주의 체제 성립사』, 서울: 선인, 2005.

서중석, 『한국현대민족운동 연구』, 역사비평사, 2003.

손세일, 『이승만과 김구』제6권, 조선뉴스프레스, 2015.

숭실대학교 120년사편찬위원회, 『민족과 함께 한 숭실 120년』, 숭실대학교,
2017.

신기철, 『한국전쟁과 버림받은 인권』, 인권평화연구소, 2017.

심상훈, 「1920년대 초 조선독립운동후원의용단의 활동과 이념」, 『안동사학』 8, 2003.

심지연, 『해방정국의 정치이념과 노선』, 백산서당, 2013.

안진, 『미군정기 억압기구 연구』, 새길 아카데미, 1996.

안진, 『미군정기 억압기구 연구』, 새길, 1996.

양동안, 『대한민국 건국사: 해방 3년의 정치사』, 현음사, 200, 이연식, 『조선을 떠나며: 1945년 패전을 맞은 일본인들의 최후』, 역사비평사, 2012.

여운홍, 『몽양 여운형』, 청하각, 1967.

오영진, 『소군정하의 북한—하나의 증언』, 국민사상지도원, 1952, 김용복, 「해방 직후 북한 인민위원회의 조직과 활동」 『해방전후사의 인식』 5, 한길사, 1989.

유진선, 「대한민국임시정부의 대국내활동 연구」, 영남대학교 박사 학위 논문, 1996.

유현석, 「유현석 변호사의 법조회고: 책에 없는 시시한 이야기」 『민주사회를 위한 변론』 창간호, 역사비평사, 1993.

윤대원, 『상해시기 대한민국임시정부 연구』, 서울대학교 출판부, 2006.

윤덕영, 「1945년 한국민주당 초기 조직의 성격과 주한미군정 활용」 『역사와 현실』 80, 2011.

윤덕영, 「주한 미군정의 초기 과도정부 구상과 송진우·한국민주당의 대응」 『한국사연구』 154호, 2011.

이강수, 「반민특위 특별재판부의 조직과 활동」 『한국근대현대사연구』 여름호 제25집, 2003.

이강수, 「해방 직후 남·북한의 친일파숙청 논의 연구」 『전남사학』, 제20집, 2003.

이동원, 「1946년 조미공동회담의 성립과 활동」 『한국사론』 52, 2006.

이명화, 『신대한 건설의 비전, 무실역행의 독립운동가 송종익』, 역사공간, 2016.

이용기, 「미군정기의 새로운 이해와 '사회사'적 접근의 모색」 『역사와 현실』 35, 2000.

이임하, 「한국전쟁기 부역자처벌」 『사림』 제36호, 2010.

이학래, 『한국체육사연구』, 국학자료원, 2003.

이현주, 「일제하 (수양)동우회의 민족운동론과 신간회」 『정신문화연구』 가을호 제3권(통권 92호), 2003.

이혜숙, 『미군정기 지배구조와 한국사회』, 선인, 2009.

정교진, 「해방 전후 월남 개신교 정치인, 김병연의 애국 애족운동 연구」『신앙과 학문』 23권 4호, 기독교학문연구회, 2018.

정병준, 『우남 이승만 연구』, 역사비평사, 2005.

정용욱, 『미군정 자료 연구』, 선인, 2004.

정지환, 「민족주의자 최능진의 친일파에 대한 투쟁」, 오마이뉴스

조덕송, 『머나먼 여로』 1-3, 다다, 1990.

조병옥, 『나의 회고록』, 민족사, 1959.

조용환, 「성문화된 관습형법?: 국방경비법의 인권문제」『21세기의 인권』, 한길사, 2000.

찰스 암스트롱 지음/김연철·이정우 옮김, 『북조선 탄생』, 서해문집, 2006.

천정환, 『끝나지 않은 신드롬』, 서울: 푸른역사, 2005.

최경옥, 「미군정 법령에 관한 연구: 조선국방경비법과 조선해안경비법의 자료 발굴에 즈음하여」『법사학연구』 제29권, 2004.

최기영, 『잊혀진 미주 한인사회의 대들보 이대위』, 역사공간, 2013.

한겨레신문사 편, 『발굴 한국현대사 인물』 1, 한겨레신문사, 1991.

한국사연구회 편, 『3·1운동의 역사적 의의와 지역적 전개』, 경인문화사, 2019.

한국정신문화연구원 현대사연구소, 『한국현대사의 재인식 1·2권』, 오름.

한림대학교 아시아문제연구소 편, 『조선공산당 문건자료집 1945~1946』, 한림대학교 출판부, 1993.

한인섭, 「한국전쟁과 형사법: 부역자 처벌 및 민간인 학살과 관련된 법적 문제를 중심으로」『법학』 제41권 제2호, 서울대학교, 2000.

허정, 『내일을 위한 증언: 허정회고록』, 샘터, 1979.

황남준, 「전남지방정치와 여순사건」『해방전후사의 인식』 3, 한길사, 1987.

홍사단100년사위원회, 『홍사단100년사』, 홍사단, 2013.

정치사상은 민족을 초월할 수 없다

| 일석 최능진 평전 |

2020년 04월 17일 초판 인쇄 | 2020년 04월 24일 초판 발행

저 자 정창현
펴낸이 한정희

편집·디자인 김지선 유지혜 한주연 박지현
마케팅 전병관 하재일 유인순

펴낸곳 역사인
출판신고 제406-2010-000060호

주소 경기도 파주시 회동길 445-1 경인빌딩 B동 4층
대표전화 031-955-9300 | 팩스 031-955-9310
홈페이지 http://www.kyunginp.co.kr | 전자우편 kyungin@kyunginp.co.kr

ISBN 979-11-86828-20-5 03910
값 20,000원

ⓒ 정창현, 2020
역사인은 경인문화사의 자매 브랜드입니다.

—